破愚暗以明新道

法说新语·丛书

例外状态的法政哲学

——庚子六题

谢晖◎著

知识产权出版社
全国百佳图书出版单位
—北京—

图书在版编目（CIP）数据

例外状态的法政哲学：庚子六题／谢晖著．—北京：知识产权出版社，2022.12
ISBN 978－7－5130－8494－9

Ⅰ．①例…　Ⅱ．①谢…　Ⅲ．①法哲学　Ⅳ．①D903

中国版本图书馆 CIP 数据核字（2022）第 229882 号

责任编辑：齐梓伊　　**责任校对**：谷　洋
封面设计：杰意飞扬·张悦　　**责任印制**：刘译文

例外状态的法政哲学

——庚子六题

谢　晖　著

出版发行：知识产权出版社有限责任公司　　**网　址**：http：//www. ipph. cn
社　址：北京市海淀区气象路 50 号院　　**邮　编**：100081
责编电话：010－82000860 转 8176　　**责编邮箱**：qiziyi2004@ qq. com
发行电话：010－82000860 转 8101/8102　　**发行传真**：010－82000893/82005070/82000270
印　刷：北京九州迅驰传媒文化有限公司　　**经　销**：新华书店、各大网上书店及相关专业书店
开　本：880mm×1230mm　1/32　　**印　张**：9. 625
版　次：2022 年 12 月第 1 版　　**印　次**：2022 年 12 月第 1 次印刷
字　数：232 千字　　**定　价**：68. 00 元
ISBN 978－7－5130－8494－9

序：

社会状态：三维世界的综合表现

本体论哲学的重要论域之一是本体的构造要素。其中时间、空间和主体，常被作为本体世界的三个最基本的构成单元或要素。而作为世界构造中的精神存在，更是被主体所专享。因此，即便时间无始无终，空间无边无际，也难以包容主体精神或心灵的博大精深。从而哲学在本质上是主体哲学，是精神现象学。世界本体的这种时间、空间和主体三维结构或者三个组成要素，成为哲学家笔下有关世界的总体样貌。无论何种流派的哲学家，只要全面地论及本体世界，如上本体世界构造的三单元或三要素总是难以回避的。

那么，有没有一种事物，能把这三者现实地结构在一起，使时间、空间及精神主体能够统一其中，综合地表现时、空和人？答案是肯定的。在笔者看来，这种事物不是其他，就是社会状态。那么，什么是状态？对此，或许人们会有不同的理解和解释。如果在一般意义上理解，可以说状态就是世界发展和运动的表现形态。但笔者在本序文以及本书中更愿意在社会意义上对状态予以解释，奉献一种关于状态的新解释，那就是在人类交往和社会运作意义上的状态——社会状态。它是指人——主体在交往行为中，与特定的时间、空间在坐标点上遭遇时的具体境况，以及应对该具体境况的规范预案和安排。这一有关状态的解释，显然以精神现象——主体为核心，但主体并非衡量状态的唯一尺度。因为这里的状态不是主体的单项境况，而是主体及其社会行为在坐标点上与时空交叠时的境况。

这就意味着，状态是主体、时间、空间三轴的交会点（坐标点），也是聚焦点。因此，它不但不是纯粹主体交往的单项境况，也不是时、空坐标交叠的双项境况。换言之，这样的境况或状态，并不是本书所关注的话题。本书所关注的，除了时、空纵横交叠的双项交会点（坐标点）之外，还关注第三轴线与它们的交叠，即精神主体这一轴线的交叠，因此，这种状态，不是十字架型的坐标体系，而是米字型的坐标体系。显然，社会状态，一定意味着时间、空间和主体的三轴交会。由此可以得出如下结论：所谓社会状态，在法政哲学意义上，一定是结构在时空交会点中的规范性社会事实。

这种规范性社会事实，按照对人的意义和影响，可以两分为常态的和例外的，这是社会状态的基本类型。常态，是指在人们的交往行为中，把时、空运转的日常规定与人的一般需要做契合性调适的状态，换言之，是人类交往行为缘遇时、空，并按其一般规定行为时的境况。对人类而言，这种情形不过是顺其自然，其行为选择不过是天晴要遮阳、天雨要打伞的因任自然而已。人类只要简单地顺应时、空固有的、一般的规定，就能满足其精神需要，就能把其精神需要代入时、空规定性的坐标体系中。就构成人们交往行为缘遇时、空轴线时的日常状态。在一定意义上，它更多地体现出人类交往的“自然状态”❶。

而例外，则是常态的对立面，它意味着对常态的破坏或悖反。这种悖反的因素，或许源于主体行为，如战争、骚乱等，或者源于对象异常，如地震、海啸等。这两方面，似乎都与时间没有关系，而只与主体、空间相关，但由于时间总是贯穿于，因此也淹漫或覆盖于主体交往行为和空间运动发展的每一个细节中，例外状态，无论因为主体造成，还是空间造成，都不可避免地会遭遇时间的“截屏”和参与，并把其纳入时间体系中。从而构成例外状态对时间、空间和主体三维本体结构的统摄、容纳或融贯。在例外状态中，人们的交往行为并未因其遵循状态的改变而失范，反之，人类交往应遵循更为严格的规范。只是这种规范，相对而言是远离自然或社会常态应对规范的例外情形（应急法律）。它是要对应甚至对抗自然或社会在例外状态下的规则，对此，只有充分发挥主体的精神意志和能动行为，才能强有力地应对，因此，一般的因任自然、因任人性，显然不能应对之。因此，对例外状态的应对，明显地具有精神主体主导的强意志特征。兴许如此，有学者才强调例外状态乃是权力施展治理的典范场域❷。在笔者看来，不仅如此，这一结论，还能够整体性地说明例外状态下人类行为的典型性。

不难发现，本序文及本书所指的社会状态概念，无论是日常状态，还是例外状态，都是能够容纳、涵摄、统筹时间维度、空间维

---

❶ 显然，这里的“自然状态”，不是霍布斯、卢梭等在政治社会学意义上阐发的人类社会发展阶段的自然状态，而是没有人类精神参与其中的自然状态——自然规定性。

❷ ［意］吉奥乔·阿甘本：《例外状态：〈神圣人〉二之一》，薛熙平译，西北大学出版社2015年版。

度和主体维度的概念。当然，这并不意味着人们不能把社会状态与这三者的关系予以类型化分析，反之，必要的类型化分析是我们更为深入地认识社会状态与时间、空间和主体三者关系的必要作业。那么，如何具体地理解社会状态与其三要素之间的具体关系呢？

首先，社会状态的时间维度。一般认为，时间只是表示事物运行的计量单位。但在哲学意义上，时间是任何事物运行所无法逃避的必经通道，不在时间中运行的事物是不存在的。科学家能够设想或发现一种反物质的暗物质，但无以设想并发现和时间相对应的反时间、暗时间概念。同时，在哲学上，人们认为时间是无始无终的流——尽管霍金把时间解释为有始（宇宙大爆炸）和有终（黑洞）❶。时间是社会状态的必要维度，它决定了社会状态在时间之长河中的具体点位，并为人类有预期地制定相关规范❷，促延日常状态，预防例外状态创造必要条件。古人云："五百年必有王者兴""话说天下大势，分久必合，合久必分"，就是对社会状态之时间维度的恰当描述。一旦社会状态失去了时间维度，就意味着社会状态失去了时间轴上的衡量标准。不仅如此，还使人们应对社会状态，特别是应对例外状态的根据和能力也大为降低。

显然，时间维度不仅是记载某一社会状态的时间刻度，还表现不同社会状态在时间流变中的分布状态：它一旦是有规范可循的，那么，就能为人们根据不同社会状态制定不同行为规则奠定基础。

---

❶ ［英］史蒂芬·霍金：《时间简史——从大爆炸到黑洞》，许明贤等译，湖南科学技术出版社 2010 年版。

❷ 预期性似乎仅仅是法律时间维度的一个重要方面，但因时间维度对人类交往行为的不可或缺性，预期性就在整个法律中获得了普遍属性。（见谢晖：《论法律预期性》，载《浙江社会科学》2022 年第 8 期。）

例如，目前，科学界已经摸索出不同地方地质活跃期和地震之间的关联关系，从而在时间轴线上为预防地震、安排地震时的救济等，找到自然的规定性依据并以之为据做出规范性安排。在这种情形下，虽然难免社会状态在运作中会失灵，会因遭遇例外状态而被打断，但人们还是通过社会秩序治乱变迁的时间间隔，推测从某一次例外状态到另一次例外状态的时间路向以及相关条件。可见，仅仅把时间作为社会状态的计时刻度，远不能表达时间在社会状态中的规定性、活动性、定位性和预期性。例如“9·11 事件”，被公认为是 21 世纪的一个标志性事件，进而 2001 年 9 月 11 日，也成为世界历史的标志性时间。时间维度对于例外状态而言，尤为重要。这是由于例外状态的典型性，决定了人们须弄清发生例外状态的时间分布及其规定性，根据其规定性制定应对规则，减少例外状态给主体带来的损失，因应例外状态的规定性或对抗例外状态的破坏性，以便在例外状态下尽量保全主体的利益需要、保护整个社会的最高利益，其意义不言而喻。

其次，社会状态的空间维度。如果时间是社会状态坐标点上的横轴，那么，空间则是社会状态坐标点上的纵轴。自然意义上的状态，就是时、空。而空间，哲学上倾向于认为其是无边无际的，正如时间的无始无终一样。但在科学家看来，在世界混沌的时代，既无所谓时间，也无所谓空间。因此，还是宇宙大爆炸，开天辟地地造就了时、空。在此意义上，空间是有边有界的，正如时间是有始有终的。我前文对状态在一般意义（自然状态）上的解释，就是在此基础上展开的。但社会交往意义的状态（社会状态），与自然演进意义的状态在空间维度上大有区别，其区别在于自然状态可能直接引发并决定社会状态，但社会状态只能影响，而不能决定自然状态。因此，自然状态是决定性的，社会状态是从属性的。即便纯粹由社会交往行为引起的社会状态（无论日常状态，还是例外状态），都被结构在自然状态中，是自然状态（人类自身、人类心理、人类行为）的社会折射。

在空间维度上，与人们行为相关的状态，照例可二分为日常状态和例外状态。日常状态，表明人们交往行为中发生的事件是循序渐进的和可重复的。循序渐进意味着人们能够掌握发生在空间中各种各样的复杂行为；可重复意味着人们在行动时只要循例行事即可，即最大限度地根据既有的行动方案，简化其行为，增进其效益。一言以蔽之，人们在此状态下，能够基本按照理性的方案行为处事。但处于空间维度的例外状态却不是如此。它意味着人们在空间世界按部就班、循序渐进的规定性出现断裂，从而“按过去方针办”是以去岁的皇历查今岁日子，时过境迁，明显失灵，不再管准，也不再管用。因之，人们不仅需要理性的审慎，更需要当机立断的果决。这种决断尽管不排斥理性，但更夹杂着不能祛除的情感。因其不同凡响，所以对人类交往的历史，影响尤为深刻。甚至对其命名也充满争议。就如对“西班牙大流感”这一例外状态的命名，至今仍充满争议那样。无论如何，这种例外状态的空间呈现，是在空间上对大体有章可循、有据可查的日常状态的打断，是人们对这种打断的空间的应对，甚至在此种应对的基础上，可能整体地产生、建立另一种均布的、循序的日常状态（所谓“常态化防疫”的说法和政策，就蕴含了这一道理）。

最后，社会状态的主体维度。前已述及，状态不仅身处由时间和空间构成的十字架形的纵横轴坐标点上，而且因为主体参与其中，它也位于米字形的三轴坐标点上。如前所述，笔者本书所研究的状态，不是纯粹的自然状态，而是有主体参与其中的状态，即被赋予了社会性的事实。即使那些纯粹由自然状态导致和决定的社会事实，只要构成本研究视域里的状态，一定意味着社会主体参与其中的事实。哪怕这种参与是极为被动的、被裹挟的。不但如此，只要是社会状态，则该状态的主体维度及其意义，要远甚于该状态的时间维度和空间维度。因为主体的参与是决定其从一般意义的状态转为社会状态的关键所系。可见，主体参与，是社会状态的另一轴，第三轴，且是决定轴。没有主体参与其中，就没有所谓社会状态。这决定了社会状态主体维度的基本要义。

既然主体参与到状态之中，决定了状态性质由自然到社会的变化，那么，这一变化的根本特点是什么？择其要者，可谓是作用于其间的规范，即人们的交往行为，由纯粹的自然规定性转化为社会交往的理性选择和规范交往。这其中的规范，主要是法律，当然，也不排斥其他社会规范。当主体参与到状态中时，即便状态本身有时候、甚至经常由自然状态决定，但人作为精神主体，其能动性会使其按照自然规定安排行为，从而使自然规定化为社会规范。众所周知，社会规范和社会状态的两分是相呼应的，它也表现为两分化的常态社会规范和紧急（例外）社会规范。以法律规范替代这里的社会规范，照例适用，即常态法律规范和例外法律规范。前者是主体通过自身的智慧和能力，就可以参与其中的法律规范。即便主体之间因为复杂的社会纠纷而难以自我决断，也能够通过常态的法律救济，特别是司法救济得以解决。但后者却大半是主体即便付出了日常的智慧和能力，也难以像平日那样参与到法律之中，从而难以自治地决断自己事物的状态。它必须通过聚合性力量加以强有力的决断，才能予以解决。这也意味着普通主体必须将其日常拥有的一些权利在所谓社会契约的基础上，进一步让渡给政府，以保障政府的决断能力❶。只要这种决断能力及其决断的基本出发点是保全更高、更大和更广泛的法益的。

如上社会状态之“三度”，只是有关社会状态关联因素（三要素）的分析性解读。事实上，社会状态不仅意味着它分别与时间、空间和主体在三个维度上的聚焦性关联，而且意味着它真正把时间、空间和主体三个维度整合、沟通和融贯了起来。在此意义上，社会状态应是哲学本体论研究的核心话题，更是法政哲学研究的主要话题。无论是日常状态的法政哲学研究，还是例外状态的法政哲学研究，都意味着社会状态本身是法政哲学的基本对象和逻辑主线。自然，作为法政哲学的逻辑主线，不仅要研究和解释自然状态，尤其是社会状态本身，更要研究和解释在不同社会状态下，人们面对应然和实然、理想和现实、一般和个别、普遍和特殊、公共和私人、历史和未来……的种种冲突时，如何做出规范性的行为选择，如何展开有序的行为交往，如何符合正义要求地辨别是非曲直、有力决断……

---

❶ 当然，这绝不意味着即使在例外（紧急）状态下，权力就可以肆无忌惮地任意裁剪和克减权利。权利的克减，一是必须遵循紧急状态法的一般要求；二是在此基础上，遵循权力主体的相关应急政策的要求。如果权力在应对紧急状态中，不遵循上述法律和政策，则反倒会引发紧急状态中的权利扩展，或者为紧急状态中的权利扩展创造条件。（见谢晖：《论紧急状态中的权利扩展》，载《学术界》2022 年第 5 期。）

《例外状态的法政哲学——庚子六题》一书，是在当下仍影响全球的新型冠状病毒肺炎（COVID－19）[1]疫情爆发的2020年（庚子年），笔者从法政视角思考例外状态的相关系列论文的结集。这些文字，除个别在北京写作外，大都在雪域高原——青海西宁的小居中完成，于我而言，颇有点纪念意义。尽管它是一部论文集，但其内在的基本逻辑大体是统一的；其行文的基本风格，是商榷性或论战性；其关注的问题领域，更是明显具有现实性的——虽然，它给出的解释，只是对现实问题的一份学理性说明。收集在本书中的6篇论文，都已经公开发表，分别见刊于《法律科学》2020年第5期（《论紧急状态中的国家治理》）；《浙江社会科学》2020年第9期（《COVID－19，“想要”与“能要”的治理权衡——基于“乔姆斯基命题”的思考》）；《学术界》2020年第7期、12期（《COVID－19，透过“唯一知”“知无涯”看治理原则——基于“哈贝马斯命题”的思考》、《COVID－19，信任与国家治理——基于“福山命题”的探讨》）；《法治社会》2021年第2期（《论“例外生存”的治理决断——基于新冠疫情期间“阿甘本命题”的思考之一》）；《钱塘法律评论》2021年卷（《论“自由例外”的治理决断——基于COVID－19期间“阿甘本命题”的思考之二》）；《学术论坛》2021年第3期（《例外状态，令尊于法——世界各国应对新冠肺炎疫情“令”的法哲学省思》）。辑入本书时略有修改。

在此，我必须向相中这些文字的《法律科学》的杨建军主编、

[1] 2020年2月11日，世界卫生组织在总部所在地日内瓦宣布，将新型冠状病毒肺炎正式命名为“Corona Virus Disease 2019”，简称“COVID－19”。本文在提到“新型冠状病毒肺炎”时，统一用世界卫生组织的命名：COVID－19。

马治选编审，《学术界》的马立钊总编、邹秋淑编辑，《浙江社会科学》的陈亚飞副主编，《法治社会》的陈云良教授，《学术论坛》的周青编辑，《钱塘法律评论》的於兴中教授等诚表感谢；向对本书各篇论文写作过程中根据我之所需，随时提供资料支持和文字校对，亦弟子亦朋友的王林丽、郑志泽、张洪新、田炀秋、余地诸位深表感佩；向在本书各篇内容发表后，或提出意见和建议，或提供二次发表平台的相关读者和机构顺表感激；向我人生学术履历中第一个专门的学术研究机构——广州大学人权研究院及各位同事对我的鞭策和鼓励聊表感铭！

是为序。

陇右天水学士　谢晖

2022 年盛夏序于北京

目　录

论紧急状态中的国家治理

一、弁言

法治秩序作为法律调整和安排的秩序体系，包含日常秩序和非常秩序两种。日常秩序基于人民生活和社会交往处于日常状态，非常秩序则基于人民生活和社会交往中所面对的自然或社会处于紧急状态。在紧急状态下，接受法律授权的国家公权机构，应根据紧急状态法和紧急状态的具体程度，对人民生活和社会交往予以额外管制，从而也往往意味着权力因事扩张，权利因事克减。同时，紧急状态无论是自然原因所致抑或社会原因所致，皆意味着社会矛盾聚集丛生，社会关系格外复杂，因此，紧急状态中的国家治理不同于按部就班的日常秩序，必须根据具体情况，依法使出“绝招”，以克服紧急状态对人民生命财产安全、对国家和谐秩序的影响。可见，紧急状态下的国家治理更能彰显一国治理的水平、能力、效力。研究紧急状态下的国家治理就不乏学术和实践意义[1]。甚至像

---

[1] 在一定意义上讲，法学界（尤其法学理论、宪法学和行政法学界）、政治学界、社会学界，乃至哲学界研究紧急状态中的国家治理和法政决策，其意义犹如法理学界和司法研究领域研究疑难案件或复杂案件中的司法裁判一般。只有置身其中，通过深入研究，才能真正体察国家治理的技术难度，窥见复杂事物的本真，揭示法治政治的本质。

有学者所讲的那样，紧急（例外）状态可以“作为治理的典范”❶。尽管我国学术界对紧急状态已经做了很多研究❷，但明显还有继续

❶ ［意］吉奥乔·阿甘本：《例外状态：〈神圣之人〉二之一》，薛熙平译，西北大学出版社2015年版，第1页。

❷ 笔者所掌握的、目前国内公开出版的、研究紧急状态的专门著作有30余部，其中第一部出版至今已整整28年了。在2004年“紧急状态”入宪之前出版的有5部，具体为莫纪宏、徐高：《紧急状态法学》，中国人民公安大学出版社1992年版；徐高、莫纪宏：《外国紧急状态法律制度》，法律出版社1994年版；莫纪宏、徐高：《戒严法律制度概要》，法律出版社1996年版；刘小兵：《戒严与戒严法》，中国人民公安大学出版社1995年版；莫纪宏：《“非典”时期的非常法治——中国灾害法与紧急状态法一瞥》，法律出版社2003年版。2004年“紧急状态”入宪之后出版的有22部，具体为马怀德：《应急反应的法学思考——“非典”法律问题研究》，中国政法大学出版社2004年版；郭春明：《紧急状态法律制度研究》，中国检察出版社2004年版；应松年主编：《突发公共事件应急处理法律制度研究》，国家行政学院出版社2004年版；韩大元等主编：《应急法制论——突发事件应对机制的法律问题研究》，法律出版社2005年版；李卫海：《紧急状态下的人权克减研究》，中国法制出版社2007年版；腾宏庆：《危机中的国家紧急权与人权——紧急状态法制研究》，群众出版社2008年版；刘小冰：《国家紧急权力制度研究》，法律出版社2008年版；戚建刚：《法治国家架构下的行政紧急权力》，北京大学出版社2008年版；王晓君：《政府危机管理法律问题研究》，山东人民出版社2008年版；王旭坤：《紧急不避法治：政府如何应对突发事件》，法律出版社2009年版；林鸿潮：《公共应急管理机制的法治化》，华中科技大学出版社2009年版；戚建刚：《中国行政应急法律制度研究》，北京大学出版社2010年版；戚建刚、杨小敏：《行政紧急权力的制约机制研究》，华中科技大学出版社2010年版；马怀德主编：《应急管理法治化研究》，法律出版社2010年版；赵颖：《公共应急法治研究》，法律出版社2011年版；徐为霞等：《监狱突发事件应对机制与处置实务》，中国检察出版社2011年版；孟涛：《中国非常法律研究》，清华大学出版社2012年版；戚建刚：《中国行政应急法学》，清华大学出版社2013年版；徐为霞等：《监狱突发事件应对与处置》，法律出版社2013年版；王安鹏：《我国宪法上的紧急状态条款研究》，北京大学出版社2014年版；王祯军：《国家紧急权的理论与实践》，法律出版社2015年版；滕宏庆：《紧急宪法：自由与安全的紧急正义》，法律出版社2018年版。此外，国内也翻译出版了一些国外有关紧急状态论述的经典著作，如［美］理查德·波斯纳：《并非自杀契约：国家紧急状态时期的宪法》，苏力译，北京大学出版社2010年

深化研究的空间。在这方面，意大利学者阿甘本的一个近乎二律背反的提示对于我们深化对紧急状态下国家治理，即国家法治的研究，具有醍醐灌顶的启示：

根据一个普遍接受的见解，例外状态构成了一个“公法与政治事实的失衡点”，如同内战、造反与抵抗，处于一个“模糊、不确定、临界的边缘，法律性与政治性的交会之处”……如果例外手段是政治危机时期的产物，因此其本身必须被放在政治而非法律—宪政的基础上来理解，那么它就会发现自己处于一种吊诡的情境之中，作为无法在法的层次得到理解的法律手段，而例外状态则呈现为不再具有法律形式者的法律形式。另外，如果法利用例外——亦即法本身的悬置——作为它指涉与涵纳生命/生活……的原初手段，那么，一个关于例外状态的理论，就成为定义这个将生命连接，同时亦弃置于法的关系的准备条件。[1]

二、紧急状态的三种含义

罗斯托在论述“宪法专政”时，曾指出其三个基本构成条件：其一，有克服全国重大危机的急切要求；其二，强化政府权力、克减人民权利，从而尽快克服重大危机，恢复日常状态；其三，强势国家权力之目的是维护国家独立和宪法秩序，捍卫并保卫人民自由[2]。罗

（接上注）版；［美］罗斯托：《宪法专政——现代民主国家中的危机政府》，孟涛译，华夏出版社2015年版；［意］吉奥乔·阿甘本：《例外状态：《神圣之人》二之一》，薛熙平译，西北大学出版社2015年版；［德］卡尔·施米特：《政治的神学》，刘宗坤等译，上海人民出版社2015年版等。

[1] ［意］吉奥乔·阿甘本：《例外状态：〈神圣之人〉二之一》，薛熙平译，西北大学出版社2015年版，第3～4页。

[2] ［美］罗斯托：《宪法专政——现代民主国家中的危机政府》，孟涛译，华夏出版社2015年版，第18～21页。

斯托所谓的“宪法专政”，大体相当于我们日常所谓紧急状态。之所以“大体相当”，是因为“宪法专政”不能全面解释紧急状态。紧急状态不仅是一个在宪法或法律上理解的概念，笔者认为，它首先是一个事实概念，其次才是一个规范概念，并经由规范概念，进一步化为制度（法治、治理）概念。亦即对紧急状态的概念，应做三分的理解和处理❶。

1. 事实层面的紧急状态

事实层面的紧急状态，是指人类面临的紧急事项。在这里，紧急是一种主观陈述，事项是一种客观陈述。具体说来，事实层面的紧急状态是客观上已经突发的，或者必将严重危害人民安全、社会稳定的客观事实。一般说来，作为紧急状态的客观事实，既有自然事实，也有社会事实。这一界定表明：

其一，事实层面的紧急状态是已经客观发生的。对于经过科学观察和预测可能发生的或即将发生的，且其一旦发生就会严重危害人民安全、社会稳定、国家安定的客观事实能否作为紧急状态对待？笔者认为，除非这种事实经过了科学的准确预测，且迫在眉睫必将发生，否则，不宜视为事实层面的紧急状态。

其二，事实层面的紧急状态常常具有突发性。所谓突发性，意味着相关事实的发生出乎人们的预料。尽管对有些紧急状态，人们通过科学手段或其他预测机制会有所察觉，有所警惕，甚至有较为准确的预报，但事实的迅速发展，有时还是会超乎预测者之设想。

---

❶ 有学者采取两分法，如陈聪在其《“紧急状态”的事实判定与法律规定》（载《理论探索》2015年第1期）一文中，就提出了对紧急状态概念的事实判定和法律规定之两分法。

其三，事实层面的紧急状态或必将或已经给人民安全、社会稳定带来严重威胁，导致社会秩序混乱，人民无所适从，即“导致重大且急迫的危险”。它对人民安全和社会稳定的威胁是必然的、现实的。不能造成此种威胁的自然或社会事件，如在无人居住的高山地区发生了大规模的雪崩，在南极、北极发生了严重的地震等，但并未对人类及社会秩序造成直接的威胁，能否算紧急状态？自然，它不宜作为紧急状态来对待。

其四，事实层面的紧急状态是一种客观事实，这种客观事实必须是和人类活动及其要求紧密相关的。这表明：一方面，紧急状态是客观实存的，不是人们所想象的、预言家所预言的，或者文学作品中所虚构的；另一方面，如前所述，人类所面对的客观事实千姿百态，即便这种客观事实对自然界危害巨大，但只要没威胁或危害到人类，就不能作为紧急状态。在这个意义上，作为事实的紧急状态，显然经过了主体化的处理——“紧急”这个词，本身就是从事项对人类的威胁程度视角得来的。

其五，事实层面的紧急状态，就外延而言，既可能是自然事件（如严重的地震、泥石流、雪崩、水灾、传染病、蝗灾、火灾等），也可能是社会事件（如突发大规模严重的社会骚乱、种族屠杀、国内外战争、游行示威等）。也可能是经由突发的自然事实催生的社会事实，如严重的瘟疫灾害经由谣言，迅速发酵为大规模的社会骚乱等。无论是自然事实，还是社会事实，只要其客观上会给社会主体带来或者已经带来灾难性后果，都构成作为紧急状态的客观事实。否则，即便相关事实很严重，也不构成作为紧急状态的事实。

如上所述，虽然事实层面的紧急状态是客观的自然事实或社会事实，但这是在观念世界的客观事实，是经过主体意识加工和处理的客观事实。其中紧急这个充满心理描述的词汇，业已表明紧急状态这种事实与主体意识息息相关。正是此种相关为人类通过法律予以防范和控制事实层面紧急状态提供了条件。

2. 规范（静态国家治理）层面的紧急状态

规范层面的紧急状态，是法律所规定的有关紧急状态的规范预设。这种规范预设，意味着有和预设相关的对紧急状态的国家治理。这种国家治理是“静态的国家治理”，是国家治理紧急状态的规范图纸，国家对紧急状态的实际治理须遵循这种规范图纸。按照这种规范预设，紧急状态是国家法定的特殊状态，它是指在国家或地方面临突发的自然与社会事件，并可能或必将给国家（或地方）秩序、公民权利、社会利益带来特别重大威胁时，为了防止、控制、减轻、消除相关威胁，由宪法和法律授权的国家机关或地方国家机关宣布采取非常措施予以管理的条件、程序、范围和措施。这一界定表明：

首先，法定的紧急状态是法律规范的一种预设。所谓预设，是指尚未发生实际的紧急状态，法律规定的紧急状态之条件、程序、范围和措施等都停留在书本上，即是所谓“书本上的法”，而未变成“行动中的法”[1]，是一种表达在书本上的规范符号，而不是实际上的行为符号。但这种书本上或纸面上的法律是必要的预设——它让人们获得了一旦相关事实出现，如何处置的法律预期，也获得了法律上的安定和安全感；它也可能让人们获得了只要在紧急状态出现时，主体按照法律规定处理，不承担任何责任的预期。

---

[1] “书本上的法”和“行动中的法”是庞德法社会学的重要概念。庞德指出：“如果我们认真观察，书本上的法和行动中的法之间的差别，在那些应当调整人与人之间关系的规则和那些实际上调整着他们关系的规则之间，在法律理论和司法行政之间，很明显，不仅经常真实地存在，而且还相当深刻。”（See POUND. *Law in Books and Law in Action* [J]. *American Law Review*, 1910, 44.）

其次，法定的紧急状态是法律规范的一种预设，实际的紧急状态未曾发生时，其基本功能是预防性的。俗云未雨绸缪，法律的重要任务，不仅是处理已然之事，而且要竭力防患未然之事。古人云，“夫礼禁未然之前；法施已然之后。法之所为用者易见，而礼之所为禁者难知。”其实，站在现代法律之立场，司马迁所言之礼的功能，正是法律的预防功能，而其所谓“法”的功能，则是现代法律上对实然化的客观事实之调整。因之，如果说所有的法律都有一定的预防性功能（特别对禁止性规范而言）的话，那么，紧急状态法的预防功能更为明显。法定的紧急状态，在紧急状态未曾出现的日常情形下，发挥着预防功能，以便实现古人所谓“凡事预则立，不预则废”的效果。

再次，法定的紧急状态属于特别法，具有特别效力。我们知道，人类社会不可能总是处于紧急状态，一个国家或地区也是。紧急状态是日常状态的例外——但是人民生活和社会交往的不可避免的例外，因之，紧急状态法及其规定的紧急状态也是普通法律的例外（但是针对紧急状态的常规法律）。因此，与普通法相较，其效力优于普通法——“特别法的效力优于普通法”。所以，尽管在多数时候人们感受不到紧急状态法的存在，可一旦依法宣布紧急状态，受该法调整的所有主体，只要处在紧急状态之时空范围，就会强烈感知其特殊效力。

又次，法定的紧急状态规定了紧急状态的应然条件和规定。这些条件和规定包括宣布紧急状态的具体规范、主体、权力、时空（范围）、措施等。之所以称这些条件是应然的，是因为其与前述几个特征紧密相关。法定紧急状态是用来调整紧急状态中的社会关系的，但这并不意味着法律规定本身能替代紧急状态。只有把法定紧急状态具体地代入事实的紧急状态中，才使紧急状态的应然法律规定转化成实然调整状态。

最后，法定紧急状态的调整对象是客观的紧急状态，调整结果是紧急状态下的特殊秩序。只有紧急出现了严重危害人民安全、社会和谐、国家稳定的客观事件时，法定的紧急状态才有用武之地。虽然人们一般都不期望这样的紧急状态发生，但紧急状态必然会发生，这是不以人的意志为转移的。平时作为“备胎”的法定紧急状态，就是为了“备法千日，用法一时”，在紧急状态的混乱中实现特定的秩序状态，并进而恢复到日常的有序状态。这种秩序的重要特征在于公权必要的、合法的扩张和私权必要的、合法的克减。

3. 法治（动态国家治理）层面的紧急状态

法治层面的紧急状态，既指把法律规范预设化为法律制度预设，也指前述“被法律所调整的实践化、现实化了的紧急状态”。它是从应然的法定紧急状态，转化到实然的法律调整的紧急状态。进言之，它是处于危机中的政府和人民对危机的集体防御和抵抗状态；是被结构为法治制度的紧急状态；是与人们的主观预设（法律规定）相关的紧急状态的制度化表达。这时，国家对紧急状态的治理，便从法律图纸转向了按照图纸建设的治理大厦，从而由静态的国家治理转向动态的国家治理。透过这一界定，不难发现法治层面紧急状态的如下特征：

第一，法定的紧急状态是一种规范预设，而法治层面的紧急状态虽可能仍是制度预设，但主要应呈现为制度预设的直接实施。制度预设不同于规范预设。如果说规范预设只是纸面上的法律的话，那么，制度预设已经把规范这种纸面上的规定在一定程度上现实化了。所谓制度（外在的正式制度），就是以法律规范为前提的法律观念、法律主体、法律行为和法律反馈这几个要素有机联系、相互作用的统一体。当人们依照紧急状态的法律规范，或树立了紧急状态的法律观念，或设立了紧急状态的管理主体，或进而产生了应对紧急状态的抽象或具体行为，或对这种行为依法予以监督时——无论出现哪种要素，都意味着规范预设的紧急状态在向制度预设的紧急状态过渡。有了这种制度预设的紧急状态，才能更方便、顺畅地使法定的紧急状态现实化，否则，一旦紧急状态发生，就会顾此失彼、捉襟见肘。

第二，法治层面的紧急状态是法定紧急状态的实践形式和现实化，也是国家治理紧急状态的动态化。这种实践形式和现实化，就是把法律有关紧急状态的规定落实到国家具体应对紧急状态的事实中去。我们知道，与紧急状态相对的是日常状态。在日常状态中，国家治理的基本任务，是把日常的法律规定践行为人们交往行为的秩序。在紧急状态中，国家则把相关的法律规范落实在紧急状态的事实中，以便调整这种事实，使得人们即便身处紧急状态，亦有规范可循，有秩序可守。法定紧急状态的现实化，也意味着紧急状态的规范预设全面地转化为动态的法治事实或治理事实，意味着紧急状态的制度各要素全面展开并现实化为其实践形式。

第三，从一定意义上讲，法治紧急状态的后一种情形——规范预设的现实化，也是一种事实的紧急状态，但这种紧急状态之事实的性质，是由客观事实转向制度事实❶——一种主观建构的

---

❶ 制度事实，是针对物质事实和精神事实而言的。人类所面对的事实，不仅是习以为常地理解的物质事实，还包括精神事实和制度事实。其中制度事实是跨越物质事实和精神事实的，是对前两者的规范处置。

事实。客观事实的紧急状态主要是自发的，特别是自然事件。即便是社会事件，也具有一定自发的特征。但是，作为制度事实的紧急状态，却是根据法律所建构的，这种制度事实，既是法律规范所欲调整的结果，也是人们在权力机关宣布进入紧急状态后的实际社会生活状态。因此，这里有必要进一步引申为制度的主观建构。

第四，法治的紧急状态，是主观建构的现实状态。完全可以说，人类对对象的任何命名都是一种主观的、符合主体要求的建构体系。所以，即便命名完全反映了客观对象之真实，也要经过命名者的主观过滤和加工。[1] 法律作为人类理性加工的产物，其中的概念、判断、行为导向等，都是立法者对社会关系的法律命名。经由这种命名，社会关系被安排在法律的框架体系中。法治的紧急状态也是一样，它由立法者运用法律规范予以命名，或者予以规范预设，然后用这种规范事实来调整紧急状态的客观事实，最终形成法治的紧急状态。可见，法治的紧急状态，无论事实判定，还是应对举措，都有主观建构的特性。

第五，法治的紧急状态是有其现实的客观根据的。此种主观建构，一定是立法者和法律的实践参与者对客观紧急状态以及它与人类关系认识的结果。无论这种认识是否必然反映了客观事实——特别是紧急的客观事实对人类现实的、重大的威胁，从而成为符

---

[1] 命名或指称理论，是当代英美分析哲学的重要话题。其代表性理论有二：一是弗雷格、罗素、维特根斯坦和塞尔等学者所坚持的“摹状词理论”；二是克里普克、普特南等学者主张的“历史与因果命名论”。(见涂纪亮：《中译本序》，载［美］索尔·克里普克：《命名与必然性》，梅文译，上海译文出版社 2001 年版，第 1 ~13 页。)

合真理[1]意义上的真理，都不影响人类对紧急状态的主观建构必须依赖于紧急状态的客观事实这一判断。这种客观根据可一分为二：一是紧急状态的事实部分；二是紧急状态对人类现实的、紧迫的、严重的威胁部分。前者主要是客观的自然事实，后者主要是主观的社会事实。无论哪种事实，都构成法治紧急状态主观建构的客观根据，两者的结合及人们对其的应对、对抗，构成完整的法治意义上的紧急状态。

上述笔者从学理上对紧急状态进行的三种分类，也是下文论述的前提和基础。

三、紧急状态中国家治理的主体和程序

毫无疑问，在紧急状态下，政府及其他公权主体处于绝对的支配地位。但这是否意味着紧急状态中的国家治理，只能国家行政机关出面治理，是否意味着其他主体，如公民、法人、社会团体、村委会、居委会等只能是接受治理的对象？进言之，能否在强调公权主体于紧急状态下在国家治理中的无可替代的独特作用的同时，也肯定其他社会主体具有紧急状态下的国家治理功能，即是国家治理的参与者，而不仅是国家治理的接受者？如何看待紧急状态下的治理程序？它只是一种国家治理中的权力运作程序，抑或同时也是国

---

[1] 在西方哲学史上，真理符合论是自从亚里士多德以来，一直到近现代都被人信奉的观点。其基本判断是：真理就是主观认识准确地表达了客观事项。如维特根斯坦在其早期，就笃信这种理论，强调："如果我知道一个对象，我也就知道它在事态中出现的一切可能性""要知道一个对象，我不必知道它的外在特性，但是我必须知道它的一切内在特性""图像之为真为假，就在于它的意义与实在之一致或不一致"。（见［英］维特根斯坦：《维特根斯坦全集（第一卷）》，陈启伟译，河北教育出版社 2003 年版，第 190 页、194 页。）

家治理中的权利参与程序？这些显然都是特别值得探讨的话题。

1. 紧急状态中国家治理的公权主体

紧急状态中的国家治理，是对日常状态中国家治理的修正状态：如果说常态中的国家治理所表现的是国家的常态法治的话，那么，紧急状态中的国家治理，则表现的是“紧急状态的日常法治”。这种法治，既需要恰当的条件，也需要恰当的公权主体。

提出紧急状态中权力主体应具备的条件容易，而要落实真正符合该条件的主体，尚需规划合理的制度，防止承担主体职能的自然人任意施为。这和正常状态时的法治应无不同。只要坚持法治，则无论在平时，还是在紧急状态时，都需要对具体的个人抱着必要的戒心，只是由于紧急状态时，特定的个人或组织所拥有的权力特别大，故需要格外加以必要的防范罢了。

紧急状态中的国家治理，公权主体的作用远胜于私权主体。只有公权主体，才能强有力地组织、动员社会力量，遏制紧急事项，恢复正常秩序。这正是在紧急状态下，必须扩大政府权力以紧急应对的原因。那么，紧急状态的公权主体究竟是什么呢？

紧急状态的公权主体，大体上可分为紧急状态的发布主体和紧急状态的组织实施主体两种。前者是依照法律规定的权限，拥有在全国或地方范围内以行政命令的方式发布紧急状态的主体。无论其以戒严令的方式还是以一（二、三）级响应的方式宣布紧急状态，无论该紧急状态的事由是大还是小，只要其命令发布并生效，一个国家或地方就进入紧急状态。发布紧急状态的主体，是由宪法和紧急状态法授权的。一般说来，在一个国家范围内发布紧急状态的主体，是国家元首或政府首脑，而在一个地方宣布紧急状态的主体，是地方行政首长。[1] 但有些国家在某些时候，对地方的紧急状态，也可以由中央国家机构和行政首长发布。

目前我国处理紧急状态的法律主要有三部，即《戒严法》《突发事件应对法》《传染病防治法》。在《防震减灾法》《防洪法》《大气污染防治法》《矿山安全法》等法律中，也规定了发生相关紧迫且危险的事故时的应急手段。但直到目前，我国尚无一部权威的统一地规范紧急状态的法律，各种状况下紧急状态的发布主体并不明确：发布权究竟由地方自治地行使，还是由中央政府统一地行使？

目前我国在实践中应对紧急状态的主体并不明确。主体的混乱必然导致应对者的权限不明，导致应对中顾此失彼、左支右绌。

紧急状态的发布者，可以是其组织实施者，但并不限于组织实施者。可以设想三种情形：其一，两权合一，即发布权与实施权合一，发布者就是组织实施者；其二，两权分离，即发布权与实施权分离，发布者只负责发布，实施者负责实施；其三，两权交叉，即发布权与实施权一方面交叉，在实践中有叠合之处，另一方面又分工负责。这三种方式究竟哪种更有利于应对并克服紧急状态？笔者主张采用两权分离的模式。

一方面，发布者和实施者不可能在事实上实现合一，退一步讲，即便能够实现两者合一，在效率和价值上也不可取。效率上的

---

[1] 如针对 COVID－19，美国最早宣布进入紧急状态的 3 个州分别是华盛顿州、佛罗里达州和加利福尼亚州，（前两州都于当地时间 2020 年 3 月 1 日宣布、加州于当地时间 2020 年 3 月 4 日宣布），都是由各州的州长宣布的。到 2020 年 3 月 11 日，美国已有 24 个州及华盛顿特区宣布进入紧急状态。各州皆由州长宣布。哥伦比亚华盛顿特区和纽约市则分别由华盛顿市长和纽约市长宣布。2020 年 3 月 3 日，特朗普总统向全国宣布，美国进入应对 COVID－19 的紧急状态。

不可取是因为它打破了办事的分工原则，各方不能专心致志、一心一用；价值上的不可取则是因为它会导致权力过分集中，从而易致权力滥用。另一方面，发布者和实施者两权交叉，势必意味着责任的交叉。权力交叉，易导致权力的实施难以清晰精准；责任交叉，则易导致权力主体间或相互推诿，或互相包庇。因此，唯有两权分离，发布者只负责领导，实施者具体分担实施责任，才能做到既各自负责、权责呼应，又能保障分工合作、富有效率。

2. 紧急状态中国家治理的私权主体

虽然由公权主体宣布国家或地方进入紧急状态，但这并不意味着在紧急场域中只有公权主体。尽管私权主体作为紧急状态中的主要管制对象，必然意味着其权利之克减，但无论如何，私权主体不是、也不可能是完全的被动者、被管制者。他们仍然以主体身份参与紧急状态中的国家治理。例如，当意大利宣布“封城”或“封国”措施后，部分意大利民众走上街头，主张权利，进行抗议，甚至连监狱中的罪犯也因此起事暴动❶。同时在学术界，围绕阿甘本反对政府封城、以强力营造“例外状态”的观点，“欧洲哲学家们吵翻了”❷。在中国，自部分省市宣布紧急启动公共卫生一级响应以来，虽然人们对封闭在家，不能自由走动颇感不适，但在总体上，一方面民众按照政府的要求居家，防止 COVID－19 的快速传播；另一方面，医护人员、社会志愿者等社会主体，又积极投身于抗击疫情的行动，参与到公共卫生一级响应的国家或地方治理中。

---

❶ 《自宣布全国封闭后，意大利多所监狱发生暴乱！》，载 http：//dy.163.com/v2/article/detail/F7DANC4N054454NH.html，2020 年 3 月 12 日访问。

❷ 王悦：《因为疫情，欧洲哲学家们吵翻了》，载微信公众号“南风窗”2020 年 3 月 31 日。

无论是意大利公民在“封城”初期的反抗，还是中国公民以或积极作为应对一级响应，皆是其以主体身份参与紧急状态下国家治理。这表明，在紧急状态中，所有私权主体都不仅是国家治理的对象和看客，还是具有主体身份的行动者和参与者：私权主体不仅在接受公权主体的管理，而且通过或响应服从或批评反抗的方式在与公权主体的管制行为进行互动、博弈。不仅私权主体中的公民是如此，法人、社团、社区等私权主体亦积极参与到紧急状态的国家治理中❶。

可见，私权主体在紧急状态中参与国家治理的方式有二：

其一，被动参与。紧急状态的管理通常只能以禁止性规范或规定来实现，因此，就作用言，禁令在这里是无出其右的规范——没有禁令，就无法在紧急状态下进行有效治理。美国部分州所颁布的“居家令”，奥地利颁布的“口罩令”，西班牙、法国所颁布的“禁足令”等，就分别以限制或禁止的方式，要求人们被动地参与紧急状态下的国家治理。禁止性规范，即“不得规范”❷，它意味着在紧急状态中，政府治理对民众提出了更多违背其本性的行为要求，例如此次 COVID -19 疫情中各地因为防疫“一级响应”而呈现的对公民行为的限制性举措。面对这样的禁令，以消极的不作为方式被动地遵从，自然是私权主体参与紧急状态下国家治理的方式。但这绝不意味着私权主体是纯粹被动的被治理者，他同样是根据禁止

---

❶ 例如，在我国企事业单位中，有些要求职工通过网络每天做“健康打卡”，有些针对疫情需要，紧急转产；所有社区、公交站点、火车站、机场等对往来人员进行严格体温检测和健康管理……这些，显然是作为私权主体的企事业单位积极配合公权主体管制行为，参与紧急状态中国家治理的具体举措。

❷ 魏治勋：《禁止性法律规范的概念》，山东人民出版社 2008 年版，第 38 页。

性规定的要求而自主地遵守和参与。对于紧急状态下国家治理亟须井然有序而言，这种参与的价值绝不亚于积极参与。对此，这次应对 COVID –19 而颁布的禁令在我国和在意大利的实施效果足堪对比。

其二，主动参与。我们知道，在紧急状态中，公权主体对国家治理的参与，主要是积极的主动参与，即通过作为方式参与。那么，一般说来作为紧急状态管理对象的私权主体，能否在这时以作为方式积极主动地参与国家治理呢？这需要从积极参与谈起。它与消极的不作为参与相对应，是指人们以积极的作为方式参与一定私人或社会事务。具体到紧急状态中的国家治理，则是指私权主体以积极的作为方式参与其中。这是一个和倡导性、任意性规范或规定紧密相关的行为方式。倡导性规范，即必须或应当规范；任意性规范，即可以规范。[1] 两者分别意味着人们按照相关规范必须做或应当做某种行为，或可以做某种行为。在紧急状态中，较多以禁令方式要求私权主体者，较少以必须或应当方式要求私权主体者，应当方式主要是配合公权主体管理行为的“被动型积极参与”，如配合行政机关要求而接受检疫、检查；配合被授权的单位、社区要求报告来往情况，进行“健康打卡”等。因此，私权主体在紧急状态下对国家治理的主动参与，更多的是其权利的行使方式。例如，此次疫情中的志愿者，全国的捐款、捐物者等，就是通过做志愿者或捐款捐物，对其权利做了独特处置，从而以积极作为的方式参与到紧

---

[1] 钱锦宇：《法体系的规范性根基——基本必为性规范研究》，山东人民出版社 2011 年版，第 43 页；周赟：《“应当”一词的法哲学研究》，山东人民出版社 2008 年版，第 51 页；喻中：《论授权规则——以“可以”一词为视角》，山东人民出版社 2008 年版，第 89 页。

急状态下的国家治理中。

以上论述再次表明，私权主体作为紧急状态中的主体，它不仅是被治理的对象，同时也是国家治理的主体。因此，其参与紧急状态中的国家治理是符合法理的。

3. 紧急状态中国家治理的程序原则

程序是法治的核心理念之一，也是现代国家治理的核心理念。就法治而言，程序是排除权力或个人恣意、保障人们在理性选择、公平交往中“作茧自缚”，并对程序交涉内容在过程中进行整合的一套机制。它看似一个过程、一套精致的形式，但事实上，它自身预设了实体内容参与其中的条件、方式和机制，从而不仅保障，而且就是一套检测并决定实体是否正确的机制。正如季卫东所言：

程序，从法律学的角度来看，主要体现为按照一定的顺序、方式和手续来做出决定的相互关系。其普遍形态是：按照某种标准和条件整理争论点，公平地听取各方意见，在使当事人可以理解和认同的情况下做出决定……程序不能简单地还原为决定过程，因为程序还包含着决定成立的前提，存在着左右当事人在程序完成之后的行为态度的契机，并且保留着客观评价决定过程的可能性。另一方面，程序没有预设的真理标准。程序通过促进意见疏通、加强理性思考、扩大选择范围、排除外部干扰来保障决定的成立和正确性。[1]

现代国家治理就是程序的治理，自然需遵循程序至上的基本法则；由于国家治理与政治的同构性，现代政治亦是程序的政治，亦需遵循程序至上的基本要求。如果说“无程序，不法治”，那么，照例可以说“无程序，不政治”。因为无论选举—投票的政治程序、

[1] 季卫东：《程序比较论》，载《比较法研究》1993 年第 1 期。

立法—决策的议会程序、决定—执行的行政程序、论辩—裁判的司法程序，还是契约—交往的私权主体互动程序，都是国家治理体系的题中应有之义。进言之，国家治理正是通过法定的或意定的如上程序，才有力且有效地实现国家秩序。显然，这种程序既是对权力、特别是行政权的结构性限制，也是对权利的结构性保障。只有认真对待程序，权力运行才不至于恣肆，因为程序透明可见；也只有认真对待程序，权利运用才能得到确保，因为遵循程序即意味着兑现权利。在此意义上，正是严格有效的程序，形构或规划了现代政治的基础，也使现代政治在意见交涉的基础上得以文明化。韦斯特曾指出：

正当程序努力保证的，正是行政政策的公正与客观……；

……适当的程序性规范通常被认为是起到一种平衡作用，它在有效率的行政管理活动中平衡个人利益和公共利益的冲突。❶

韦斯特在这里尽管讲的是行政正当程序，但它也适用于常态条件下国家根据法律的治理活动。但如果人们面对紧急状态——这种与常态秩序截然不同的“非常状态”（尽管笔者不同意这种说法）时，是否国家治理还需斤斤计较于程序要求？是否意味着“战时”的紧急状态，就像一句民谚所讲的那样：“枪炮响处法默声”，从而作为法律最重要组成部分的程序也默声？显然不是。甚至可以说，越是事处紧急，越需要正当程序，越需要法律保障。在紧急状态中一旦程序缺席，则只能是乱上加乱，急上加急，不但难以克服、减轻紧急状态及其损失，反而加剧紧急状态。

“程序比例原则”，即在紧急状态中，政府对常规程序的改变，

---

❶ William F. West. *Controlling The Bureaucracy*［M］. M. E. Sharpe，1995：17，26 -27.

换言之，政府所使用的紧急程序，要与处置紧急状态的需要相适应，“不得超出克服该特定危机的绝对必需之外”[1]，否则就构成程序非法。显然，这种说法有些抽象，但社会学科在理论上的探索，不可能给出一个严丝合缝、毫厘无差的结论，它只提供一种解释框架，只要对行政机关在应对、处置紧急状态时有指导和参考意义就足够。具体在应对紧急状态时，程序改变之举措如何不违紧急程度，如何判定紧急程度及其范围、影响以及克服的手段和期间，从而做到事态判断和对策判断间的严丝合缝、合情合理？这自然需要行政机关在应对紧急状态的具体实践中去琢磨并“配方”。“程序比例原则”不仅是对公权主体可能在紧急状态中权力恣肆和滥用的有效监督机制，同时也是对私权主体及其权利因此可能被侵犯的保障和救济机制。

“程序正义原则”，指紧急状态的程序必须充分彰显为公众全体利益而排除危机的基本宗旨。对紧急状态中程序正义原则的具体要求，罗斯托多有论述[2]，在此不赘述。唯需继续强调的是，这一原则将紧急状态中的实体性要求结构或安排在程序中，使得程序所承载的不仅是过程、手续、期间这些“纯粹程序”的要求，而且能够彰显

---

[1] ［美］罗斯托：《宪法专政——现代民主国家中的危机政府》，孟涛译，华夏出版社2015年版，第330页。

[2] “除非是为捍卫国家及其宪政体制非常必要或甚至不可或缺，否则不得采取一般性的宪法专政政权或特殊性的宪法专政政权”“建立宪法专政的决定权，不能掌握在可能成为专政者的人或人们手中”“专政权力应该由致力于捍卫宪政体制的、代表各界公民的人执行”“宪法专政之下的每一个行为，都应被追责”“终结宪法专政的决定权，与建立它的决定权一样，也不能掌握在可能成为专政者的人或人们手中”“危机结束之后，必须尽可能地完全恢复到宪法专政建立之前存在的政治和政府状态中”。（见［美］罗斯托：《宪法专政——现代民主国家中的危机政府》，孟涛译，华夏出版社2015年版，第326～327页、332～334页。）

程序正义所载负的紧急状态中的实体要求——通过程序来加工正义。

所谓“终结预期原则”，是指紧急状态启动后，什么时候结束，无论对公权主体也罢，私权主体也罢，都是可以预期的，而不是一旦启动便没完没了，从暂时的紧急状态推而成为永久的紧急状态。对此，罗斯托也反复予以强调❶。那么，如何决定紧急状态的终结预期？这诚然是一个只有权力主体才能根据具体实践要求决定的问题，但在理论上予以归纳，也有必要。大体言之，终结预期有两种，即明示的紧急状态预期终结和条件的紧急状态预期终结。前者又分为法定明示和意定明示。法定明示意味着紧急状态之终结，依法定的期间而定；意定明示则是指在紧急状态发布时，给出结束紧急状态的明确日期。而条件的紧急状态预期终结，是指在紧急状态发布时，给出紧急状态结束的基本条件。只要明示的日期到来或宣布的条件具备，紧急状态则理应结束。“终结预期原则”要求只要紧急状态任务结束，国家治理应立即恢复平常法治，不得延续。

除此之外，在紧急状态的程序中，还有情态报告程序、决策程序、宣布程序、紧急处置程序、应急报告程序、公民交往程序、权力监督程序，等等。这些问题，学界已有一定的论述❷，本文不予赘述。总之，在紧急状态的国家治理中，无论公权主体行使紧急权

---

❶ “政府设立宪法专政体制，必须为其制定专门的终结条款”“执行宪法专政时所采取的任何措施，其性质和效果都不能永久化”“危机结束之后，因之而设的宪法专政也必须终止”。(见［美］罗斯托：《宪法专政——现代民主国家中的危机政府》，孟涛译，华夏出版社 2015 年版，第 328 页、332 页、334 页。)

❷ 郭春明：《紧急状态法律制度研究》，中国检察出版社 2004 年版，第 66 ~ 92 页；王安鹏：《我国宪法上的紧急状态条款研究》，北京大学出版社 2014 年版，第 128 ~ 132 页；马怀德：《应急反应的法学思考——“非典”法律问题研究》，中国政法大学出版社 2004 年版，第 130 ~ 142 页。

的行为，还是私权主体运用权利、履行义务的行为，都需遵循法治的基本原则和规范——尽管在这时其所遵循的，是“紧急状态的常态法治”。其中最重要的内容之一，就是要遵循紧急状态下的举事程序，即把紧急状态中公权主体的行为和私权主体的行为皆纳入处理紧急状态的程序中。

四、紧急状态中国家治理的权力和权利

如果说紧急状态的主体及程序，广而言之都是其形式要件的话，那么其实质要件就是要解决在紧急状态中的权力和权利的分配关系。进言之，就是处理好紧急状态中的国家利益、公共利益和个人利益的关系。那么，究竟如何处理好权力和权利在紧急状态下的关系？对此，笔者将从以下三个方面论述。

1. 紧急状态中还存在权力和权利的博弈吗？

可以说，人类文明的进化史，就是官民关系的进化史，亦即权力和权利关系的博弈史。即便在我们所谓奴隶的或专制的社会与国家中，照例存在这种博弈。这也正是法律得以产生、存在并进化的缘由。因为即使再专断的法律，对于其调整对象而言，都是一种可资论理的规范凭证，因之，有了它就可能摆脱秘密政治的不可预期性，摆脱无法讲理的那种予取予夺、动辄得咎或者两可之词。

就常规情形而言，一般认为，在资源总量既定的前提下，权力和权利的关系是一种反比例关系，即权力越大，则权利越小；反之，权利越大，则权力越小。近代以来，人类法政文明的基本追求是权力制约——既包括权力之间的相互制约，也包括通过权利制约权力。因此，“小政府、大社会”成为民治国家的一时之选。但这种情形随着新技术以及人类交往领域和交往方式的迅速变化激发了

权力管制，也客观上需要权力管制。[1] 从而出现了权利和权力的正比例关系，即两者的双向增长。这也是两者在特定时代博弈的结果。与平时比较，紧急状态下权力和权利关系有很大不同，那就是权利的克减与权力的扩张。对此，罗斯特指出：

> 就权力而言，一个宪政民主国家的危机政府——不论出现什么性质的紧急事件、不论临时采取什么种类的专政机制——总会引发下列情形中的一个、两个或两者皆有：集中、扩张与自由。总体而言，一旦这三种特征得以融合，展现出来的将是：国家授权与威望的增加，个人自由及其重要性的减少。[2]

在我国，也有学者专门研究紧急状态下权力（紧急权）和权利（人权）的关系问题，其中有些研究得还很专业、很深入[3]。但对于紧急状态中的权利—权力博弈话题予以专门研究者相对较少[4]。

---

[1] 因之，连美国这样典型的自由市场国家，在战后明显地出现了“不干涉主义的衰落”和“大政府”的兴起。（见［美］约翰·F. 沃克等：《美国大政府的兴起》，刘进等译，重庆出版社 2001 年版，第 1 页。）

[2] ［美］罗斯托：《宪法专政——现代民主国家中的危机政府》，孟涛译，华夏出版社 2015 年版，第 316 页。

[3] 腾宏庆：《危机中的国家紧急权与人权——紧急状态法制研究》，群众出版社 2008 年版，第 1 页；郭春明：《紧急状态法律制度研究》，中国检察出版社 2004 年版，第 96 页；王旭坤：《紧急不避法治：政府如何应对突发事件》，法律出版社 2009 年版，第 101 页；李卫海：《紧急状态下的人权克减研究》，中国法制出版社 2007 年版，第 34 页以下；戚建刚：《法治国家架构下的行政紧急权力》，北京大学出版社 2008 年版，第 1 页；赵颖：《公共应急法治研究》，法律出版社 2011 年版，第 49 页。

[4] 王旭坤在其研究中，通过“紧急权”和“紧急失权”这一对概念强调权力与权利在紧急状态下的博弈，并强调在“权利对权力的博弈中通向法治”。（见王旭坤：《紧急不避法治：政府如何应对突发事件》，法律出版社 2009 年版，第 144 页）；赵颖在其研究中，则强调“应急法治与常态法治的交织互动”。（见赵颖：《公共应急法治研究》，法律出版社 2011 年版，第 209 ~222 页。）

那么，在紧急状态下，公权主体（特别是政府）权力如此扩张，而私权主体权利必须克减，这是否意味着在此时不存在权利与权力的博弈，是否意味着这一状态注定了公权主体的能动和私权主体的被动，公权主体的命令和私权主体的服从？回答是否定的。事实上，即便在紧急状态中，权力和权利的关系也并非铁板一块，仍然存在两者之间的博弈。这在应对 COVID－19 疫情时，一些国家采取紧急状态后出现的情形中即时有所见。

这次 COVID－19 肆虐，罕见地让全球超过60 个国家启动了紧急状态❶。在人类史上的和平年代，如此密集地、大规模地在多国集中启动紧急状态，迄今为止恐怕是第一次。但正是在这一过程中，出现了这样一种情形：一方面，公权主体在不惜代价维系社会秩序，执行紧急应对事项；另一方面，私权主体却甘愿与病毒冒险一搏，同时也与政府的举措一搏，举行各种抗议活动。

典型事件如下：韩国在大邱市政府发布集会禁令后，2 月 22

---

❶ 截至2020 年3 月16 日，除了美国24 州、澳大利亚多州以及乌克兰、瑞士的一些州等地方宣布进入紧急状态之外，从 2020 年 1 月 31 日开始，在全国层面明确宣布因此次 COVID－19，并由国家元首或政府首脑宣布进入紧急状态的国家已经先后有意大利、捷克、西班牙、匈牙利、葡萄牙、斯洛伐克、奥地利、罗马尼亚、保加利亚、拉脱维亚、爱沙尼亚、塞尔维亚、黎巴嫩、哈萨克斯坦、巴勒斯坦、菲律宾、萨尔瓦多、美国、阿根廷、波兰、南非、秘鲁、利比亚、巴拿马、哥伦比亚、委内瑞拉、危地马拉、瑞士、亚美尼亚、苏丹。（见海外网：《全球至少 30 国宣布进入紧急状态 推出封城令等最严举措》，载 http：//news. 163. com/20/0317/08/F7TKAG8R00018990. html，2020 年 3 月 17 日访问。）此后，法国（“战争状态”）、奥地利、哥斯达黎加、厄瓜多尔、新西兰、安哥拉、泰国、乌克兰等国也宣布进入紧急状态。到 3 月 26 日，决定实施紧急状态的国家逾 60 个。（见 https：//baijiahao. baidu. com/s？id＝1662221283442008215&wfr＝spider&for＝pc，2020 年 3 月 27 日访问。）此外，还有韩国为此启动“最高响应”，伊朗为此启动“国家动员”，日本为此考虑需要时发布“紧急状态宣言”。

日、23 日两日，新兴宗教“新天地会”发起“光华门聚会”；3 月 8 日，意大利宣布在其北部地区“封城”的举措不久，市民或抗议要求自由权利，或驾车迅速出城，3 月 9 日，该国的一些监狱，更是因该措施禁止探视罪犯，发生了严重的罪犯“暴动”；3 月 14 日，法国巴黎的“黄马甲”街头聚集抗议；等等。在这些事实发生过程中，政府也积极出面行使紧急权，处置相关事件，其中韩国的处置最为严厉：3 月 1 日，“首尔市以违反关于杀人罪、伤害罪以及传染病预防管理的法律为由，向首尔中央地方检察厅控告李万熙等新天地教会 12 名派系领导人。”❶ 这些事实皆表明，即便在紧急状态中，也存在权利和权力的博弈。

由此可见，尽管紧急状态赋予公权主体压制性的克制紧急事态的权力，但其最终目的是保障社会安全、人民自由。因此，公权主体和私权主体围绕紧急状态及其具体措施的博弈是不可避免的。究其缘由，是人们对正当性的不同理解——紧急状态本身并不是正当性问题，采取何种手段克服紧急状态才存在正当性问题。这样就势必形成“人民总是要寻求正当（das Richtige）的必然要求不同于发自个人主权者命令的正当”❷。因此，紧急状态并不能消灭公权与私权的博弈，反而由于多种矛盾叠加在同一时段的同一事物上，更容易激发两者的博弈。这就决定了在紧急状态的国家治理中，既需做到对公权主体权力的授予和限制，也需做到对私权主体权利的克减与保障。

---

❶ 王刚：“妨碍疫情调查韩国起诉新天地教会负责人”，载《法制日报》2020 年 3 月 16 日。

❷ ［德］卡尔·施米特：《政治的神学》，刘宗坤等译，上海人民出版社 2015 年版，第 59 页。

2. 紧急状态中国家治理对公权主体的权力授予与限制

紧急状态不是排斥法律作用的状态，也不是使法律被悬置起来，或者使法律隐退。它能够排斥、悬置，或使隐退的，只能是不同于紧急状态的平常状态的法律。因为只要在紧急状态中存在着利益不同、需要各异、功能有别的主体，就需要通过法律来安排各种利益关系、各种社会需要和各不同主体的社会功能。所以，把紧急状态和常态情形过于对立起来，甚至强调紧急状态使“法在事实中被悬置或涂销”，或者提出了一种“虚拟的法律漏洞”以“悬置”“隐退”法律的观点❶，都是值得认真反思的。毋宁说，它是另一种状态的常态法律，——只要人类不能总是侥幸地躲开各种围绕他们的灾难——无论自然的、人为的，只要紧急状态及其苦难是人类生存和生活的必然组成部分，或者用本雅明的话说，只要“‘紧急状态’乃是常态”❷，那么，为这种状态预备一种“常态的”法律，而不是令其与法律无涉，就不但是必要的，而且是必须的。

由此不难联想到在2020年年初COVID－19疫情初起，各地政府突然严格的措施，使公民怨声渐起时，顶层决策者及时地通过2020年2月5日召开的中共中央全面依法治国委员会第三次会议的矫正措施：

当前，疫情防控正处于关键时期，依法科学有序防控至关重要。疫情防控越是到最吃劲的时候，越要坚持依法防控，在法治轨

❶ 阿甘本把常态秩序与紧急状态分别称为“必要状态”和“例外状态”，并以此为基础，阐述两者对法的不同意义，强调后一状态下对“必要状态”之法的悬置。（见［意］吉奥乔·阿甘本：《例外状态：〈神圣之人〉二之一》，薛熙平译，西北大学出版社2015年版，第40～43页。）

❷ ［意］吉奥乔·阿甘本：《例外状态：〈神圣之人〉二之一》，薛熙平译，西北大学出版社2015年版，第92页。

道上统筹推进各项防控工作，保障疫情防控工作顺利开展。❶

我们知道，这一措施出台后，基本上遏制了先前各个地方在执行一级响应过程中出现的一些混乱局面。无论国内外，所有应对紧急状态的法律，其首先要解决的是对公权主体的授权以及相应的控权问题。一个国家一旦宣布进入紧急状态，就意味着最高权力者获得了独断的地位。所以，当美国2020年3月13日宣布进入公共卫生“国家紧急状态”后，有人写道：“这一瞬间，他把美国的民主政治转换成集权模式”，因为根据美国1976年颁布的联邦“国家紧急状态法”，一旦宣布紧急状态，就意味着总统“拥有了至少136项紧急权力，包括生产方式调控、向国外派兵、实行国内戒严、管制企业运营等，甚至可以使用一些极端性武器等”❷。可见，紧急状态法之于公权主体的授权特征——明显是授予“独断权”。

独断权，即紧急权，是在紧急状态中接受法律所授权的主体所独享的权力——这一主体，通常指依法能够发布或宣布一个国家或地方进入紧急状态的主体。具体而言，它是指：

所谓国家紧急权力，又称国家紧急权或紧急权，是指有权的国家机关为维护国家利益、公共利益和人民的根本利益，在面临战争、内乱、经济危机、政治骚乱、事故灾难、严重自然灾害及严重传染病流行等突发公共事件时，根据宪法和法律的特别规定，暂时克减……限制和中止某些正常权利，迅速采取法定紧急措施的权

❶ 《习近平：全面提高依法防控依法治理能力　为疫情防控提供有力法治保障》，载中国共产党新闻网，http：//cpc. people. com. cn/n1/2020/0205/c64094-31572943. html，2022年12月20日访问。

❷ 沈群：《民主模式瞬间转成集权模式——当美国进入“国家紧急状态”》，载https：//mp. weixin. qq. com/s/AYresE4KMLTBeR1dKWaJ7w，2020年3月16日访问。

力。简单地说，国家紧急权力就是国家在突发公共事件下依法迅速改变权力与权利逻辑结构的法律制度。[1]

国家紧急权的实质是一种相对于民主制度下日常权力的决断权力；内容是对紧急事务予以紧急处置的权力；作用对象是针对迫在眉睫的、影响国家利益、公共利益和人民整体利益的紧急事件；行使根据是国家宪法特别条款和特别法律的授权；目的则是最大限度地保护和最大限度地止损——前者是从正的方面保护和保障国家、社会和人民的利益，后者则是从负的方面把紧急状态给国家、社会和人民可能带来的危害减到最低程度。

无论多么民主的国家，只要面对迫在眉睫的紧急事务，就需要紧急权力出面应对，甚至在一定意义上，民主程度越高，紧急权的行使力度也要越强，否则，就不足以真正按照紧急状态的需要克减、限制和中止日常权利——因为人民习惯了自由、民主和自治的生活与交往，自然也就不容易接受更多来自权力的束缚，哪怕这种权力是来自宪法和法律的特别授权，哪怕这种权力是以牺牲一定的权利为代价，而获取相对更大的权利。这从前述世界各国采取紧急状态手段应对和解决日益严重的 COVID－19 疫情时所遇到的明显的抵触、甚至抵抗中不难看出。正是足够强大的紧急权以及日益严峻的事态，才慢慢消磨了人们的抵触和抵抗。

但是，事体如此之大，权力如此集中，目的如此重要，故对紧急权的控制，就是紧急权的应有之义。显然，授权与控权是个两难的问题，之于紧急权力更是如此，因为它毕竟针对的是迫在眉睫的紧急事务。那么，究竟如何控制紧急权力？这也是相关研究领域的

---

[1] 刘小兵：《国家紧急权力制度研究》，法律出版社 2008 年版，引言第 1 页。

学者所津津乐道的话题。有些学者还专门研究紧急权的控制问题❶。即便不是专门研究这一课题的紧急法治研究者，也会在其论著中每每论及紧急权的制约问题。尽管都只是泛泛而论——毕竟对紧急权力，因为需求太过迫切，制约机制也就有些放松。但这绝非没有制约，而是必须受法律制约。具体说来，其通过如下四个方面实现：

第一，实体控制。实体控制，归根结底是法律的控制，它要求紧急权必须法定。即便在实践中行使时，发布命令的长官可以对实体权力根据实情予以自由裁量，但紧急权力的框架、类型必须于法有据。诚然，紧急权力在学理上经过了从"法外权力说"到"法律权力说"❷，从"特权理论"到"惯常理论"❸的转变，但这种转变，恰好说明人们对紧急状态下国家治理的深入思考，特别是紧急权受法律制约的思考。把紧急权视为常规法治之例外的"国家专政"也罢，把它视为常规法治的组成部分也罢，把它视为紧急状态的常规法治也罢❹，都表明人们企图以法律来规范紧急权力，使在紧急状态中，也能"权力法定""权自法出"，从而实现对紧急权力的实体控制。

第二，程序控制。如前所述，在罗斯托笔下，紧急状态（"宪法专政"）从启动到结束，都应是严格依据法定程序规定的条件、

---

❶ 戚建刚等：《行政紧急权力的制约机制研究》，华中科技大学出版社2010年版，第49页。

❷ 王祯军：《国家紧急权的理论与实践》，法律出版社2015年版，第104～116页。

❸ 孟涛：《中国非常法律研究》，清华大学出版社2012年版，第200～224页。

❹ 笔者更倾向于这一理论，理由如前所述，各种重大的安全风险——无论传统安全风险，还是现代安全风险，是人类生活交往中日常事实之外的非常事实，故人们只能依法常规地或预防（未然），或应对（已然）。

时限进行的，尽管这种程序和常态的法律程序相比较，显得急促、粗糙，但即便如此，它仍然是程序。只有在程序内的紧急管理行为，才是合法与有效的，一切逃离紧急程序的权力行为，即便在实体上赋予了公权主体此种权力，也因程序违法而不应产生效力。这表明，紧急状态下的国家治理，必须把紧急权力装置在程序的管道中。如果说实体控制主要是在静态视角解决紧急权的“权力法定”“权自法出”的话，程序控制则进一步从动态视角解决紧急权的“行使法定”“依法运行”问题。只有在静态授权和动态运行两方面都有法可依时，法律上紧急权力的控制才更可靠。

第三，组织控制。所谓组织控制，就是权力内部的制约机制，即我们熟知的“以权力制约权力”。紧急权事出特殊，但仍然需要权力内部的制约。这种制约具体体现在不同组织——立法组织及其立法制约（立法授权），司法组织及其司法制约（依法纠错），行政组织及其行政制约（依法检视）——的权力运作中。特别是前两者对后者的制约，尤为重要，因为紧急权一般情况下属于行政权，并由行政首长发布和督促执行。组织是法治的主体要素，尤其公权组织，可谓是法治最重要的主体。法治是一种奉法为上的制度形态，它以法律规范为前提，以法律观念为动力，以法律主体（包括公权组织和私权组织）为保障，以法律行为为实践形式，以法律反馈为检修机制，从而用法律来统合社会秩序。可见，对紧急权的组织控制事实上是通过法律的控制，是被结构在法律之中的控制，故其隶属对紧急权的法律控制。

第四，权利控制。权利控制，也可谓之人民控制，即通过私权主体的权利行使及其与紧急权的博弈、甚至反抗（行使抵抗权）来控制紧急权。尽管在紧急状态下，对私权主体的权利克减，或者私权主体之紧急失权是各国法律的通例，也是紧急权借以实现其目的的必备手段，因之是紧急状态下的一种“常规事实”。但是，这绝不意味着私权主体面对紧急权的行使就只能被动接受。当紧急权的行使违背实体法和程序法的要求时，公民、法人等私权主体不但可以行使抵抗权，还可以通过行使损害赔偿或补偿请求、司法诉讼请求等请求权的方式制约紧急权，从而紧急权的行使借由权力外部的力量，使其能更加谨慎地根据其所肩负的目的、任务而运行。尽管在大多数情形下，对紧急权之权利控制的结果还需要权力内部的控制予以兑现，但有了这一控制，便有了对紧急权控制得更加灵活的机制和更为坚强的动力。特别是通过抵抗权的控制，乃是对紧急权非法行使的独特控制机制❶，也是从权力外部迫使紧急权依法行使的重要手段。

总之，在紧急状态的国家治理中，核心问题是如何依法处理给公权主体授权，使公权主体既有充分的能力对抗和处置紧急事态，也能恰到好处地行使紧急权力，把紧急权力行使中可能给社会带来的危害降到最低层次。这就需要在立法上既要设计合理科学的紧急权力和紧急授权，也要明确对紧急权力行使的制约机制，从而实现授权与限权的统一。

3. 紧急状态中国家治理对私权主体的权利克减和保障

既然紧急状态的实施，从根本上讲是为了保护国家、社会和人民的公共利益，那么，无论其过程导向还是其结果导向，皆需以权利保障为目的。虽然紧急状态的实施是权利保障的特殊措施，但为

---

❶ 莫纪宏、徐高：《紧急状态法学》，中国人民公安大学出版社 1992 年版，第 261 ~266 页。

了保障权利，必须克减权利，因此克减部分权利成为保障整体权利的手段。以此次抗击 COVID－19 疫情为例，恰如媒体所宣传的那样，这是一场疫情防控的“人民战争”，是一场遭遇战、总体战、阻击战。这场战争，就是要做到像私法中的紧急避险和刑法中的正当防卫一样，通过牺牲一些小法益而争取或赢得大法益❶，通过克减部分权利而保护在总体上更大的权利。道理虽然如此，但在实践中要做到恰当地处理两者的关系，却是一桩“言之为易，行之为难”的事。

社会权利的克减如何确定，如何执行？是不是只要面对紧急状态，公权主体对人们权利的克减就无从规范，任意为之？这些问题的提出，看上去似乎有些荒唐悖理，但事实上，它是我国各地在应对 COVID－19 初期常见的问题。其中既有地方决策者面对紧急事态，左支右绌，进退失据，难有作为的尴尬，也有地方决策者、执法者和拥有一定自治权的村社管理者对公民权利的侵犯。例如，一度广受关注的某地“断桥挖路事件”，引致该省交通厅专门发布规范性文件予以禁止，也招致商务部的明确反对❷；各地普遍存在的“一律劝返”“一刀切”以及“暴力执法”现象，引起了全国人民代表大会的关注，并表示“不宜采取”，强调“‘严格执法’绝不

---

❶ 严格说来，紧急状态中的国家治理，既有明显的正当防卫的特征——公权主体借着紧急权与紧急事态对抗，也与一些主体在特殊时期过分的权利要求和主张对抗，并通过这种对抗，保卫国家、社会和人民更大的利益免受或少受危机事实侵害；也有一定紧急避险的特征，即通过克减、限制或中止社会主体的一些法定权利，实现对国家、社会和公民更大的、更根本的权利保障和保护。在此意义上，公法中的紧急状态应对沟通了私法上的紧急避险和刑法上的正当防卫。

❷ 中新网：《商务部：坚决制止擅自封村封路，有序推进复工复产》，载 http：//news. eastday. com/eastday/13news/auto/news/society/20200222/u7ai9111460. html，2020 年 3 月 18 日访问。

是'暴力执法''过激执法'"[1]。凡此种种皆表明，在国家治理中紧急权如何面对私权主体的权利克减，并不是一目了然的问题，而是需要认真研究和对待的话题。对此，有学者在研究紧急状态中人权克减的问题时指出：

从规范层面讲，紧急状态下的一项有效的人权克减有两方面构成要素：一是实体性要素，至少应包括克减主体、克减的情境、克减方式和克减的对象与客体等；二是程序性要素，包括克减的期间和要遵守的程序等。[2]

显然紧急状态中的权利克减要遵循基本的法治要求，究竟哪些权利是紧急状态中可以克减的，哪些权利是不能克减的？权利克减的方式是什么？例如，为了紧急隔离，政府能否直接征用作为国有财产的大学或其他类似机构的教室、宿舍？能否紧急运用（而不是征购）公民或其他主体一时闲置不用的财产？如果能够征用或运用，那么，具体需要通过什么样的法律手续或程序？这种征用和运用有没有或需不需要明确的期间限制？凡此种种，如果没有明确的实体法或程序法上的规定，就只能导致实践中的不作为——因为无所适从，或者乱作为——因为规范不明。无论不作为或者乱作为，对于紧急权力的行使而言，都是致命的。它既损害了紧急权的权威，也影响到其应有效力，还影响了权利克减与保障的实效。因此，紧急状态下紧急权对人们权利的克减须是法律之内的举措，而非法律之外的举措——尽管这里的法律之内所讲的是紧急状态下的

---

[1] 王比学："依法统筹推进疫情防控和经济社会发展——全国人大常委会法工委有关部门负责人答记者问"，载《人民日报》，2020年3月6日。

[2] 李卫海：《紧急状态下的人权克减研究》，中国法制出版社2007年版，第61~202页。

法律之内。只有如此，才谈得上在克减权利的同时，保护和保障更大的、更重要的权利。那么，在紧急状态下的国家治理中，如何在克减私权主体的权利的同时，保护和保障其更大的权利呢？在学理上，其大致有如下四类：

第一，当然保障。所谓当然保障，是指国家紧急状态的行使，无论其初衷还是目的，都应是通过紧急权的行使，在克减部分权利的同时，以阻却危机带来的更大损害，从而保障国家、社会和公民更大、更多的权利。当然保障有两个理由：一个是在现代政治理论上的社会契约论理由；一个是在紧急治理实践中的社会事实理由。对前者，卢梭曾这样写道：

唯有最大的危险才值得去冒变更公共秩序的危险；并且除非是在涉及国家生死存亡的时候，否则人们是绝不应当停止法律的神圣权力的。在这种罕见而又显著的情况之下，人们便以一种特殊的行为把维护公共安全的责任托付给一个最值得信任的人……

在这种情况下，公意是无可怀疑的；并且很显然，人民首要的意图乃是国家不至于灭亡。❶

可见，即使在紧急状态下，权力的运行依然要遵循“社会契约论”的基本原则和要求，因此，“社会契约论”已然将保护最大的权利——维护公共安全和国家安全，作为紧急权行使的基本使命。至于紧急治理的实践，则在现代所有民治国家，无不以牺牲小法益，保护大法益为目的，其结果也必须朝向这一目的，否则，便因合法性不存而无效。

第二，特别保障。在不少情形下，权利普遍克减的直接目的，

---

❶ ［法］卢梭：《社会契约论》，何兆武译，商务印书馆 1980 年版，第 163～164 页。

是对一些特殊主体进行特别保护，并在此基础上进而保护更大的法益。例如，在地震等自然灾害中，举全国之力救济正处于灾害苦难中的灾民，并借此阻却次生灾害，创造普遍权利伸张的更大空间和条件。再如，在此次武汉的 COVID－19 疫情救济中，政府集中各地优势医疗资源援助武汉。显然，其直接目的是优先保障武汉 COVID－19 患者的权利，并通过对他们权利的保障，阻却疫情可能在全国更为广泛的传播，为全国更多的人创造免受病毒侵染的空间和条件。这种看似对权利特别保障的措施，内里含有保障更大权利的意蕴。

当然，特别保障除了前述情形之外，还有在权利普遍克减的同时，只要有正当理由并符合相关手续，就可以恢复一定的权利之情形。例如，一位身处意大利的华人，就在其文章中无意间描述了意大利在实施紧急状态“封国令”之后权利特别保障的情形：

在意大利封国令生效之后，只要是还在意大利的居民现在出门，必须要携带一个自我声明，这个声明上有个人信息以及必须出门的理由。

需要注意的是，自我声明必须和个人证件共同出示，在意大利有效的个人证件主要有居民身份证、居留卡以及护照。❶

第三，救济保障。所谓救济保障，是指或者应权利受损者的诉讼请求，司法机关通过诉讼机制来保障诉讼人的诉求；或者行使紧急权的权力主体因其行为客观上给特定的私权主体带来了超过普通人权利克减要求的额外损害，而主动地给私权主体以国家补偿或赔偿。显然，前者是一种被动的救济保障机制，它必须以权利主体提

---

❶ 意视窗：《我在疫情中的意大利，真实情况是这样的!》，载 http：//global. sina. cn/szzx/article/20200318/06626fcb6f851000. html，2020 年 4 月 1 日访问。

出诉讼请求为前提，并且这一诉讼请求的对象直指实施紧急权的具体公权主体。这种被动性来自于司法本身的被动性——因为司法权本质上是一种应请求才能启动的消极、被动的权力❶。而后者则是公权主体主动对权利的保障措施。例如，各地针对实情，对援鄂医疗队成员们予以特别的、主动的权利性褒奖。根据报道，尽管相当多的医护人员逆行湖北是出自其救死扶伤、医者仁心的朴素职业情感和伟大道德情操，但事实上，他们也是响应政府——公权主体的组织和号召。在这期间除了克减与亲人团聚的伦理亲情、正当休息的法定权利之外，他们还承担着巨大的健康风险（精神上和身体上双重健康风险）。故政府无论从道义视角出发，还是从事实视角考量，对其予以权利补偿和救济是理所当然的❷。

第四，自助保障。所谓自助保障，是指在紧急状态中，当公权主体对私权主体的权利保障不足或无力保障时，私权主体通过自我的力量或相互联合的力量予以保障，以尽量减轻紧急状态所致的私权主体之权利受损。这又可分为自助、互助和抵抗三个类型。自助，顾名思义就是单个私权主体通过个人（体）力量，自己减损因权利克减带来的严峻挑战。例如，COVID－19 疫情期间不少企业自己努力，开拓新产业、新业务、新市场，在保障安全的同时，自主解决劳动力来源，获得喘息之机。而互助，则是私权主体之间通

---

❶ 托克维尔曾以美国为例，总结了司法权的三个特征，其中一个是“……只有在请求它的时候，或用法律的术语来说，只有在它审理案件的时候，它才采取行动”。(见［法］托克维尔：《论美国的民主（上卷）》，董果良译，商务印书馆 1988 年版，第 110 页。)

❷ 有关紧急状态实施中所引起的纠纷解决与救济机制的研究，见马怀德：《应急反应的法学思考——“非典”法律问题研究》，中国政法大学出版社 2004 年版，第 345 ~404 页；赵颖：《公共应急法治研究》，法律出版社 2011 年版，第 160 ~208 页。

过互通有无，互帮互助，相互减轻因紧急状态所带来的权利损失。如铁路、公路、航运等运输主体和用人单位、劳务输出单位紧密合作，相互扶助，既解决了一些私权主体的劳动力需要，也解决了一些私权主体的运输需要，还解决了另一些私权主体的劳动需要。再如在紧急状态下，志愿者和其他主体的互助互动等皆是。至于抵抗，则出自对紧急权力非法行使的抵抗权，是通过私权主体的抵抗，既监督公权主体依法行使紧急权，又保障私权主体的权利不受非法紧急行为的侵夺。

综上所述，在紧急状态的国家治理中，私权主体的权利悬置、克减、中止等是其题中应有之义，但无论其目的，还是其过程，都与更大范围、更高目标的权利保障以及技术性的权利救济和自助措施息息相关。这样，也就在法律上提供了在紧急状态的国家治理实践中，妥善协调并解决私权主体的权利克减与权利保障这一棘手问题之方案，恰如同样在法律上能有效地解决紧急状态中对公权主体的权力授予与限制这一棘手问题一样——毕竟“法律对权利来讲是一种稳定器，而对于失控的权力来讲则是一种抑制器”❶。

五、紧急状态、国家治理与常规法治——紧急状态法

1. 紧急状态的国家治理中需要法和法治吗？

史上论述紧急状态的学者很容易以平时法律和法治为蓝本，观察并衡量紧急状态下的法律和法治状况，并把紧急状态视为法律和法治的“悬置”状态。特别是阿甘本，虽然他强调“例外状态”

---

❶ ［美］博登海默：《法理学：法哲学与法律方法》，邓正来译，中国政法大学出版社 1999 年版，第 293 页。

是治理的“典范”，但同时在论及法与力的关系时，他在法字上面打上了一个显眼的“×”号，意谓在紧急（例外，下同）状态下，法是被悬置的❶。为了更真切地观察和感受论者的这种观点，不妨摘引散布于其名著《例外状态》中的一些片段：

例外状态标示着一个门槛，在其间逻辑与实践无法彼此确定，而一个不具罗格斯（Logos）的纯粹暴力宣称要实现一个没有任何现实指涉的表述。

在极端情形下（也就是说，在最能够界定它的情况下，如果法律制度最真实的特质果真总是由例外和极端情境来界定），权威的作用似乎是作为一种在权限发生之处将其悬置，而在它不再具有效力之处将其重新活化的力量。这是一种悬置或重新活化法的权力，但并不像法一样具有形式上的效力。

在这一瞬间，权威呈现出了它的本质：能够同时“授予合法性”和悬置法的权能，正是在其法律上之效力丧失最为严重的那一点上，展示出了它最专属的特征。这就是如果法被完全悬置时，残留下来的事物（……将不再是法，而是生命、生活——在每一点上都与生命、生活无从区分的法）。❷

以上引文，大体上反映了阿甘本在本文弁言中所援引的那则近乎二律背反的两个结论中所主张的立场，即在阿甘本看来，紧急状态乃是法律和法治的例外状态，在紧急状态下法是被悬置的，即法律和法治在这里被吊了起来，纵使它仍是存在的，也是靠边站的，它不再处于决断和举事的核心、至上地位。相反，权力以及权威在

---

❶ ［意］吉奥乔·阿甘本：《例外状态：〈神圣之人〉二之一》，薛熙平译，西北大学出版社 2015 年版，第 1 ~82 页。

❷ 同上书，第 60 页、127 页、130 页。

这里才是至上的。那么，透过这种论述，我们能否得出结论说：紧急状态，就是一个无关法律的状态？在紧急状态的国家治理中，不需要法律和法治？

其实在前文的论述中，笔者在字里行间已经揭示了紧急状态中无论对公权主体权力的授予还是限制，对私权主体权利的克减还是保障，都理应是一个根据法律的实体规定和程序规范所展开的过程，且毫无疑问，这种论述并不是纯粹理论上的苦思冥想，而是对当代世界各国应对紧急状态之事实和实践的关照和呈现。如果没有这种事实，那么各国秩序仅仅靠个人的权威来维系，只会陷入崩溃状态——其实，这是我们早已熟悉的原理："法治应当优于一人之治"❶，这一原理不但适用于日常秩序的维系，而且也适用于非常秩序的维系。

所以，过于强调紧急状态对法律和法治的疏离，实际上表达了论者对法律和法治的一种静止论的立场，进而也自觉不自觉地流露出一种对社会事实之平面的、静态的观点。诚然，法律和法治所期待的生命、生活世界，乃是一个与法律预期相吻合的安定世界，它恰如静静流动的河流，即便有浪花，也不会有激流。但问题是法律所面对的事实不止于此，它还会面对枪炮、战争、内乱、灾害、瘟疫、经济危机等人类避之不及，但又无处可避的事态。这样的事态一旦出现，则将法律悬置，或者用时髦的术语讲，搞法律"熔断"，则意味着法律这个人类所创造的社会秩序的调节机制就不可能存在至上的、神圣的属性。法律秩序就不再是、也不可能担当起权威地、至上地调整全部社会关系的使命。社会的权威就会从非人格的

---

❶ [古希腊] 亚里士多德：《政治学》，吴寿彭译，商务印书馆 1997 年版，第 167 ~168 页。

法律，重新流向人格化的个人，进而人类“为权利而斗争”，为法律而斗争的追求，就需要重新打量，就可能打了水漂；而人类的交往根据和秩序基础，就需要重新安排，需要“超越法律”。如果紧急状态出现，即意味着法律的悬置或“熔断”，从而失却了法律和法治的规范、制约和保障，那就意味着即便有强人当道，也只能是对混乱的、非法状态的认可。果真如此，则我们最终面对的，可能就不是什么“独裁制”，而是混沌状态中的“丛林法则”——因为俗言说得好，对强者而言“强中更有强中手”。因之，即便在紧急状态结束后人们想复原被悬置、被“熔断”的法律和法治，也得耗时费力，原地起步。

好在问题并不是如此，即便在紧急状态中，法律和法治依然权威地作用其间。因此，问题不在于紧急状态中有没有法律和法治，而在于紧急状态中法律和法治是什么样态。

2. 紧急状态下的法和法治是常态的，还是例外的？

其实，阿甘本在其论述中，也多次指出不同学者对紧急状态下秩序之法律性质的理解，尽管人们对它的法律属性看法并不相同：

……“必要性无法可循”，有两种相反的诠释方式：“必要性不承认任何法律”与“必要性创造它自己的法律”（必要性制定法律）；

纵然如此，对施密特来说，重要的是在一切情况中，某种与法秩序的关系都能够得到确认：“委任独裁与主权独裁都需要一个与法律脉络的关系”……“因为例外状态总是某种不同于无政府与混沌的事物。在法的意义上，其中仍然存在着秩序，即便它不是一个法秩序。❶

---

❶ ［意］吉奥乔·阿甘本：《例外状态：〈神圣之人〉二之一》，薛熙平译，西北大学出版社 2015 年版，第 33 页、48 页。

在如上观点中，除去“必要性不承认任何法律”的观点，则无论必要性创造法律的观点还是施密特例外状态与法律相关的观点，都肯定了紧急状态与法律的关联，只是它有点不太像日常状态的法秩序，甚至与日常状态的法秩序相比较，它根本就不是法秩序。

这里所呈现的，其实是人们对紧急状态法治的不同理解。我们知道，对紧急状态之所以存在的正当性的理解，有众多的观点。有学者总结了相关的八种理论，即必要理论、权利理论、国家理性理论、特权理论、宪法专政理论、社会安全理论、危机管理理论和惯常理论❶。尽管如上不同的学术观点都在一定层面上揭示着紧急状态的“真理”，但置于法律融贯性的立场考虑，并不是所有观点都符合这一要求，相反，不少理论主张自觉不自觉地把紧急状态作为法治的例外。毫无疑问，这种理解并不突兀，因为和日常法律与法治基于社会关系按部就班的水平运动相比，紧急状态则波谲云诡，社会关系错综复杂。这种突发性和不可预知性，导致特朗普不惜以强力的行政手段，动用1.2万亿美元来救市；默克尔直言这是“二战”以来德国所面临的最大的挑战；莫里森强调这是近百年来澳大利亚面临的最大挑战。这自然使调整紧急状态的法律与调整日常状态的法律明显不同。但即使如此，我们仍然要说，紧急状态下的法律和法治，只是“紧急状态下的常规法治”。这一结论，不禁令笔者想起了紧急状态法治的“惯常理论”。该理论主张：

捍卫常态法律的绝对性……常态法律足以应对紧急事件，不需要紧急权力；当紧急事件来临时，常态法律不必做任何变动……在

❶ 孟涛：《中国非常法律研究》，清华大学出版社2012年版，第200～224页；另见王祯军：《国家紧急权的理论与实践》，法律出版社2015年版，第89～103页。

紧急状态下，规则没有，也不应当被放宽；因为现行宪法和法律已经做出平衡公民自由和政府利益的安排，这一平衡在危机状态下仍然适用，所以紧急状态下的法律和正常状态下的法律应当一致——即使最终结果不一致。❶

笔者赞同这种“惯常理论”，并称之为“紧急状态下的常规法治”。但笔者所持的理由并不是说日常法律就已然安排好了紧急状态下的法律应对，而只是说紧急状态和日常状态对人类而言，都是其必须面对的事实，以它们两者对人类的重要性而言，不分伯仲。特别在现代这个所谓“风险社会”，紧急状态并不是偶然出现，而是日常的存在❷。因此，立法者在设计法治化的国家治理时，既要考虑常态的社会关系事实，也必须考虑紧急状态的社会关系事实❸，否则，法律以及基于法律的国家治理就是跛脚的、不平衡的。所以，所谓法律的平衡，并不仅是指平衡公民自由和国家利益

❶ 如上观点，分别来自于美国学者欧仁·格罗斯、菲奥诺拉·尼·奥兰和埃里克·波斯纳、艾德里安·沃缪勒（见孟涛：《中国非常法律研究》，清华大学出版社2012年版，第222页）。

❷ 仅以战争为例，“据不完全统计，在有记载的5560年的人类历史上，共发生过大小战争14531次，平均每年2.6次。从1740年到1974年的234年中，共发生过366次，平均每年1.6次。在第二次世界大战后的37年中，包括现在仍在进行着的，就有87次之多，平均每年2.4次。其间，29次在亚洲，26次在中近东和北非，17次在非洲中、南部，10次在中南美洲，5次在欧洲。”（见男人世界：《和平与战争》，载http：//dy.163.com/v2/article/detail/DMS59IAB0515CQH2.html，2020年3月19日访问。）更不用说把经济危机、自然灾害、内部动乱、人道灾难、瘟疫侵害等加在一起的紧急状态之数量了。

❸ 只是对于紧急状态的立法，也必须以和平（日常状态）为目的。这正如柏拉图论述立法者时所言：“只有当他把他所制定的有关战争的法律当作和平的工具，而不是他的关于和平的立法成为战争的工具时，他才成为一个真正的立法者。”（见［古希腊］柏拉图：《法律篇》，张智仁译，上海人民出版社2001年版，第7页。）

的关系，更是指要平衡人类必然会面对的两类社会事实——日常状态的社会事实和紧急状态的社会事实。当日常状态的社会事实呈现时，法律调整及国家治理自然转向运用日常状态的法律；当紧急状态的社会事实呈现时，毫无疑问，法律调整及国家治理必须转向运用紧急状态的法律。

尤其值得一提的是，随着人类交往技术的迅猛发展，人员、贸易和经济依存度的日渐紧密，全球化事实日益明显，历史上可能是发生在局部的紧急状态，在这个时代会迅速蔓延为全球性的社会、经济、文化和政治震荡，从而成为一定意义上全球性的紧急状态。这客观上使各国面临的紧急状态不是在缩减，而是在日益扩大。所以，全球化使人类面临的安全威胁绝不是在减少，反而是在相对地增加。这更需要在法律安排上——无论是国际法还是国内法的安排上，把紧急状态作为法律应对的常规事务和常规考量，而不是斤斤计较于所谓紧急状态的法律秩序对日常状态的法律秩序之悖反；斤斤计较于紧急状态对日常法律和法治的悬置和“熔断”。只有如此对待紧急状态的法治——“紧急状态下的常规法治”，我们才能坦然面对常规法治，也能坦然应对紧急状态。

3. 紧急状态、国家治理与常态法治——紧急状态法律体系

既然人类生活的基本面貌脱离不开日常状态与紧急状态，就必然意味着无论人类规范日常状态的法律，还是规范紧急状态的法律，都属于常态法律，由这种法律所导致的法治状态，自然属于常态法治。在这个意义上，可以把日常状态的法治和紧急状态的法治分别归纳为常态法治的两种类型，它们分别调整、规范两种状态的事务。紧急状态的法治除了在紧急状态正在进行之时，否则，丝毫不能削弱日常状态的法治；同样，日常状态的法治也不能否定紧急

状态法治的存在价值——哪怕现实生活中尚未出现紧急状态，紧急状态的法律规定只是一种未雨绸缪的预备措施，是一时备而不用的“备胎”，也要维护其预防性。

这提示我们，为了国家治理能有更为周备的法律依据，必须制定体系化的紧急状态法。尤其像我国这种人品众多、自然条件极其复杂的国家，在立法上，需要像对待日常状态的法律一样对待紧急状态法。这或许让人们一时接受不了，毕竟我们生活的世界承平日久，似乎灾难距离大多数人的生活十分遥远。可事实上并非如此，这是因为：

一方面，人类面临的这些灾难，相对而言，除了战争距离稍远一些外（尽管自“二战”以来，不同地区、不同国家发生的小规模的战争几乎就没有停息过），其他灾害，不但未曾远离人类，而且越发频繁地发生。仅以进入21世纪以来的前11年为例，我国就发生了“非典”疫情（2003年）、南方冰灾（2008年）、汶川地震（2008年）、玉树地震（2010年）、8·7舟曲特大泥石流（2010年），这还不算几乎每年都发生的台风、洪水、干旱等灾害。

另一方面，一旦各类重大自然灾害或社会灾害（特别是金融和经济危机）发生，所导致的实际损失以及对人民所造成的心理伤害会直接影响到平常状态，并耗尽人民在平时所积累的物质财富和增长的自信心。这似乎印证了我们平日所说的那句格言：“破坏容易建设难。”因此，国家如果不能像对待日常状态的立法和法律一样对待紧急状态的立法和法律，目光未免失之短浅。强调像对待日常法律那样对待紧急状态法律，绝非杞人忧天，多此一举。

但不得不说的是我国目前有关紧急状态的立法，显然不尽如人意。如前所述，我国目前尚未制定全面调整紧急状态的专门法律和权威法律，尽管“紧急状态”作为一个法律概念，已经写入我国《宪法》第67条、第80条和第89条，并制定了两部专门应对紧急状态的法律——《戒严法》《突发事件应对法》和一部专门应对紧急状态的条例——《突发公共卫生事件应急条例》，又尽管在《刑法》《民法典》《传染病防治法》《野生动物保护法》《动物防疫法》《防震减灾法》《防洪法》《大气污染防治法》《矿山安全法》《森林法》《草原法》和《消防法》等法律中也存在一些应急条款，但总的来说，这些规定和一个地域如此广袤、人口如此众多的大国所面对的各类风险相比较，显然还很不够。针对此次应对COVID－19疫情的举措，有学者已经写道：

一些地方采取的防控措施，事实上已经突破了突发事件应对法等法律的授权范围，对此必须及时进行纠正，从而做到依法科学有序防控，确保各项防控工作在法治轨道上进行。

疫情过后，要尽快完善我国的应急法律制度，既为政府采取应急措施提供法治保障，也要对政府权力进行规制。政府应当按照法律规定，明确知道自己什么时候应当采取什么行动。同时，政府应当依法实施管控措施，既要及时采取行动，又不能越界侵犯公民的合法权益。[1]

可见，学者们对完善应急法律制度，尽快制定我国紧急状态法的看法没有什么分歧。那么，究竟要制定什么样的紧急状态法？紧急状态法是单独一部法律，还是一个有机的法律体系？顺着前文的逻辑思路，笔者自然倾向于把它作为一个全面而有机的法律体系来

[1] 以上言论分别是学者孙煜华和林鸿潮的观点。见蒲晓磊：“完善应急法律制度，提升应急管理法治化水平”，载《法制日报》，2020年2月25日。在该报道中，学者们都建议“尽快制定紧急状态法”。

建设——既然紧急状态和日常状态都是人类生活和交往必须面对的社会事实，既然放眼我们生活和交往的长时段来观察，两者会相提并论、也相互支持地作用于人们的生活和交往，那么，我们有什么理由只关注日常状态的法律体系建设，而不关注紧急状态的法律体系建设？更何况紧急状态一旦发生，对每个人的社会交往、利益关系、生命体验之巨大影响，绝不在日常状态之下。所以，建设体系化的紧急状态法是我国紧急状态法治建设的必然要求。笔者认为，这一体系包括如下四个层面：

其一，根本法。要进一步完善我国宪法中有关紧急状态的条款，在目前授权全国人民代表大会、全国人民代表大会常务委员会、国家主席和国务院宣布、批准全国或地方进入紧急状态的权力之外，还应在宪法上规范并授予地方人民代表大会和地方政府宣布地方进入紧急状态的权限。

其二，基本法。应尽快制定严谨的紧急状态法，作为规范所有紧急状态时——国际战争、经济危机、自然灾害、重大疫情——国家治理的基本法。该法律不仅是一部赋予具体公权主体以紧急权，并明确保障公民权利、规定不同情形下克减公民权利的具体内容，规范公民合法参与紧急状态下国家治理的条件、方式和范围的实体性法律，而且也是规范上述主体，特别是拥有紧急权的公权主体实施紧急行为的程序性法律。因此，它在实体和程序两方面都应当是未来规范我国紧急状态的基本法。

其三，配套法。应由全国人民代表大会或者其常务委员会制定紧急状态法的配套法或者特别法，这包括前述《戒严法》《突发事件应对法》《防震减灾法》《防洪法》《大气污染防治法》《矿山安全法》《传染病防治法》《野生动物保护法》《动物防疫法》等；和这些配套法相关，国务院应尽快制定相关法律的配套条例；国务院各相关部门和地方人民代表大会，可以制定与部门或地方相关的部门规章和地方性法规。

其四，关联法。在其他基本法，如《民法典》《民事诉讼法》《刑法》《刑事诉讼法》《行政强制法》《行政赔偿法》《行政诉讼法》等法律中进一步完善紧急状态条款，使这些法律中的日常条款，一旦因发生紧急状态而需要改变时，则由紧急状态条款取代之；同时，一旦紧急状态和紧急危害消除，自动恢复日常条款的运用。

相信经过如此严密系统的紧急状态立法及其配套立法，不但能够实现形式意义上紧急状态之日常法律准备，而且在紧急状态的应对举措中，能够事半功倍地实现以法治为标准（前提和目的）的国家治理，展现出即使面临紧急状态，也有国家治理的“常态法治”，并进而使困扰人们许久的所谓紧急状态中法律悬置的问题落实于法律和法治的框架内解决。

——写于 2020 年 4 月 2 日

COVID－19，“想要”与“能要”的治理权衡

——基于“乔姆斯基命题”的思考

一、弁言

2020年伊始，一场波及全球、被世界卫生组织命名为COVID－19的公共卫生安全危机，不但给各国人民带来了罕见的悲惨和苦难，给各国政府应对危机带来了前所未有的挑战，而且使全球经济的发展陷入严重危机之境地，令全球的政治对话陷入异常艰难之境地，也让全球的学术交流陷入空前对立之境地。涉及面如此广泛的一场大瘟疫，可以预料，其影响也一定会是持久的。因此，在学术领域引发激烈的争论是不难预料的。事实上，就在最近，有关疫情与未来世界秩序的讨论，已经在各国广泛展开。它令不少活跃于当今世界学坛和政坛的名宿，如基辛格、哈贝马斯、阿甘本、乔姆斯基、福山、纳菲西、赫拉利、戴维斯等，都参与到这场讨论中。他们的学术见解和政治立场都值得被关注时代命运的知识分子予以特别追踪并研究。

其中在大西洋东岸，已经92岁高龄的美国哲学家、语言学家乔姆斯基在接受一个采访时提出的观点，获得了人们广泛的关注。他在这个采访中，呈现出与多数思想家不一样的面相——一如既往地对新自由主义予以发难，甚至强烈抨击新自由主义和专制邪恶的

相容性，独特地指称、批判“新自由主义瘟疫”。这给人们的直观感觉是论者是一位新自由主义的死对头，它对新自由主义的批评，比公认为新自由主义的对立面——社会主义者似乎有过之而无不及。在这次不长的采访中——

一方面，他对新自由主义展开了激烈的批评：

为什么会发生 COVID－19 危机？它来自于巨大的市场失败。它可以追溯到市场的本质，新自由主义带来的深层的社会经济问题，野蛮的新自由主义使市场加剧恶化……Salk 疫苗没有专利，向所有人开放。他们这次也可以这样做，但新自由主义瘟疫（neoliberal plague）阻止了这样的做法。我们生活在这样的意识形态之下，经济学家对此负有很大责任。因此，这种来自公司部门的意识形态，以里根带着他阳光灿烂的笑容，阅读公司老板交给的剧本为代表——指出政府就是问题所在。

另一方面，他也指出了一种可欲的未来和致思方向：

我们应该更深入地思考我们想要生活在什么样的世界中？[1]

我愿意把乔姆斯基提出的这一问题，称为乔姆斯基之问，也愿意把其所谓“想要”的思索，称为“想要命题”，或“乔姆斯基命题”。

毫无疑问，已到耄耋之年的思想家对问题的剖析是深刻并令人感动的。但一种“想要”的生活，如果是立基于自然或生命伦理的安排，自无不可，但如果是使人类借此而建构一套永固的秩序构造机制，则又无疑会蹈入新自由主义者哈耶克所忧虑的那种“致命的自负”中，它可能的趋向是“通往奴役之路”，而不是理想的康庄大道。其实，世间本没有什么理想的康庄大道，有的只是人们按照

---

[1] ［美］乔姆斯基：《在自我隔离中提问，我们想要生活在怎样的世界中？》，龚思量译，载 https：//www. thepaper. cn/newsDetail_forward_ 6769405，2020 年 4 月 11 日访问。

事物本来的规定安排自己的生活。在事物本来的规定面前，“想要”有些奢侈。因此，与其像乔姆斯基一样强调“我们想要生活在什么样的世界中”，不如推进探索“我们在世界上能要什么样的生活”。本文就通过对“想要”和“能要”这对矛盾事象的分析，分析人类所面临的问题及其克服路径。

二、“想要”——一个建构倾向的自由主义命题

很显然，“我们想要生活在什么样的世界中”这个问题，其核心是“想要”。因此，探究清楚“想要”的性质及其意义，利于理解乔姆斯基何以一方面对西方、对美国、对特朗普及其新自由主义的批评尖锐激烈、毫不留情，但另一方面，他仍然留在美国这样一个自由主义底色鲜明的国家中，而不是在其他国家挥洒其思想、享受其自由。进而，也弄清在“乔姆斯基命题”中，“想要”这一关键词的独特意蕴。

1. “想要”：自由意志的自由表达

“想要”乃是人们的一种内心要求和主张，因此，其本身蕴含着强烈的主体性色彩，并进而蕴含强烈的主观色彩。从其本质讲，“想要”属于人的自由意志范畴，也只能交由人们自由地表达。从其字面看，它指的是人的欲求或欲望及其表达，属于主体主观意识的范畴，这一范畴即意味着人们自由意志的自由表达。世间所有的人，无一例外都是欲望的主体[1]。尽管人们的欲望取向并不相

---

[1] 荀况在提出“人之情为欲多而不欲寡”（见《荀子·正论》，载梁启雄：《荀子简释》，中华书局1983年版，第251页）的命题时，以及亚里士多德在强调人是“城邦动物”或“政治动物”（见［古希腊］亚里士多德：《政治学》，吴寿彭译，商务印书馆1965年版，第7页）的命题时，其实他们都是把欲望这个概念嵌入其命题中，并作为其观点展开的逻辑原点。

同——有些人更倾向于物质欲望，有些人更倾向于权力欲望，还有些人更倾向于审美欲望❶。能够把这三者有机统一起来的，大概只有自由的精神欲望了。

当然，这三种欲望在每一位主体身上都不是截然分开的。一位权力欲望极强的人，当其面临死亡威胁时，自然会把重点投向其物质的生命之存活和维系；一位一心追求物质满足并富可敌国的商贾，在因为手中无权而严重影响其物质追求时，兴许也会把其焦点投注到对权力的追求上来。即便那些特别追求高尚道德的主体或地方，这种追求也构成一种欲望。例如，当这种“好让不争”的欲望在李汝珍的“君子国”里受到不应有的阻碍时，也会产生“因让而争”的一桩桩美谈❷——但这些争都源自人们对获得谦让这种美德的欲望。或许，把这种美好的情形用欲望二字来总结，有侮“君子国”，但只要人们回顾一下昔时被国人广为接受的“满招损，谦受益”，就不难理解：美德追求，毫无疑义是一种欲望。因之，人是欲望的动物，这种情形在德勒兹和加塔利的笔下，被比喻为人是

---

❶ 莎士比亚的“夏洛克”、尼采的“权力意志”，以及弗洛伊德、福柯等的性欲分析，从不同视角揭示人类作为一种欲望动物的不同方面。（见［英］莎士比亚：《莎士比亚全集（3）》，朱生豪译，人民文学出版社 1978 年版，第 1 ~98 页；［法］巴尔扎克：《欧也妮·葛朗台》，傅雷译，人民文学出版社 1954 年版，第1 ~186 页；［德］尼采：《权力意志（下卷）》，孙周兴译，商务印书馆 2007 年版，第 1318 ~1326 页；［奥］西格蒙德·弗洛伊德：《精神分析引论》，徐胤译，浙江文艺出版社 2016 年版，第 1 页；［法］米歇尔·福柯：《性史》，张廷琛等译，上海科学技术出版社 1989 年版，第 182 ~248 页。）

❷ 在李汝珍的笔下，不但描绘了一个“耕者让田畔，行者让路……士庶人等，无论富贵贫贱，举止言谈，莫不慕而有礼”的“君子邦”，而且惟妙惟肖地描述了在这个“君子邦”，人们如何相互礼让，并因为礼让而产生纠纷的事。（见（清）李汝珍：《镜花缘·第十一回：观雅化闲游君子邦　慕仁风误入良臣府》，安徽文艺出版社 2002 年版，第 42 ~45 页。）

一架“欲望机器”。欲望通过机器的流动和中断，就是生产：

欲望机器是二元的机器，遵循二元的法则或连结的体制（régime associatif）；一台机器总是与另一台机器进行耦合。生产的综合，即生产的生产，具有一种连接的形式“……与……”（et），“然后……”（et puis）。这是因为总有一台流的生产机器以及与之连接的另一台机器，而后者引起流的中断、提取（乳房—嘴巴）。而且因为第一台机器依此被连接到另一台机器，前者对后者而言是作为流的中断或提取而运行，所以二元系列在任何方向上都是线性的。欲望不断地实现连续流与部分对象的耦合，而这部分对象本质上是支离破碎的。欲望促使流流动，欲望流动，而且欲望中断流……任何“对象”必须以流的连续性为前提，任何流必须以对象的破碎为前提，毫无疑问，每种器官——机器根据自己的流、由之流出的能量来解释整个世界……然而，与另一台机器的连接总是沿着横贯线被确立，其中第一台机器中断另一台机器的流，或者“观看”它的流被另一台机器中断。

……部分对象——流的连接综合的耦合还具有另一种形式：产品—生产。生产总是被嫁接到产品之上；这就是为什么欲望生产是生产的生产，正如任何机器都是机器的机器一样。❶

这表明，欲望不仅是人之为人的本质所在，而且人就是一架欲望机器和产出欲望的机器。没有欲望，世界就是停滞的（但这又是不可能的），因为欲望推动社会的生产和进步。在此意义上，“想要”是社会进步的动力，尽管“想要”从来不是单面的，而是多样的。即便在文明高度发达、科技异常进步的时代，当人类面临

---

❶ ［法］吉尔·德勒兹、菲利克斯·加塔利：《反俄狄浦斯·欲望机器（上）》，董树宝译，载《上海文化》2015 年第 8 期。

COVID－19 疫情这种可谓“无常”的情形时，仍需要关注人类“想要”的生活世界，因为“想要”既能创造治理，也能制约治理者。

2. “想要”：多元主体与多元欲求

既然“想要”是主体自由意志的自由表达，那就意味着它不是一种铁板一块的心理事实，反之，它的取向必然是千姿百态、复杂多样的——“想要”意味着主体对客观事物满足其欲望的追求，因而世间有多少主体，就会有多少“想要”，因为世间没有两个完全相同的“想要”，正如世上没有两片完全相同的树叶。俗云：“百姓百姓，各有各的心病”，又云：“萝卜白菜，各有所爱”，这些民谚所表达的正是“想要”——人们欲求的多样性。对此，也可以称为“人的多样性”：

一种能适用于一切文化和文明的低限道德标准并不否认每个人在很大程度上是由其特定的文化和社会经历造就的。它不以所谓同质的无社会、无文化的人类为前提，相反，它以社会和文化的多样性为前提，并设立所有的社会和文化都要遵循的低限道德标准。这种要求为多样性的范围设立了道德限制，但绝不否认多样性的存在。❶

尽管如此，但笔者仍要说，米尔恩所述的人的多样性，乃是一种立基于社会和文化多样性之上的多样性，尚不足以在更广范围和更深层次说明人及其欲望的多样性。这里强调的多元欲求，不以特定的文化与社会为限，而以每个自由的主体为限。在这里，人是自

---

❶ ［英］A. J. M. 米尔恩：《人的权利与人的多样性——人权哲学》，夏勇等译，中国大百科全书出版社 1995 年版，第 7 页。

己自由的主权者，也是自身欲望的主权者。即便人们在交往行动领域必须遵循人类共同的道德义务——诚实并相互尊重地交往，也是以自由和欲望主权者的身份参与其中的。

自由主权者表明，每个主体与他人的交往——交往或不交往，选择与谁交往，交往的具体方式和内容等，都是其自主决定的事。除非法律上有涉及公共事务的强制性规定或禁止性规定，否则，任何力量不能迫使一位自由主权者参与到他所不情愿的社会交往中。这决定了自由主权者的基本特征，乃是自己的事情自己做主、自己解决。在一定意义上，被近代西方国家奉为金科玉律的分权原则，其所建立的基础就是自由主权者的个体分权。国家的分权，乃是围绕如何保障个体分权——个体主体性而设定、展开并实施的。这正如艾伦在评述德沃金的观点时所言：

原则问题的争论诉诸个体的政治和法律权利；政策问题的争论则主张一份特定的判决应发挥作用以促进某些一般福利或公共利益。德沃金令人信服地指出司法判决应当以原则的考量而非政策的考量为基础：法院的职能在于决定双方的法律权利。对于公共利益的宽泛考虑恰恰是政府和立法机关关注之事项。如果个体权利完全受制于功利考量或多数人的偏好，其价值将荡然无存：因此，对个体权利的保护不能留给通常的政治程序。❶

艾伦对德沃金的以上论述，乃是从每个自由主权者的视角出发，明显往前推进了一步。以自由主权者为基础，设置国家机构的职能：在个人利益保护职能和公共利益维护职能之间如何平衡。应当说，这也应是本文在整体上回应的问题。在回应之前，这里先要

---

❶ ［英］T. R. S. 艾伦：《法律、自由与正义——英国宪政的法律基础》，成协中等译，法律出版社2006年版，第74页。

阐述的，仍是自由主权者的“想要”，在实践中是需要分别考察、判定和裁量的。它需要的是突出在事实基础上的差异化的考量，而不需要“均贫富”之类的“一碗水端平”，它需要裁判的基础是前定的、因之也为大众所接受的规则，而不是后定的、只有裁判者才掌握的临时下判。因此，在治理中它奉行的是普遍的、一般的调整原则，而不是临时起意的、个别的调整原则。虽然它主张“同案同判，异案异判”，但这只能建立在规则先行的基础之上，否则，只能堕入某种“崇高的理想”，进而忽视自由主权者之“想要”的个体性、个别性和动态多元性[1]。

面对此种“想要”——多元主体的多元欲求，治理当然要寻求大家都能接受的方式。这些方式有属于平时状态中采取的，大体有二：一是确定多元欲求的低限共识和欲求共存，这是立法要解决的问题；二是确立“均贫富”的福利主义政策，这既要靠立法的一般规定，也要靠行政当局的具体举措。也有属于紧急状态下采取的方法，如同当前 COVID－19 疫情境况下，根据需要克减以个体化方式存在的主体欲望及其权利，同迎挑战，共克时艰，寻求多元主体的多元欲求得以保留其“火种”的基本条件——所谓“留得青山在，不怕没柴烧”。

3. “想要”：一种建构倾向的自由主义情结

透过如上论述不难发现，尽管乔姆斯基在其对话中对新自由主

---

[1] 所谓“动态多元性”，乃是指一方面，自由主权者的欲望是变化的，而非铁板一块的。这正是现代选举政治得以建立的基础。在选举中，哪怕所谓某一政治势力的“基本盘”，也非铁定的，而是变化的。另一方面，是指其在不同主体之间是可比较、交流甚至进行“欲望交易”的——这就是基于不同之“想要”的交往。

义予以猛烈的抨击，但与此同时，他仍然寄望于自由主义，而不是自由主义之外的其他什么主义。不过这种自由主义，不是崇尚自生自发秩序的那种（倾向消极自由），而是建构倾向的自由主义（寻求积极自由❶——因为这是基于“我们”的“想要”）。除了前文对乔姆斯基接受采访的引文之外，他在这次采访中让读者大跌眼镜的，还有他重申其新自由主义和高度专制的邪恶国家相容的“命题”。他是这样论述的：

我们应该记住，高度专制的邪恶国家是与新自由主义相容的，事实上，新自由主义的大师们，从米塞斯到哈耶克都对大规模的国家暴力非常满意，只要它支持他们所谓的健全的经济。新自由主义起源于20世纪20年代的维也纳，米塞斯对它被掌握在奥地利国家的原法西斯主义者的手中，并粉碎了工会和奥地利的社会民主制度感到高兴不已，他赞扬了法西斯主义，因为其保护健全的经济。当皮诺切特在智利建立了一个如刽子手一般的残暴独裁政权时，他们

---

❶ “积极自由”相对于“消极自由”，由鲍桑葵提出（见［英］鲍桑葵：《关于国家的哲学理论》，汪淑钧译，商务印书馆1995年版，第142～165页），而被认为最权威的论述，则是伯林的，他强调“‘自由’这个字的积极意义，是源自个人想要成为自己的主人的期望”，它“和不让别人妨碍我的选择为要旨的自由，表面上看来，似乎没有什么重大的逻辑差距，只不过是同一件事的‘消极’和‘积极’描述方式而已。但是，在历史上，‘积极’与‘消极’的自由观，却朝着不同的方向发展，而且不一定依照逻辑常理，终至演变成直接的冲突。”（见［英］I. 伯林：《两种自由概念》，载陈晓林译，刘军宁等编：《市场逻辑与国家观念》，三联书店1995年版，第210～211页。）伯林的这一揭示，直接启示了其后来者哈耶克对两种自由及其体制的深刻反思。他的几乎所有重要著作都围绕着此一问题而展开。而其集大成的著作则是《自由秩序原理》（邓正来译，三联书店1997年版），又译《自由宪章》（杨生玉等译，中国社会科学出版社1999年版）。其有关两种自由主义的简要论述，见［奥］哈耶克：《自由主义》，冯克利译，王焱编：《自由主义与当代世界》，三联书店2000年版，第108～147页。

（新自由主义者）都对此表示喜爱……所以，一个野蛮的新自由主义体系可能会被“自称为自由主义者”的人用强大的国家暴力重新建立起来，这样的想象并不过分。❶

当笔者读到这样的结论时，虽能理解，但更感到意外（尽管新自由主义与专制邪恶的合流在学界已经早有讨论，即使在中文学术界中也并不新鲜❷）。说能理解，是因为在一般原理上讲，一条线的两个端点只要不是各自一往无前地向反方向走直线，就迟早会有接近的时候。这应是在一条线上的两个事物所发展的一般规律。问题在于我们所论述的对象是否在一条线上。如果把专制主义称为“A 点”，把新自由主义称为“B 点”，那么，两点居于同一条线上的两个极端。所谓同一条线，就是两者各自把守着社会发展方向之一端。

若说感到意外，则在于向来以为这两者是水火不容的，就像拔河一样，各自往相反方向用力，并且势均力敌，谁也不能把对方完全拉到自己这边。如果按照乔姆斯基的观点，则只能设想这两种对立的存在，在发展到一定程度时，会相向而行，并发生一定触碰。不仅如此，是否还会因为这种触碰而产生相互间的镜鉴、交集——如同 20 世纪 20 年代初苏联的“新经济政策”❸ 借鉴市场因素、20 世纪 30—40 年代“罗斯福新政”及其“凯恩斯主义”借鉴计划因

❶ ［美］乔姆斯基：《在自我隔离中提问，我们想要生活在怎样的世界中?》，龚思量译，载 https：//www. thepaper. cn/newsDetail_forward_ 6769405，2020 年 4 月 11 日访问。

❷ ［美］大卫 · 哈维、赵夫增：《新自由主义和阶级权力的复辟》，载《海派经济学》2006 年第 4 期，第 77 ~108 页。

❸ 中共中央马克思恩格斯列宁斯大林著作编译局编：《列宁论新经济政策》，人民出版社 2001 年版，第 1 页。

素一样[1]?

这种情形，还可以推而广之，挪转到法律视角，英美判例法和大陆成文法为两极的法律体制，也并没有导致经验主义和建构主义的水火不容，反之，两种法律制度相互借鉴，各自克服了其立制基础中的经验主义缺陷和建构主义缺陷，相互吸收对方制度的优点。

经过这样的举一反三，对乔姆斯基的如上结论也就有些释然。乔姆斯基自谓是无政府主义的“同路人”，但事实上在西方人眼里，他是一位左翼知识分子。把他的政治思想和主张置于中国人的视界中，完全可说他所执的是自由主义之一面——即建构的积极自由面向，即便我们不能将之也纳入新自由主义的视角，但他的观点与形形色色的社会，尤其是共产主义社会理念相去甚远，更与他所批判的极权主义有天壤之别。他的一系列主张本身表明，他“想要”的并不是摆脱自由主义，而是坚守自由主义的另一端。

正是从这个意义上讲，“乔姆斯基命题”尽管指出新自由主义对 COVID－19 在美国的蔓延所应负的责任，批判新自由主义——无论从民众行为，还是官方立场所必然导致的种种弊端，并摆出了一副与新自由主义决裂的架势，尤其令人难以领会的是他把新自由主义和极权主义视为可以融融而处的思想和政治思潮，但不得不说的是，这一“命题”不过是自由主义内部的说话策略和批判方式。乔姆斯基所捍卫的是对新自由主义和极权主义的自由批评，在此意义上，与其说他是一位新自由主义的解构者，不如说他是自由主义

---

[1] 郝承敦：《西方向东方借鉴的发轫——论罗斯福“新政”中的“计划经济”》，载《当代世界与社会主义》2009 年第 6 期。

的建构者[1]。他对新自由主义及其在应对 COVID－19 疫情上举止迟钝、左支右绌、前后矛盾、出尔反尔、极端自私的批判，不过是要唤起真正的、批判的自由主义登堂入室。但可以想见，如果这样的自由主义真的登堂入室了，对于乔姆斯基而言，也不会是他依傍其侧的靠山，相反，也不过是供其反思和批判的靶子和对象。因为“想要”一定坚守的是自由主义的立场，而不是任何可能危及自由主义的立场。这既是“想要”命题的题中应有之义，也是自由主义不可更改的原则。行文至此，不禁想起乔姆斯基曾放眼于全球时的一个重要结论：

对于一个特定的国家来说，什么是“正确的”，这个问题毫无意义，仿佛这些只是具有一致的利益和价值的概念而已。对于拥有超强优势的美国人民是“正确”的东西，对于那些没有什么选择余地的国家来说，也许恰恰是错误的。然而，我们有理由相信，对于世界人民是正确的东西，几乎没有可能与政策的“主要建筑师”们的计划一致。我们目前没有、以前也没有任何理由允许他们根据自己的利益需求构造未来。[2]

这不正印证了“想要”的自由本质以及乔姆斯基本人的自由主义心结吗？是的，即便国家—族群的“想要”，在比较意义上也不

---

[1] 这兴许是他在古典自由主义的理论中为其论点寻找根据的理由：“亚当·斯密对劳动分工的高度赞扬世人皆知，但不为人所知的是他对劳动分工带来的负面影响的批评，因为它将劳动人民变成了‘最愚蠢、最无知的人’，政府必须采取行动阻止‘每一个先进的、文明的社会’中发生的一些事情，以克服‘看不见的手’带来的破坏力。”（见［美］诺姆·乔姆斯基：《新自由主义与全球秩序》，徐海铭等译，江苏人民出版社 2000 年版，第 24～25 页。）

[2] ［美］诺姆·乔姆斯基：《新自由主义与全球秩序》，徐海铭等译，江苏人民出版社 2000 年版，第 26 页。

存在“唯一正确”，何况个体（人）呢？或许这正是权利、人权在我们这个时代尤为显要的基本缘由吧。

三、“能要”——依循事物规定性的“自由”

然而，乔姆斯基对新自由主义的批判和担心绝非多余，反之，是我们这个时代必须认真对待的重要话题。无论是新自由主义主张者，还是其他社会理念、理论的主张者，都理应对此予以重视，因为新自由主义及其过度的自我理念，已经给人类带来了不应有的损害。特别在此次COVID－19疫情的应对中，特朗普政府在新自由主义惯性和重商主义精神基础上设计的“美国优先”，不但明显地延误了应对疫情的恰当时机，而且严重地给全球的抗疫合作带来人所共见的负面影响。这需要我们在关注“想要”命题时，不唯“想要”，而需推出与之相关的另一命题：“能要”命题。

1. 自然规定中的人

自古以来，从中到外，政治统治的基本立场总是把人所生存和生活的自然因素作为重要的考量。在我国古代，有一个“天人感应”的著名命题，其延绵悠长、影响至今（特别是由其发展而来的阴阳五行学说）。对此，极力向皇帝宣称这一命题的董仲舒写道：

天者，百神之大君也。事天不备，虽百神犹无益也；

唯天子受命于天，天下受命于天子。❶

臣闻天之所大奉使之王者，必有非人力所能致而自至者，此受命之符也。天下之人同心归之，若归父母，故天瑞应诚而至。❷

❶ （西汉）董仲舒：《春秋繁露·郊语第六十五》《春秋繁露·为人者天第四十一》，《二十二子》，上海古籍出版社1986年版，第793页、801页。

❷ （西汉）班固：《汉书》（第八册），中华书局1962年版，第2500页。

而在西方历史上，形形色色的神权学说，与其说是对人格化的上帝的顶礼膜拜，不如说是在人类普遍无知、总体无知的情形下对大自然的顶礼膜拜。近代以来，文明的“地理环境决定（影响）论”，不但曾成为社科界的一时之盛，而且至今仍发挥着巨大的作用，从孟德斯鸠对地理环境（特别是气候）与法的精神之关系的强调：“气候不同，法律对人民的信任程度也不同”❶，到巴克尔对气候与民族国家发展的外部影响之论述，再到拉采尔以皇皇巨著专门论述“人类地理学”，直到新近对世界产生巨大影响的思想家亨廷顿继续探究“文明与气候”的关系❷，足以说明这一理论在西方世界的深刻影响。一位瑞士华裔学者就强调：

---

❶ ［法］孟德斯鸠：《论法的精神》（上册），张雁深译，商务印书馆 1963 年版，第 240 页。

❷ 巴克尔《英国文明史》之第二篇的题目是“论天然物理于人群组织、个人品质上所施之感格力”，该篇中强调指出：“细考外物之感人，其最有力者，曰气候、曰食品、曰土壤、曰万有现相。”但他并不迷信自然，所以，“天行之力，外虽无穷，内实有限，有止而无进，如谓能以来续往而增益力，吾实无据以之为证”“大凡实效之进化，不赖天赐之恩，惟恃人为之力”。（见［英］巴克尔：《英国文明》，南洋公学译书院 1903 年版，篇二上，第 1 页、6 页。转引自李孝迁：《巴克尔及其〈英国文明史〉在中国的传播和影响》，载《史学月刊》2004 年第 8 期。）拉采尔的观点，见方旭：《作为政治客体的生命：德国地缘政治学派的一个视角》，载《湖北民族学院学报》2018 年第 5 期；国玉奇、［俄］丘德诺夫：《地缘政治学与世界秩序》，重庆出版社 2007 年版，第 27 ~32 页；顾海萍：《埃尔斯沃思·亨廷顿文明与气候关系思想研究》，载《都市文化研究》2017 年第 1 期。相关的论述，还可见［苏联］Л. С. 贝尔格：《气候与生命》，王勋等译，商务印书馆 1991 年版，第 195 ~267 页、492 ~568 页、570 ~586 页；［美］R. 哈特向：《地理学性质的透视》，黎樵译，商务印书馆 1963 年版，第 80 ~81 页；［法］勒内·格鲁塞：《草原帝国》（上册），蓝琪译，商务印书馆 1998 年版，第 9 ~20 页；［美］拉铁摩尔：《中国的亚洲内陆边界》，唐晓峰译，江苏人民出版社

我们不应该透过全球化尽量提高获利，而应该将经济活动放在社会、生态、气候和道德等必要需求之下，工业化社会的贪婪会使地球变得不适于居住；

人类尚未开始燃烧化石燃料时，地球上就曾出现气候变迁，而且气候创造历史，因为自然气候变迁对人类文明史的影响确实存在。人类文明史上曾经出现“中世纪温暖期”和“小冰川期”；在史前史的数千年间曾经出现气候变迁；从人类的祖先出现到地球上至今，地球已经历过数次冰川期和间冰期。❶

上述观点以及无数的事实表明，在大自然的铁律面前，人类从来都是被动的存在。人不可能胜天，人最多能做到的是“制天命而用之”，因为“天行有常，不为尧存，不为桀亡”❷。即使是《东周列国志》中的那句名言：“人定亦胜天”，它的前提，乃是“天定胜人”❸。因此，归根结底，人是被自然的规定性所规定的。尽

（接上注）2010 年版，第 1 ~172 页；［日］杉山正明：《游牧民的世界史》，黄美蓉译，中华工商联合出版社 2014 年版，第 23 ~50 页；［美］狄宇宙：《古代中国及其强邻：东亚历史上游牧力量的兴起》，贺严等译，中国社会科学出版社 2010 年版，第 17 ~116 页、305 ~349 页；王明珂：《华夏边缘：历史记忆与族群认同》，浙江人民出版社 2013 年版，第 307 ~319 页；王勇等：《有场景的法律和社会科学研究》，甘肃人民出版社 2009 年版，代序第 1 ~10 页等。

❶ ［瑞士］许靖华：《气候创造历史》，甘锡安译，生活·读书·新知三联书店 2014 年版，第 268 页、284 页。

❷ 荀子云：“天行有常，不为尧存，不为桀亡。应之以治则吉，应之以乱则凶”，“大天而思之，孰与物畜而制之！从天而颂之，孰与制天命而用之！”（《荀子·天论》，梁启雄：《荀子简释》，第 220 页、229 页）。

❸ （明）冯梦龙：《东周列国志》，齐鲁书社 2005 年版，第 9 页。这句名言，在苏轼笔下，是为了说明善恶报应的：“吾闻之申包胥曰：‘人众者胜天，天定亦能胜人。’世之论天者，皆不待其定而求之，故以天为茫茫。善者以怠，恶者以肆。……善恶之报，至于子孙，而其定也久矣。”［（宋）苏轼：《三槐堂铭》，载《苏东坡全集（上）》，中国书店 1986 年版，第 372 页。］

管人类文明能够在极大程度上顺应和改变大自然的相貌，但总体而言，这种改变乃是顺天应人的结果，而不是寻求与大自然对立和对抗的结果。人类所有的进步是其智慧的进步，但人类真正的智慧是奠定于对客观对象的认知、把握和运用之上的。

COVID－19 的肆虐以及世界各国正在与之展开的搏斗，就典型地展现了其作为自然规定性与人的关系。世界各国目前所采取的所有应对举措，一是根据可靠的科学（有效检疫、疫苗研制、抗体血清治疗等），二是依赖严密的组织（如美国的“居家令”，意大利、法国、西班牙的“禁足令”，捷克的“口罩令”，各国都推行的“社交距离令”等）。而后者之所以成为政府应对 COVID－19 疫情中常用的治理方式，其前提仍在于对这些举措能够有效防止病毒传播和蔓延的基本认知，所以，仍以自然的规定性为基础。因此，对人类的治理而言，“认识你自己”固然是重要的，但“认识在自然规定中的你自己”似乎更为迫切和必要。一旦人类不顾自然规定性对他的制约，其举措必然遭致自然规定性的“报复性惩罚”。这也在此次各国应对 COVID－19 疫情的举措及其不同效果中显露无遗。

2. 人的自然规定性

当然，人类及其社会又是一个相当独特的系统，被结构在大自然及其规定性中的人类，并不是完全被动地适应这种规定性的（尽管在终极意义上只能如此）。在过程意义上，人类心智对其自身及社会的影响，更具有决定意义。肯定气候等自然环境因素对人类文明有巨大影响的巴克尔，在谈到何以欧洲文明独树一帜，异于其他文明时，无不得意地强调：

欧洲壤土地偏小，气寒而土瘠，天地造化之力远逊他洲，惟其得天独薄，而人力乃伸；

欧洲人力胜而天行败，非欧洲则以天行胜人力，是故国民之进化，自由之政令，皆原于欧洲。❶

这或许正是自柏拉图以来，西人强调“认识你自己”，而近代以来，更是狂飙突进般地推进“主体性认知”以及“精神现象学”的主要原因吧。但即便如此，人类精神现象绝非完全孤立于物质世界的精神性存在，恰恰相反，人类的精神自身既是物质的产物，也表达着一种独特的物质的自然规定。借用德勒兹的话，这是一种“自然的人性本质与人的自然本质”——这两者在人的生产中是合为一体的：

人与自然不是作为两个彼此相对的项，哪怕不在因果、内涵或表达的关系（原因与结果、主体与对象等）上被理解，而它们正是生产者与产品的同一个本质实在性。作为进程的生产超出全部理想的范畴，形成一种与作为内在性原则的欲望有关的循环。这就是为什么欲望生产是唯物主义精神病学的有效范畴……❷

其实，人不同于自然的规定，仍是一种自然规定，人是自然的一部分，是自然的一个子系统。当然，毫无疑问，他是自然的特殊部分，这一特殊性不在于其他，而在于大自然赋予了他独特的思维能力以及对思维（意识）的独特语言表达能力。独特思维能力来自于其超越万物之上的大脑，所以，他是世间最高级的灵长类动物，所谓“万物之灵”的殊荣，对人类而言，毫不为过。独特的语言表

---

❶ ［英］巴克尔：《英国文明史》，篇三第1页，篇五第1页。转引自李孝迁：《巴克尔及其〈英国文明史〉在中国的传播和影响》，载《史学月刊》2004年第8期。

❷ ［法］吉尔·德勒兹、菲利克斯·加塔利：《反俄狄浦斯·欲望机器（上）》，董树宝译，载《上海文化》2015年第8期。

达能力则在于人类拥有独特的发声器官。大脑的思维能力❶和发声器官的表达能力相辅相成、表里合一地促成了“人猿相揖别”的社会历史建构。

我们知道，人类所拥有的大脑及发声器官是大自然的杰作，是大自然长期进化的“成熟”产品和高级产品。但正因为人类拥有了这些，所以人类也成为和自然世界中其他所有对象相并列、相对照、相抗衡的独特系统（不得不说，这是一种“自然的异化”）。这种独特性，让人们在思维中自觉不自觉地表现出理性世界和现实世界、主体和客体、主观与客观、思维与存在的两分❷。但是，这种两分并不意味着人类完全凌驾于自然之上，游离于自然之外，毋宁说人类的思维及其语言表达不过是人的自然规定性。

“人的自然规定性”这一命题表明，一方面，人类是异于一切物的灵性存在。我们已经认知的物质世界，尚未见与人类的灵性相若的存在。所谓主宰一切的神灵，不过出自人类的大脑的想象。对这种灵性的存在，无论予以多么崇高的评价，都不过分——因为他业已创造了一种其他自然世界未曾见到的文明世界。但另一方面，

---

❶ 有学者强调，语言本身是大脑的功能：“目前已知，脑的生物学语言便是生物电（物理）化学反应。同时，大脑还有心理学语言——表象（包括概念性表象和形象性表象），其中左脑以听觉表象的抽象/逻辑思维功能最突出，右脑以视觉表象的形象功能最突出；从纵断面看，前额叶的抽象思维功能最突出，枕颞叶的形象思维功能最突出。”（见丁峻：《身心关系与进化动力论》，中国科学技术大学出版社 2003 年版，第 12 页。）在此意义上，思维的功能与语言的功能是共生于大脑的。另，相关论述还可见丁峻：《意识建构原理与坐标》，中国社会科学出版社 2014 年版，第 56 ~130 页。

❷［古希腊］柏拉图：《理想国》，郭斌和等译，商务印书馆 1986 年版，第 272 ~280 页；［法］笛卡儿：《第一哲学沉思集》，庞景仁译，商务印书馆 1986 年版，第 14 ~94 页。

这种灵性存在，并没有抛开自然世界，只是呈现出所谓主体性的自然特征而已，因此，他所表现的，不过是人的自然规定性。譬如，COVID－19 何以会人传人，不仅取决于病毒的自然规定性，也取决于人的自然规定性。

正是对人的自然规定性的考量，让无数的思想家在反思人类理性的时候，深刻地指出人类理性的范围永远超不出自然规定性（包括自然规定中的人和人的自然规定性）给人类的规定和制约。❶ 因此，人类的“想要”，必须搭架在自然的“能要”基础上才是现实的。人类的“想要”一旦与自然对人的规定和人的自然规定性相睽违，只能意味着其会蹈入“致命的自负”。

3. 两种规定中的“能要”

前文的论述是想进一步说明，无论自然规定中的人，还是人的自然规定性，都在客观上预约了人“想要”的限度，也预示着人只能在这两种规定性中选择其“能要”。它们都构成对人类“想要”的自然制约，因此，两者自然具有统一性。

自然规定中的人意味着，人类所需要的一切，只能被约束在自然规定的范围之内，而不能跨越自然的规定。虽然人类的认知能力和创造能力，看上去已经完全跨越了自然的规定性——已上九天揽

---

❶ 在这方面，那些崇尚经验主义的哲学家们的贡献是令人鼓舞的。在社会—法政领域，哈耶克有关自生自发秩序的论述，对“通往奴役之路”的揭示以及对“致命的自负”的反思，给人们以深刻的启示。(见［英］哈耶克:《法律、立法与自由（第一卷)》，邓正来等译，中国大百科全书出版社 2000 年版，第 52～86 页；《自由秩序原理（上)》，第 61～82 页；《通往奴役之路》，王明毅等译，中国社会科学出版社 1997 年版，第 1 页；《致命的自负》，冯克利等译，中国社会科学出版社 2000 年版，第 7～28 页、138～155 页。）在这个意义上，哈耶克的谨慎与乔姆斯基的诉求反倒在一定意义上是一致的，而不是背反的。

月，已下五洋捉鳖，已通过互联网实现虽远隔万水千山但瞬间即在眼前的“见面”，已通过智能机取代人的繁重劳动，使人向往已久的劳动即权利、即享受的事实得以呈现……难道这些，都是自然约束的结果吗？显然这些事实是跨越自然的！

但是，上述种种事实都建立在自然规定性之上。人类想拥抱太阳，但这是绝无可能的，因为这违反大自然的规定性——所以，“拥抱太阳”的说法不过是一种浪漫的修辞；人类想变水为油，但这也是不可能的，因为它违反自然的规定性——在我们的生活中，也曾多次报道过“水变油”的故事❶！但我们今天面对的窘境是COVID－19的肆虐，它已经让人类穷于应对，甚至宣称要寻求“自然免疫”❷。我们庆幸，这只是一种病毒的单点暴发（尽管是全球性的）。如果在这一瘟疫之外，连带发生其他瘟疫，其他更大的自然灾害，如严重的地震、海啸、火山喷发等自然灾害，我们还能够腾出手来应对它们吗？人类科学果真能够实现个体生命的永续存在吗？这不是明显把科学视为神话了吗？

因此，人们尽管可以依凭其智慧，创造出那些匪夷所思的科技成果和社会控制技术，乃至给人们一种强烈的错觉，以为人的智慧超越了自然规定性对人的制约，但事实上，自然规定性的人决定了人类智慧的局限性。这种局限首先是自然规定的制约，其次还在于人类自身自然规定之制约。这将是下文要分析的话题。

人的自然规定性意味着人尽管是世间最宝贵的万物之灵，但他

---

❶ 郭正谊主编：《揭穿涉资亿元的“水变油”大骗局》，中山大学出版社1996年版，第37～40页。

❷ 针对COVID－19的“自然免疫”举措，先由英国首相提出。对此的专题报道和分析，见杨健：《“群体免疫”“居家治疗”，英国“佛系抗疫”是一场豪赌?》，载http：//www.infzm.com/contents/179271，2020年4月22日访问。

同时也是与世间所有生灵存在于同一时空中的生命有机体。因此，他与其他生命有机体是相互作用、相互影响的。这在前文中已经有所阐述。这里要突出强调的是，人的自然规定本身说明，人不是超迈万物的存在，人的能力是有限的。造物主尽管赋予大脑以思维、认知和符号化表述的卓越功能，但这些功能经常因为意识的错觉、行为的偏颇、环境的制约、工具的掣肘、社会规范的约束、自然与社会关系的复杂以及每个主体的自利选择等，而出现认知和表达的偏差、谬误。这在世界各国正在进行中的应对 COVID －19 疫情的举措中，能够很明显地得到印证。

在这里，分别宣称完善的不同制度，都明显地出现了对疫情的误判和错判。特别是号称“终结”[1] 了人类历史的那些民主国家，面对中国总结出的控制疫情的重要经验，以及提供的控制疫情相对裕如的“窗口期”，居然能够普遍地无动于衷，“不撞南墙不回头”，直到疫情在世界各国——无论是民主国家还是专权国家，无论是发达国家还是落后国家，无论是西方国家还是非西方国家——蔓延，几乎所有国家都毫无例外地“中招躺枪”。相较而言，那些所谓的民主国家、发达国家和西方国家，疫情普遍更为严重。这不禁令那些习惯了所谓的民主、发达和西方优越论的人反思：连民主、发达和西方国家决策者的认知也是如此左支右绌、前后矛盾、左右失据，更何况它国呢？只要人的自然规定赋予人以有限的理

[1] 福山曾认为：“自由民主制度也许是‘人类意识形态发展的终点’和‘人类最后一种统治形式’，并因此构成‘历史的终结’。换句话说，在此之前的种种政体具有严重的缺陷及不合理的特征从而导致其衰落，而自由民主制度却正如人们所证明的那样不存在这种根本性的内在矛盾。”（［美］弗兰西斯·福山：《历史的终结及最后之人》，黄胜强等译，中国社会科学出版社 2003 年版，第 1 页。）

性，而不是如神一般超越的理性，那么，人类的行为就永远受制于人本身的规定性——人的自然规定性。所谓“人类一思考，上帝就发笑”，既准确且生动地传达了自然规定中的人，也准确且生动地表述了人的自然规定性。

无论自然规定中的人，还是人的自然规定性都表明，“能要”才是人类生活的现实和真实，两者都决定了人类要更多地面对“能要”，以“能要”制约和规范人的“想要”——尽管两者并不否定人的“想要”，甚至完全可以说，“想要”乃是人的自然规定性之题中应有之义。这就决定了面对“想要”和“能要”的冲突时，在国家治理中既不能以“能要”完全遏制“想要”，也不能以“想要”压制“能要”，而要寻求两者之间的商谈和沟通，以从多视角促进国家治理的权衡与完善——在“能要”的规定节制中，实现“想要”的自由追求。

四、“想要”与“能要”的商谈及国家治理

“想要”与“能要”作为人类所面对的一对矛盾，能不能在人类的意识世界及交往行为中共存？如果可以，应如何和谐无间地共存？这是在弄清两者各自特征及其存在理由之后，应当进一步探索的话题。毫无疑问，只有“想要”的独存，会使人们陷于不切实际的空想；同样，只有“能要”的独存，会使人类失去本有的特性。因此，把两者置于所谓商谈的情境[1]中，或许是人类在两者间实现

---

[1] 商谈活动作为一种总是要代入语境中的问题，“商谈论”的集大成者哈贝马斯给出了四个“理想情境”：“言说者必须选择一个可领会的（verst－ändlich）表达以便言说者和听者能够相互理解；言说者必须有提供一个真实（wahr）陈述（或陈述性内容，该内容的存在性先决条件已经得到满足）的意向，

有效妥协，并确保其互存互动、相辅相成地实现良善治理的必要路径。因为人们通常面临着三种不同的关系情境，故在“想要”与“能要”之间的商谈路径和内容也各不相同。

1. “想要”与“能要”：心—身商谈

身心关系是人类自来所面对的第一对重要关系。一方面，人以肉身为存在的外在形式和基本根据，另一方面，人又生活在精神的灵性世界。两者之间，或以为是统一的，这就是所谓灵肉一元论；或以为是可以分开的，这就是所谓灵肉二元论。且不论一元论还是二元论，当我们谈及身体（肉体、物质）的人（魁梧或瘦小、漂亮或丑陋、英俊或猥琐、挺拔或佝偻、白净或黝黑等）时，一般指向其物体的可见的方面，而当人们谈及精神（心理、意识）的人（精明或愚钝、高尚或卑劣、理性或感性、渊博或浅薄、仁慈或寡恩等）时，却主要指向其精神的内在的方面。所以，即便在日常生活中，我们也无时无处不感受到身心的二元存在——尽管它们在终极意义上一定是统一的。有学者在介绍笛卡儿有关“身心关系”的哲学观点时生动地指出：

二元论者笛卡儿把灵魂和形体完全分开，但是科学家笛卡儿又不能忍受这种割裂。于是他只有把他的机械论打点折扣，暗暗向唯物论靠拢。他……说，“某一形体是比世界上的其他各种形体更紧

（接上注）以便听者能分享言说者的知识；言说者必须真诚地（wahrhaftig）表达他的意向以便听者能相信言说者的话语（能信任他）；最后，言说者必须选择一种本身是正确的（richtig）话语，以便听者能够接受之，从而使言说者和听者能在以公认的规范为背景的话语中达到认同。不但如此，一个交往行为要不受干扰地继续，只有在参与者全都假定他们相互提出的有效性要求已得到验证的情形下，才是可能的。”（见［德］哈贝马斯：《交往与社会进化》，张博树译，重庆出版社 1989 年版，第 3 页。）

密地和我们的灵魂联结在一起。”这里说的形体，就是我们的肉体。他晚年研究人的生理和心理问题……就在两个实体之间寻找联系。

他认为我们是灵魂和形体的联合体，虽然灵魂不是形体，形体也不是灵魂，但是二者联系得如此密切，仿佛灵魂是形体的样式似的……从二元论看来，这是两个过程，一个在彼岸，一个在此岸，中间隔着一道鸿沟，可是这鸿沟仿佛有一道桥连接着似的。❶

由此可见身心关系的极其复杂性。笔者要强调的是，当我们把“想要”和“能要”这对概念运用于身心关系中时，心的职能，主要执掌“想要”，尽管“能要”也要经过它的过滤而权衡取舍；而身的职能，却主要执掌“能要”，尽管“想要”也会从内在心理发动为身体的外在行为。因此“想要”与“能要”的第一种对抗，就是其运用于身心关系中的对抗。一方面，心理的“想要”欲冲破一切牢笼，冲破身体的枷锁，而寻求自由地徜徉在理想的、也是欲望的世界。但另一方面，身体的“能要”却总是如一座坚实的大坝，把奔腾的欲望之流、理想之梦拦腰截住，规训“想要”的潮流平缓地朝向切实可行的渠道。我们日常所谓“心有余而力不足”，正是“想要”和“能要”，从而心和身对立、搏击、妥协的恰当说明。

可见，人类所面对的首要的关系，就是身心关系，或“想要”与“能要”在身心关系中的博弈。这或许是“认识你自己”的题中应有之义。在所有主体面对 COVID－19 疫情中，无不体现着心理与身体之间的“想要”和“能要”的深刻矛盾。对于身体健康者，心理“想要”自由行动、无忧无虑、我行我素，且能避开一切病毒的感染。但身体一旦防护不好，就可能面临感染的高风险。

❶ ［法］笛卡儿：《谈谈方法》，王太庆译，商务印书馆 2000 年版，第 xxvii 页。

因此，心理的“想要”对身体所能承受的“能要”做出让步。而对于身体已受感染者，虽然心理“想要”更加自由自在、甚至无拘无束地生活，而身体的虚弱不堪——无论曾经是羸弱的，还是强健的——则只能使这些“想要”付诸东流，“想要”受制于病毒的折磨，此刻只得降格以求，变成竭力保命。从而理想的“想要”状态，在病体“能要”的节制下，变得更加现实，也更为可行。

以上这些，都是身心关系面对“想要”和“能要”这对矛盾概念时的商谈过程。所以，我们的身体和心理间，尽管有矛盾和对抗，但其并非不可协调。协调的基本方式就是“想要”和“能要”在身心两面的对话、商谈：它不是身体完全压制心理，因此，并非“能要”完全节制“想要”；它也不是心理完全压制身体，因此，并非“想要”完全支配“能要”。它是“想要”和“能要”之间的协商、对话与谈判，是心与身、灵与肉的博弈、交流与妥协。经由这样的过程，“想要”和“能要”之间，尽管不排除一方完全支配另一方的可能，但更多情况下是两者的相互让步，使“想要”接受“能要”的现实节制，也使“能要”感受“想要”的理想驱策，实现两者在商谈中的妥协和理性平衡。

自然，谈到理性平衡，人们不得不追问的是：这究竟是心理或意识的精神性使然，还是身体或感官的物质性使然？这确实是一个重要的问题，并由此出发，形成了心身一元论 或者心本一元论，或者体本一元论。前者强调“万物皆备于我”，以此类推，则身体也备于我心；后者主张心随体而在，体消心亦亡，以此类推，则心理实属于我身。但不难看出，这样的理念，事实上也会解构笔者在这里的命题：它使“想要”和“能要”的商谈成为多余，心理和身体的对话也成为妄谈。

因此，笔者这一命题的前提乃是心物二元。能够在心理的“想要”和身体的“能要”之间进行商谈、妥协，本身就表明两者的二元存在。倘若两者完全是一元的，则只需要自组织的内部调节，而无须心和身、灵与肉的对抗、搏击、商谈和妥协。所以，必须在心物二元意义上探究“想要”和“能要”的商谈与妥协，这一命题在逻辑上才是成立的。至于心身二者是否完全割裂？这里暂且不论。总之，把“想要”和“能要”这对概念代入到身心关系中时，必然存在一个身心之间的商谈关系。这一关系既表明自由的心理立场受制于身体立场，也表明只有把心理立场置于身体立场允许的范围内时才是有效的。显然，对于每位个体参与应对 COVID－19 疫情而言，这一结论照例是成立的。

2. “想要”与“能要”：我—他商谈

群己关系是人类所面对的第二对重要关系，并且就人“是社会关系的总和”❶ 这一结论而言，群己关系尤为重要。因为人类总是直接地进行人与人之间的交往，不仅如此，人类之所以能够以有限的体力和速度，征服并支配比人类体力大得多、速度快得多的动物，就在于人与人之间独特的交往与合作。行文至此，笔者不禁想起荀况那句名言：

> 人……力不若牛，走不若马，而牛马为用，何也？曰：人能群，彼不能群也。人何以能群？曰：分。分何以能行？曰：义。故义以分则和，和则一，一则多力，多力则强，强则胜物。❷

---

❶ 马克思强调：“人的本质并不是单个人所固有的抽象物，在其现实性上，它是一切社会关系的总和。”（见中共中央马克思恩格斯列宁斯大林著作编译局编译：《马克思恩格斯选集（第 1 卷）》，人民出版社 1972 年版，第 18 页。）

❷ 《荀子·王制》，载梁启雄：《荀子简释》，中华书局 1983 年版，第 109 页。

在此，荀况的主题词有三，即群、分和义。如果用今天所流行的用语，可以说群，乃是合作与交往；分乃是名分，也可以引申为每个人的个体身份及其“主体性”；而义，则是道义，可以引申为交往中的每个个体共有的合作意愿或需求。[1] 人与人之间的交往合作，就是在此种三位一体中实现的。

进言之，如果说群（他）是对象，我是主体，那么，当我们把“想要”和“能要”这一对概念运用于群己关系，或者我—他关系中时，毫无疑问，每个交往中的“我”或“己”，都是“想要”的主体，都有各自独特的不同于他人的“想要”。如前文所言，如果用“世界上没有绝对相同的两片树叶”来对照人的“想要”，可以说人世间的所有主体，只要以主体身份支配自己的“想要”，那么尽管有类似的“想要”，但很难在整体上找到完全相同、毫厘不差的“想要”——所谓“萝卜白菜，各有所爱”，正是描述这种情形的恰当俗语。

或以为，这种看法过于简单绝对。自由需要、公平追求，权利主张，一样的事情一样对待，法律面前人人平等……这些不都对每个人是一样的吗？但笔者仍要说，这种集群化、合作化的主张，一旦落实到每个个体时，又会大相径庭。正如有人所言：“从生到死，人注定是以单个生命体的形式生活、思维和感受。大千世界自然是千人千面，就算两个人再亲密，也自始至终存在着程度不同的差异和矛盾。”[2]

---

❶ 该段话中的“分”，一般被解释为“名分”；“义”，一般被解释为道义。笔者在此做了引申意义上的理解和处理，是否完全符合原意，且待识者指正。

❷ 钱满素：《个人·社群·公正》，刘军宁等编：《自由与社群》，生活·读书·新知三联书店1998年版，第1页。

而群己关系中的“群”或“他”，对于“我”的“想要”而言，总是制约的因素，是“能要”。这种制约表现在：其一，每个“我”的“想要”，只有在与“他”的交往、交换或交流中才能得到。特别由于人的自然分工和社会分工，任何一位“我”，不可能独自满足全部“想要”，一旦要实现这种“想要”，就必须与他人交往、交换和交流。其二，社会交往中的所有主体都有“想要”的欲望，每个人在追求其“想要”时，不能妨害他人的“想要”，更不能危害公共的“想要”。显然，这种制约就是“能要”。这表明，“我”的“想要”，只有置于“他”的“能要”所能容纳的结构中时，才是有效的。

可见，群己对话或者我—他商谈，乃是把“想要”和“能要”置于一个平衡体系中的必要选择。人类在交往中所创造的“契约”（合同）制度，正是保障群己对话、我—他商谈的基本规范形式。这种形式，即使在应对 COVID－19 之类的疫情中，照例有其功用。例如，“我想要”不戴口罩出门，“他”要求“我”不能影响他的健康，哪怕是潜在的影响，从而构成对“我想要”的平权制约。如果“我”不遵守戴口罩的义务，那么，“他”可以请求权力主体出面，把“我”安排在权力的直接强制支配中。

前面所陈述的，都是平权主体间的交往、商谈与合作模式。在人类的交往关系中，除了此种平权主体的交往，还有非平权主体的交往，这就是权力主体与权利主体间的交往。众所周知，按照社会契约论的理念，权力乃是一种人为的、必要的、可预期的恶，其目的是以恶制恶——以权力的公开化的暴力来控制杂乱的、不必要的、也不可预期的恶。这导致每个主体的“想要”，必须服从权力安排的“能要”，从而权力主体和权利主体之间是一种纵向的、非平权的命令和服从关系——这种关系貌似与商谈无关，但不得不指出的是：在近现代国家，无论在学理上还是在实践中，命令和服从关系的形成，乃是商谈（或社会契约）的产物。倘若不信，可以看看费城制宪会议的那些代表们，究竟是如何依据规则，在合法范围内唇枪舌剑、辩驳商谈的❶；也可以看看每年发生在世界各地的选举活动，看看竞选中的不同党派，是如何在竞逐中妥协的。

权力主体与权利主体的这种命令—服从关系，在紧急状态中体现得尤为明显。人们在目前60多个国家所推行的紧急状态及其媒体报道中应有充分的体验。在这里，“我”“想要”摘掉口罩，在明媚的春光里赏花嗅香，更深地感受春天的美好。但“我”知道，身体是不允许不戴口罩的，因为那样，会成倍地增加病毒感染的风险。不但如此，果真不戴，还会根据“口罩令”受到权力的强制。同理，“我”“想要”远行和“他”（权力主体，下同）强迫“我”居家，“我”“想要”亲近社交和“他”强迫“我”保持“社交距离”，“我”“想要”出门跑步和“他”强迫“我”禁足等，都表现着群己关系或我—他关系中的非平权关系。这种命令与服从的非平权关系，难道也属于商谈关系吗？回答是肯定的，原因正如所述。

总之，当“我”（己）的“想要”和“他”（群）的“能要”在群己关系中相遇时，解决的基本思路既不是唯“我”独尊，也不

---

❶ ［美］詹姆斯·M. 伯恩斯等：《美国式民主》，谭君久等译，中国社会科学出版社1993年版，第233~472页；［美］理查德·K. 斯克尔：《现代美国政治竞选活动》，张荣建译，重庆出版社2001年版，第1~202页；董璠舆：《外国议会议事规则》，中国政法大学出版社1993年版，第11~331页；王希：《原则与妥协：美国宪法的精神与实践》，北京大学出版社2000年版，前言，第1~11页。

是“我”不在场，而是在“我”与“他”的商谈、合作中，以“想要”和“能要”为参照，实现在群己关系中群对己的客观制约和己对群的必要影响。大概人类个体与群体、权利与义务（权力与责任）、自由与秩序的缔造，其原型就是“想要”和“能要”的交流、博弈、商谈、妥协与合作。

3. “想要”与“能要”：主—客商谈

人类所面对的，除了身心关系、群己关系之外，第三个最重要的关系，就是所谓天人关系。这也是每个人来到世上睁眼看世界时，就能深切感知的关系。无论前述“自然规定中的人”，还是“人的自然规定性”，在一定意义上都是在说天人关系。这种关系在其一元的视角看，即所谓“天人感应”，人类的智慧逃不过大自然的“法眼”；在其两分的视角看，则是所谓主—客关系。人代表主体世界，自然代表客体世界。如果把“想要”和“能要”这对概念代入天人关系中，则能发现它们之间的另一种关系结构。

“想要”在这里是属于主体的，这是每个主体面对自然时自生自发的欲望：人们想要风和日丽、蓝天白云、春花烂漫、碧波荡漾、小鸟歌唱、鱼儿欢跃、星河灿烂、日月壮美、山伏江流、物华天宝……可以说，人类面对广袤的自然世界，其“想要”是无限的，且在其意向深处，自然世界理应循着人的“想要”而呈现。但是，自然世界从来是“天行有常”的，哈耶克把这种情形称为自然界的“自生自发秩序”，并强调“……自生自发秩序的某些特有的属性在自然界表现得最为清晰”❶。

---

❶ ［英］哈耶克：《法律、立法与自由》（第一卷），中国大百科全书出版社2000年版，第59页。

当人类的主观意欲——“想要”面对大自然自生自发秩序的制约时，人类究竟要选择与自然谈判并节制欲望，还是根据自己的“想要”浪漫地对大自然发号施令，让自然听从人类的安排❶、甚至导向狂热？在近代人类的种种作为中，因为科学技术的助力，人类对自然的欲望越来越强烈，似乎人类对自然的掌控不在话下，因此对大自然的敬意与人类的行为渐行渐远。特别是工业文明的发展，尽管为人类带来了绚烂夺目、光怪陆离、如梦似幻的生活场景，甚至人类智慧似乎业已改变了大自然给人类规定的生活样貌，人类完全可以不顾大自然的伤痛而我行我素、随心所欲，但我们知道，人类面对自然的这种近乎无节制的自由是以严重耗费自然资源、破坏自然内在的和谐为代价的——工业生产及废物排放，加剧了气候变暖（即便如前文所引一些学者的观点，这种变暖在根本上讲是地球气候自身运动的结果），加重了土地污染，破坏了臭氧层对地球的有效保护，损伤了大自然既有的合理布局，令资源枯竭、生物锐减……人类以其极大的想象力，施展其无节制的破坏力，并对大自然进行“恶性侵犯”❷。这成了人类面对大自然时的基本作为，甚至发展到“对自然的否定，就是通往幸福之路”，反之，“听命

❶ 人类史上的许多“创世传说”，大都保留了神对自然的发号施令。无论古代中国的“盘古开天”“女娲补天”“抟土造人”，还是《圣经》中的“创世纪”，都保有神灵或圣哲对大自然的支配能力。而后有所谓人间的“呼风唤雨”“感天动地”……这皆表明人面对自然时的强烈意欲和用意。

❷ “恶性侵犯”相对于“良性侵犯”，是弗洛姆分析人的本性时所使用的一对概念。其中：“‘恶性侵犯’，亦即破坏与残忍。这是人类特有的侵犯性，大多数别的哺乳动物都没有；这不是种族发生史演化出来的，也不是生存适应性的；它无目的可言，除了满足凶残的欲望之外，别无意义。”（见［德］E. 弗洛姆：《人类的破坏性剖析》，孟禅森译，中央民族大学出版社 2000 年版，第 14 页。）

于自然的土地……确实只是一片荒原”[1]，从而使这种破坏与不合理，有了所谓解释正当化的借口——一切以人及其需要和消费的名义：

谈论人类的不合理性，就大部分情况而言，不过是学者们为掩饰自己无法解释某些现象而使用的一个借口。今天，经济研究能够向人文科学提供的，恰恰就是用以缩小这个未知领域的工具。在这方面，经济研究比社会科学所采用其他传统方法更为有效，因为经济研究否认不合理现象的存在（对它来说，所有表面看来不合理的现象都不过是实验员尚未分离出来的某种客观“费用”的结果），所以它不允许研究人员在不成其解释的解释面前止步不前。[2]

人类在思想上是多么自负！但这又不只是一种思想解释。在人类的制度应对中也是如此：近世以来，如何更倾向于对人类欲望（包括人类对自然的欲望）的权利保护，似乎成为制度建设中“正确性”的基本标准。故有“人类权利宣言”的产生，与之呼应，“权利本位”的理论和事实也日渐呈现。尽管这些制度和观点，对保障人类有尊严地生存、生活和发展意义重大，但如果过度化而节制不到位，只强调人对人、人对自然的权利和自由，并把它作为人类伦理的基础，而不强调人对人、人对自然的伦理义务和责任，则只能导致全人类的灾难。因为大自然并不总是驯服的羔羊，有时，它还是凶猛的狮虎和凶残的蛇蝎。此次 COVID－19 疫情的肆虐和人类应对它的尴尬，十足表明人类对自然的过于自负所蕴含的重重

---

[1] ［美］杰米里·里夫金、特德·霍华德：《熵：一种新的世界观》，吕明等译，上海译文出版社 1987 年版，第 21 页。

[2] ［法］亨利·勒帕日：《美国新自由主义经济学》，李燕生译，北京大学出版社 1985 年版，第 8 页。

危机，但能否从中吸取教训，仍然值得怀疑——各国在疫情尚十分严重之时，已经纷纷掉转方向，恢复经济，从而无可避免地再向大自然伸手，这无疑是在重复其对自然的“恶性侵犯”。

当然，人类已经意识到过分以其“想要”的欲望来面对他人、面对自然时的尴尬和无奈，所以，世界各国都开始通过国际公约和国内立法，关注碳排放的控制、过度消费的节制以及对空气、水、土地的保护。其中在国际公约方面，“里约宣言”“京都议定书”及“巴黎气候协定”在国际上是3个有代表性的文献。除此之外，由国际行动理事会1997年提交给联合国秘书长的《世界人类责任宣言》，在其第7条就明确写道：“每一个人都无限珍贵，都应当受到无条件的保护。动物与自然环境也需要保护。所有的人都有责任为现有的人类和未来的后代，保护地球上的空气、水和土壤。”❶

尽管这仍是一份明显以人类为中心的宣言，但这已经从人类责任伦理视角提出了对自然的充分尊重——自然虽不会说话，但它可以通过内在规定与人类对话，自然也没有喜怒哀乐，但它可以用风雨雷电与人类交流……“相看两不厌，唯有敬亭山”“举杯邀明月，对影成三人”，尽管是一种诗性想象，但其中也蕴含着人与自然和谐相处的理性追求。这种追求，在我国古代的实践中，曾经以各种各样的禁忌、习惯和乡规民约（或碑刻和纸质文献）方式存在❷。现代人要真正在天人之间、主客之间达到和谐相处的理想状

---

❶ 郑永流编：《法哲学与法社会学论丛》（3），中国政法大学出版社2000年版，第283页。

❷ 王志红：《我国古代涉林碑刻中破坏森林资源行为的解读》，载《兰台世界》2017年第1期；王子今：《中国古代的生态保护意识》，载《求是》2012年第2期；陈业新：《儒家生态意识与中国古代环境保护研究》，上海交通大学出版社2012年版，第382~418页等。

态，哪怕只为了人类的可持续发展，也理应从过度的人本位迷蒙中走出来，清醒地与大自然对话，倾听、观察和理解大自然的内在要求。不但关注人类权利，同时关注人类义务与责任——特别是对大自然的义务和责任，使人类义务与人类权利能够一视同仁地被重视和对待，最终使主体的“想要”被物的“能要”所裁断和节制。这既是需要法政学者不遗余力去探索的问题，甚至是法政学者面对的一个永恒问题，也是国家治理和国际治理必须认真对待的话题。

五、结语：无往不在枷锁中的自由

人类确实应该思考如何把自由表达（“想要”）约束在客观规定（“能要”）中了，人类自由的意义究竟是什么？卢梭早就对此做出精辟的判断：“人是生而自由的，但却无往不在枷锁之中。自以为是其他一切主人的人，反而比其他一切更是奴隶。”❶ 这一判断，与两千多年前老聃“法网恢恢，疏而不漏”❷ 的判断可谓异曲同工。自从自由这个概念成为人类追求的主题词以来，人们对自由的理解就千差万别，但主流的自由观，就是启蒙思想家把上帝从自然乐园和人类乐园中驱逐之后，以自然的征服者姿态出面而享受的物欲的自由。在这个结语中，我愿意引用两位美国学者在40多年前就得出的一些精辟结论：

从启蒙时代开始，人类就只能在生产和消费所带来的尽情享乐中寻找他们的人生目的和意义。人们的需要和欲望、梦想和渴求，

---

❶ ［法］卢梭：《社会契约论》，何兆武译，商务印书馆1980年版，第8页。

❷ 《老子·七十三章》，朱谦之撰：《老子校释》，中华书局1984年版，第288页。

都被囿于对物质利益的追求之中了。❶

用本文“想要”—“能要”的分析范式，则这种情形，可谓“想要”对“能要”的命令和支配。一旦人们不计后果地把“想要”加诸“能要”，除非“能要”能够海纳百川地满足人们的所有“想要”，否则，其必然导致的是人类不得不面对的悲剧。事实上，人类纵欲无度的物质追求，使其不得不面对生存和生活的社会日益复杂、空间日益逼仄、环境愈加污秽、资源愈加枯竭的现实。这是因为“能量总是在不可挽回地从有用形式单向地发展到无用形式，所以，熵定律便成为人类一切活动的基础。我们知道，熵世界观已向我们最珍视的、也是最寻常的有关环境、文化乃至生物存在的思想发起了挑战……熵定律打破了我们的物质进步观念。它从根本上改变了经济学的基础。它转变了时间和文化的观念，并剥掉了技术的神秘外衣”❷。

面对这种挑战，人人不受自然节制的自由，或者自然源源不断地满足所有人“想要”的梦想毫无可能。但在有限的资源面前，谁能脱离这种迷蒙，谁只能忍受自然破坏以及攫取了更多自然利益的富裕国家的欺凌？这种思考，只能把世界一次又一次地拖入一个无序竞争的境地。近代以来，人类社会的每一次巨大苦难和变革，无不围绕着瓜分和反瓜分、再瓜分和再反瓜分世界有限的资源而展开。它势所必然地滋生了霸权主义和强权政治。对于这种情形，乔姆斯基深恶痛绝。他曾指出人类历史发展的两条轨迹：

---

❶ ［美］杰米里·里夫金、特德·霍华德：《熵：一种新的世界观》，吕明等译，上海译文出版社 1987 年版，第 22 页。

❷ 同上书，第 219 页。

一条轨迹指向霸权，按照主流思想体系的疯狂采取所谓的理性行动，从而危及人类的生存；另一条轨迹则始终相信“我们能够创造另一个世界”……对统治阶层的意识形态体系提出挑战，并努力创造更具建设性的思想、行动方式和社会体制。❶

但是，我们在乔姆斯基的论述中并没有找到那条唤醒人们迷梦通往世界“和平、公正与希望”的路，反之，人类仍处在单极世界霸权与多元主体竞争的“理性”疯狂中。人们仍然昧于身心、群己和天人之间的谈判与妥协，仍然热衷于满足无限欲望的竞争和霸权。面对这种窘境，笔者愿再次引用前述两位美国学者的结论：

我们已不可挽回地走向了低能量社会。有两条道路可供我们选择：一是我们理解，这是生存的必需，还有很多美好的生活机会，所以我们自觉自愿地进入熵社会；二是我们死死抱住现有的世界观不放，到头来被迫痛苦地进入低能量社会；

熵的过程既非乐观也非悲观。它只是描述了客观世界是如何展开的。我们个人和社会的世界观取决于我们如何同熵的过程作观念上的妥协。❷

如果熵定律不仅针对天人关系和主客商谈，而且同时指向身心关系与心身商谈、群己关系与我他商谈，那么，毫无疑问，作者的以上结论也是在 COVID－19 疫情肆虐中，笔者针对“乔姆斯基命

---

❶ ［美］诺姆·乔姆斯基：《霸权还是生存：美国对全球统治的追求》，张鲲译，上海译文出版社 2006 年版，第 308 ~309 页。

❷ ［美］杰米里·里夫金、特德·霍华德：《熵：一种新的世界观》，吕明等译，上海译文出版社 1987 年版，第 231 页、242 页。

题”思考“想要”和“能要”的治理权衡时所赞同的结论——人类的“想要”和自由即使不常在枷锁中，也应经过“能要”这一“枷锁”的不时检验和节制，其结果则是法定之“应要”。但这已是另一个话题，本文不予专门展开。

——写于2020年5月1日

COVID－19，透过“唯一知”“知无涯”看治理原则

——基于“哈贝马斯命题”的思考

一、弁言

COVID－19的疯狂来袭，不但给芸芸众生带来近一个世纪以来罕见的普遍隔离之苦，也给世界各国人民的生命和健康带来无情的致命威胁，导致几乎所有国家的政府如临大敌，疲于应付，而且引致不少享誉世界的思想家或批判、或沉思、或伤叹。其中当代世界最伟大、最有声誉的思想家之一，法兰克福学派的代言人，已经91岁高龄的哈贝马斯先生在接受一个采访时，流露出明显的困顿和无奈——这在笔者以往对哈贝马斯论著的阅读中，是从未有过的体验，尽管从文字看，这是一次时间十分短暂的访谈。在访谈中，面对《法兰克福评论报》的提问：“哈贝马斯教授，您自己在这场COVID－19危机下，生活过得如何？有什么体验呢？”先生这样说道：

我只能说我这几天想了些什么。我们这个复杂的社会一直都会遇到大量的不确定性，但都是地区性的，也不是同时出现的，而且社会当中或多或少都会有一个或数个次系统里的专业人员持续在处理这件事。但现在这个不确定性却是全球蔓延且同时出现的，而且是出现在每个密切连结在一起的个体的脑袋里。每个人都深知其风

险，因为大家都从医卫系统那里知道，是否尽量少出门是对抗疫情的最关键的影响因素。而且这还不只关系到我们能不能克服疫情危险，也关系到无法预测的经济后果与社会后果。以此而言，除了病毒之外，我们大家现在最知道的一件事，就是一时半刻没有任何专家能推测这场疫情的后果是什么。经济学和社会科学的专家都应该要克制自己，不要鲁莽地提出诊断。可以说，我们知道最多的一件事，就是我们什么也不知道，而我们却又不得不在不确定的情况下行动与生活。这是前所未有的。❶

哈贝马斯先生似乎忠实地表述了在此时此刻他面对 COVID－19 疫情的深刻感受和睿智思考，但先生在回答中，情绪显然有些消极或者说谨慎，但又不得不强调要和未知的命运抗争，特别是其中这句话："我们知道最多的一件事，就是我们什么也不知道，而我们却又不得不在不确定的情况下行动与生活"，很明显，它给人们提出了一个不可知、也不能预测的神秘命题。从其前言后语看，这个命题所针对的是目前蔓延并危及全球，没有人一时半会儿能断言其走向，人们不知如何是好的 COVID－19。但一方面，这种不确定，不是终止人们行动和生活的理由；另一方面，在这个看似有些神秘莫测的命题背后，或许其所蕴含的深意，不仅指向来势汹汹的 COVID－19 本身。因为 COVID－19，既非人类面对的第一次危机，也不可能是人类所面对的最后一次危机，它不是空前的，也不会是绝后的。这就意味着命题背后可能有所隐喻。这隐喻直接关联着灵性动物（人类，下同）的认知限度以及与此相关的对世界的态度。这种态度在第一层的表现就是"唯一知"。我愿意把哈贝

❶《"我们知道最多的一件事，就是我们什么也不知道"：哈贝马斯谈新冠肺炎危机》，郑作彧译，载微信公众号"社会学理论大缸"2020 年 4 月 10 日。

马斯的这一态度及其命题，称为“唯一知命题”[1]，或者“哈贝马斯命题”，并愿就此出发，探究面对“唯一知命题”时灵性动物的应对。

我们知道，人类作为灵性动物，不仅局限于感知事物、认识事物、反思事物，而且具有在事物基础上超越它的崇高理想和技术可能——人类认识大地、认识自己周遭的一切，但又超越了自己的周遭，把周遭变成自己的乐园；人类认识天体，认识浩渺的宇宙星空，但这种认识却并未停留在认识层面，而是借此更有作为，跨越地球的羁绊和界限，把人类的文明通过技术手段撒播在遥远无垠的外层空间；人类认识生物，认识生命，且在认识它的基础上，建立仿生学，驾驭生物、超越生物；人类也认识自己，认知自己的生理心理，但又不随从于此种生理心理，而把其理想投注于生命的延展、生殖的改变以及社会形态的人为进化……因此，总体上看，即便人类无不处于“唯一知”的状态，但也会努力寻求认知突围，以“唯一知”或有限知为跳板，寻求更广泛的知。这种更广泛的知是什么呢?

笔者愿意根据古贤的微言大义，把人类在“唯一知”基础上，一往无前地推进其思想和认知的活动，称为“知无涯”——既面对无止境的世界，寻求对“唯一知”的突围；又追求无极限的“大知”“至知”[2]，以“知无涯”，最终使人类认知进入人们喜闻乐见

---

[1] 当然，哈贝马斯并未局限于“唯一知命题”。在前引文字中，他强调“这个复杂的社会一直都会遇到大量的不确定性”，强调人们“不得不在不确定的情况下行动与生活”，足证其对知的预示和渴望。

[2] 庄周把知（智）一分为四：无知、“小知”、“大知”、至知（至人）（见《庄子·逍遥游第一》，载郭庆藩辑：《庄子集释（第一册）》，中华书局 1961 年版，第 1 ~42 页）。

的那种境界：把自由代入必然中的知，从而使知识不受纯然事物之左右，达到心物相向，相看两美；亦豁免纯粹概念之羁绊，导向物我两忘，天人通达。当然，这一切乃是通过语言而实现的。因此，一方面，这种认知使人类成了语言的存在，另一方面，使存在被结构为语言❶。

二、“唯一知”：人类认知的限度及治理谦抑原则

“唯一知”可视为人类认识复杂对象世界的一种观念，它既强调人类面对复杂对象世界时的无奈，也反映人类在复杂对象世界面前的一种认识态度。这种无奈及认识态度，不是现时代的新事物，而是千百年来人类认识世界时层出不穷的主张。只是由于现代社会人类的认识能力和认识工具大为进化，导致这种认识态度及无奈感日渐淡出人们的日常思维（尽管在科学界或与科技密切相关的产业界，人们在一定程度上仍然保存着“唯一知”的态度，但是在日常生活层面，现代社会的高度发达，明显造成了“唯一知”的退却）——这就是所谓“骄傲自大的现代人”。不过一个高度发达的社会，以及和此种高度发达相伴的人类思维，总会面对重重风险，一旦重大风险来临，人们不得不回头观察走过的路。

1. “唯一知”：“无知之知”的接续

公元前399年的雅典，已经70岁高龄的苏格拉底，出庭接受

---

❶ 海德格尔云：“大道（Ereignis）乃作为那种道说（Sage）而运作，在此种道说中语言向我们允诺它的本质。语言之允诺（zusage）并非漫无边际，空空如也。这种允诺已经切中其目标，它切中的目标除了人之外还能是谁呢？因为人之为人，只是由于人接受语言之允诺，只是由于人为语言所用而去说语言。”（见［德］海德格尔：《在通向语言的途中》，孙周兴译，商务印书馆1997年版，第163页。）

人们对他的审判——指控他的人说他既像自然哲学家那样慢神，又像智者那样蛊惑青年。作为彼时雅典最有声望的知识分子，苏格拉底出面为自己申辩。在申辩中，这位伟大的哲学家，不是像我们所常见的那种一个人面对死亡时的或沉默寡言、木讷不言，或恐惧战栗、失魂落魄，或哀婉凄切、哭哭啼啼❶，反而他无所畏惧、慷慨陈词，充分表达其作为哲学家的睿智和反思。他申辩道：

我离开后，自己盘算着："我是智过此人，我与他同是一无所知，可是他以不知为知，我以不知为不知。我想，就在这细节上，我确实比他聪明：我不以所不知为知。"❷

苏格拉底在此提出了一个耐人寻味的千古命题：我们人类，究竟能知什么？且不说愚昧者，即使那些以贩卖知识为职业的智者，甚至那位终身以"爱智"为追求的苏格拉底，其终身之所知究竟是什么？苏氏面对死亡时的沉着申辩，教会人们"无知之知"这样一个必须铭记的话题。人类的知识所能达到的，不是去洞穿一切，洞穿世界，而是"知无知"。

无独有偶，在苏氏之前，遥远东方的圣人孔夫子也曾谆谆告诫其弟子：

子曰："由，诲女知之乎！知之为知之，不知为不知，是知也。"

季路问事鬼神。子曰："未能事人，焉能事鬼神？"曰："敢问

---

❶ 不但如此，而且他在申辩中对此种行为在公共道德、职业道德和私人道德之德性上予以否弃：那种有声望的人面对法庭的不利判决时痛哭流涕，摇尾乞怜，乃"邦国之耻"；以情感影响法庭依法公正裁判，那是企图影响法官"枉法徇情"；最重要的是：如果"我哭哭啼啼，说许多可怜话，做许多可怜状"，那是私德上"失节的言行"。（见［古希腊］柏拉图：《游叙弗伦、苏格拉底的申辩、克力同》，严群译，商务印书馆 1983 年版，第 72 ~77 页。）

❷ ［古希腊］柏拉图：《游叙弗伦、苏格拉底的申辩、克力同》，严群译，商务印书馆 1983 年版，第 56 页。

死。”曰：“未知生，焉知死？”❶

可见，在吾国圣人心目中，知并不是一件在任何时候、任何地点人们都能够胜任愉快的事，反之，知与不知，对芸芸众生而言都是一件再平常不过的事。求知，是人之为人的基本特征所在，而不可能事事通知：知天地，知鬼神，知人事，世间一切，无不所知——那是人的能力所不及的。人能够通透地知道的，就是人的认识是有限度的，无所不知的人是不存在的。无知是人类所面对的永恒的“知”，而有知不过是暂时的知。人类唯一永恒的“有知”，便是“知无知”，便是背负“知无知”的背景，像庄周那样，寻求知的最高境界：

知天之所为，知人之所为者，至矣。知天之所为者，天而生也；知人之所为者，以其知之所知以养其知之所不知，终其天年而不中道夭者：是知之盛也。❷

或以为，这种对知的理解不过是在人类认识技巧、推理工具以及客观条件极其落后且有限的背景下，人们所发出的慨叹。这种情形对于“可上九天揽月，可下五洋捉鳖”，可把世界各个角落的人们通过有效的技术手段、推理工具互联互通，可在广袤的宇宙世界设法呼唤、对接外星文明，可将其认识触角伸向数千光年间的宇宙深空世界的当今人类而言，是否已是昨天的皇历了？是否已经被完全证伪了？是否世间万象，皆备于我？事实并不那么乐观！因此，怀疑就成了人们理解知识、理解世界的基本态度。例如，在一向严

---

❶ 《论语·为政第二》《论语·先进第十一》，载康有为：《论语注》，楼宇烈整理，中华书局 1984 年版，第 24 页、163 页。

❷ 《庄子·内篇·大宗师第六》，载郭庆藩辑：《庄子集释（第一册）》，中华书局 1961 年版，第 224 页。

谨的罗素看来，知识根本是无法精确定义的东西：

像我们所看到的那样，“知识”是一个不能得到精确意义的名词。一切知识在某种程度上都是可疑的，我们不能说出可疑到什么程度它就不再算是知识，正像我们不能说出一个人失掉多少头发就算秃头一样。❶

让人类已然有些自我陶醉的互联网技术、人工智能技术、点对点的社会控制技术、无处不在的人体（基因、相貌、虹膜、指纹、蒙面识别等）监控技术……似乎使人类的统治方式变得越来越简化，人与人相互之间的依赖关系，变成人对技术的单向依赖关系❷，人只要遵循技术的指令，就可以应有尽有、万事大吉，既实现物质需求，也满足精神需要。尽管在一定意义上，人类技术确实在史无前例地供给人们物质和精神的需要，但它并未已然万能地、也不可能万能地满足人们全方位的需要，反之，技术理性和有意无意的技术控制，又产生了严重的人的异化现象：人类不再是自我支配的主体，反倒成为技术的奴仆和客体❸。这是问题的一个方面。另一方面，技术在人们真正需要处，却往往闭上了其嘴巴，无法提供人们对复杂事物的完全辨识，进而也无法满足人们迫切的当下需要。这正是目前困顿于 COVID－19 的人们，回忆人类既有的认识历程时，不得不无奈地再次强调“唯一知命题”的缘由。所以，哈

---

❶ ［英］罗素：《人类的知识》，张金言译，商务印书馆 1983 年版，第 592 页。

❷ 谢晖：《依赖关系演进中人类境况的法哲学审视》，载《学术界》2019 年第 9 期。

❸ 诚如马尔库塞所批判的那样：“技术也为人的不自由提供充分的合理化，并且证明自主及自己决定自己的命运在‘技术上’是不可能的，因为这种不自由既不表现为反理性，也不表现为策略，倒是表现为对增加生活舒适和提高劳动生产率的技术机器的服从。于是技术理性维护而不是取消统治合法性，而理智工具主义视界通向一个理性极权主义社会。”（见［德］赫伯特·马尔库塞：《单面人》，左晓斯等译，湖南人民出版社 1988 年版，第 135 页。）

贝马斯的“唯一知”，乃是在此种困顿中对古已有之的“无知之知”的接续。也说明对知的困惑，乃是灵性动物在其长期的进化过程中，始终所面对的问题和难题。

2. COVID－19，“唯一知”的再次证成

从2020年伊始，已连续肆虐4个月之久的COVID－19，自全球看仍不见退却的明显信号，反之，按照美国首席传染病专家福奇的观点：“我认为，新型冠状病毒的回归是不可避免的”；“几乎确定它还会回来。”❶ 这一病毒强大的传染能力、严重的危害程度、诡异的发生机制、指数式爆发的传播模式等，都让科学家至今对其难以准确地定性。不要说那些医学和医疗基础条件十分薄弱的国家，即使公认是世界上医学和医疗条件最发达的美国，到目前为止也对此一筹莫展，穷于应付。在此意义上，这一病毒提供了人类坚守“唯一知”的重要根据，它对人类在科学技术迅速发展时代的过分自信、过于骄傲是一种有效的纠错力量。

当然，可以肯定，仅仅针对这一病毒，经由科学家们艰苦卓绝的努力以及有效的国际合作，一定会找到对付它的有效办法的❷。

---

❶ 徐德智：《美首席专家福奇称新冠会卷土重来》，载凤凰网，http：//news. ifeng. com/c/7w3Yf8u8V04，2020年4月29日访问。

❷ 目前不少国家正积极展开疫苗研发，并有多项成果进入临床试验阶段。其中我国从4月9日开始，已为“腺病毒载体疫苗”的第二期临床试验招募志愿者，这是全球首个进入第二期临床试验的“COVID－19”疫苗。（载新华网，http：//www. xinhuanet. com/2020－04/14/c_1125854695. htm，2020年4月14日访问。）4月27日，“中国生物北京生物制品研究所研发的新冠灭活疫苗获得国家药监局临床试验批件。”“至此，我国已有四个新冠疫苗获批进入临床试验阶段。”（载https：//new. qq. com/omn/20200429/20200429A04QKJ00. html，2020年5月5日访问。）此外，据报道，美国、俄罗斯、英国、德国等多个国家的新冠疫苗已进入临床试验阶段。英国牛津大学的科学家甚至强调要“小规模生产”一种疫苗100万支，并将于9月面世。

因之，以这样一次疫情而沮丧地强调“唯一知”，似乎给人一种过于悲观、夸大其词的印象。但如前所述，因一次疫情危机所引发的“唯一知”思考，其重点不在这一次，而在于退而言之，即便这次疫情得到了科技的成功控制，从而人类认知及其技术面对肆虐的疫情，能够大获全胜，也不意味着人类就此一劳永逸地消灭了所有有威胁的病毒，不意味着未来就不会产生威胁人类健康和生命的新病毒。即便人类认知能力和技术水平能够达到滋生一个，消灭一个的程度，也不意味着人类就能够同时一劳永逸、永绝后患地消灭其所有面临的其他威胁——无论是自然的，还是社会的。

事实证明，道高一尺，魔高一丈。人类在把其聪明才智极大地运用于自然，增进自我福祉的同时，其面临的各种威胁与以往的任何历史时期相比，不但没有偃旗息鼓，反而这类威胁随技术进步在正比例增长。所以，人类明显进入一个技术越发达，风险越扩大的“风险社会”。除了传统的自然灾害这类风险之外，更有随着技术进步而产生的新风险，如核泄漏风险、网络欺诈风险、资源与能源枯竭风险等，从而使“人类生活在文明的火山上”。风险社会在现代技术生产条件下，已经不是一种例外，而是人类所必须面对的常态——因为它是与现代生产方式相伴而生的：

在发达的现代性中，财富的社会生产系统地伴随着风险的社会生产。相应地，与短缺社会的分配相关的问题和冲突，同科技发展所产生的风险的生产、界定和分配所引起的问题和冲突相重叠。[1]

说得更明白些，核能的、化学的、遗传的及生态的大灾难毁掉了风险微积分学的基本支柱。首先，人们在此关注的是全球的、往

[1] ［德］乌尔里希·贝克：《风险社会》，何博闻译，译林出版社2004年版，第15页。

往是无法挽救的、不再被限制的损害；金钱补偿的概念因而失效了。其次，预防性的事后安置因致命灾难情形下的可想象的最坏的情形而被排除；原先准备用于对结果进行检测的安全概念失败了。最后，“事故”失却其时空上的分界，并因此失却意义。它成为一种有始无终的事件；一种爬行的、疾奔的和重叠的破坏之浪的“没完没了的节日”。但那意味着正常的标准、测量的程序和因而危险计算的基础均被破坏；没有可比性的实体被拿来比较，而计算变得模糊。❶

可见，当代风险社会的基本特征是人类对风险难以预知，或者即便能够预知，也难以控制。这样一来，“唯一知”这一命题，就成为风险社会的一个隐喻——只要人类无法准确地预知并克服种种风险，无法通过法律契约而对风险安排政治的、经济的和文化的防范措施，就只能无可奈何地面对不时在侧的风险，就只能生活在安全有虞之境。也正是在这里，“唯一知”就是我们人类“赖以生存的譬（隐）喻”❷，且是一种永恒的隐喻。在全球肆虐的COVID－19再证了这种隐喻，它就存乎我们的日常生活之中。

3．“唯一知”与国家治理的谦抑原则

既然我们无可奈何地、也难以摆脱地生活在“唯一知”的隐喻

---

❶ ［德］乌尔里希·贝克：《世界风险社会》，吴英姿等译，南京大学出版社2004年版，第72页。

❷ “多数人……认为平常过日子并不需要譬喻。我们的发现恰恰相反，譬喻在日常生活中普遍存在，遍布语言、思维与行动中，几乎无所不在。我们用以思维与行动的日常概念系统（ordinary conceptual system），其本质在基本上是譬喻性的。”（见［美］雷科夫、詹森：《我们赖以生存的譬喻》，周世箴译注，经联事业出版公司2006年版，第9页。另可参看由浙江大学出版社于2015年出版的何文忠译本。）

之中，那么，如何根据此种认知的可能和限度，安排人类的生存、生活和自由交往，安排社会的协调、发展和有序运转？人类能否无所节制地对自然进行掠夺性开发，人类的聪明才智及其技术成果能否无所顾忌地改变大自然与人类的既有“约定”，人类能否在发展当下的同时，给后人留下永续发展的资源、能源和知识？凡此种种皆在追问一个问题，我们究竟如何对待国家治理？当然，对这一问题之有效的回答，还需要从追究“何谓治理”这一问题开始。

放眼当今世界，治理已然成为使用频率越来越高的一个词汇。它不仅在民间使用，也在官方使用；它不仅被学者使用，也被政治家、企业家、金融家和社会活动家使用；它不仅在国内主体之间的合作中被使用，而且在国际政治—经济—文化合作中也被使用……恰是因为如此，治理这一概念如同一切涉及面极其广泛的概念一样，被解释得五花八门、复杂多样。有人在综述不同学者、政治家、企业家关于治理的不同观点的基础上，得出了三个层次的治理理念：

第一个层次，也是最明确的：治理是对现代谈判现实主义的最直接呼吁。这种谈判尤其与市场一同进行，并且融入市场规则；

第二个层次的意义在实用主义方面表现得并不十分明显，而更多地表现在道德层面，因而，现代治理是一个对责任感的呼唤，但却是为了更好地保证效率；

……第三个层次显得最具有理想主义色彩……治理于是变成了世界新人道主义原则和全球政治秩序原则，让人感到重读联合国宪章的味道。[1]

---

[1] ［法］让-皮埃尔·戈丹：《何谓治理》，钟震宇译，社会科学文献出版社2010年版，第74~75页。

正因为治理这一概念的多义性，加之这一概念明显地排除了“统治”概念的单向特征和强制色彩，因此，它容易被持有完全不同目的的人或性质完全不同的体制各取所需地援用：

> “治理”一词——像目前关于发展问题辩论中的其他许多概念一样——被许多大不相同的意识形态群体用于各种不同的、常常是相互冲突的目的。❶

然而，治理被不同的人、甚至不同的体制在不同意义上的使用，并不意味着人们在运用它时毫无共识。事实上，通过对上述不同观点的分析可以发现，人们在论及治理话题时，更多地在意其对人与人之间利益关系的调整，因此，“‘治理’是在众多不同利益共同发挥作用的领域建立一致或取得认同，以便实施某项计划”❷。实践中的治理，尽管确实是围绕人的利益关系而展开的——无论权利的契约分配、主体的道德责任还是政治的人道精神，皆基于人的利益而展开，但是即使如此，为了人们利益的长远及永续，为了种的繁衍和文明的延续，治理在以人为中心的同时，其触角也会伸向与人类利益息息相关、甚至是人类利益的前置关系——天人关系中；还会伸向与每位个体的利益享受息息相关的直接关系——身心关系中。一旦治理的对象不仅指涉群己（利益）关系，而且指涉天人关系和身心关系时，则人类对治理的考量，就需要援用天人关系和身心关系的法则，来节制群己关系唯利益是尚、从而也唯人类独尊的治理目的，以谦抑精神审慎地安排国家治理，

---

❶ ［法］辛西娅·休伊特·德·阿尔坎塔拉：《“治理”概念的运用与滥用》，黄语生编译，载俞可平主编：《治理与善治》，社会科学文献出版社 2000 年版，第 17 页。

❷ 同上书，第 16 页。

即须遵循治理谦抑原则。

所谓国家治理的谦抑原则，是指治理行为须遵循天人关系、群己关系和身心关系的规定性。规定性究竟是什么？这不是一个能够一蹴而就地回答的问题——因为毕竟要全面掌握事物的规定性，那只能靠神力，而无法借人力。正是在这里，人类的认知显出其固有的局限，因此，既有的认知只是附了时空条件的认知，即所谓相对的认知。而所谓事物关系的规定性，却是绝对的。以相对认知来应对、治理绝对规定，其间的顾此失彼、左支右绌不难想见。反之，以谦逊的态度，敬畏自然、尊重他人、量力而行是谦抑治理原则的题中应有之义。

敬畏自然，意味着需要反思并重新打量近代以来思想家以及社会制度把人类捧为至高无上，以致无视对象存在，或者最多把其视为任由人类役使和利用的理念与实践❶，并以人是自然一分子的谦卑，用自然与人总是处于互动中的认知，看待天人之际，构建所谓“环境友好型”❷ 的人类生存和生活条件，以实现天人关系的动态平衡。尽管这并不是要恢复所谓“天人感应”的立场，但至少说明

---

❶ 这种思想，在我国古代已经有之，从孟子所谓“万物皆备于我矣”（见《孟子·尽心章句上》，载（宋）朱熹：《四书章句集注》，中华书局 1983 年版，第 350 页），到王阳明所谓“天下无心外之物”（见（明）王守仁：《王阳明全集（上）》，上海古籍出版社 1992 年版，第 107 页），可谓一以贯之。在西方思想史上，这种思想尤其体现在近代主体哲学的兴起。从笛卡儿“我思故我在”的命题提出以来，诸如“存在就是被感知”（贝克莱）、“实体就是主体”（斯宾诺莎）、“先验主体论”（康德）、“绝对精神论”（黑格尔）等，可谓不绝于耳。

❷ “环境友好型”的理念，来自 1992 年联合国里约环境与发展大会所通过的《21 世纪议程》。此后，它被日本、中国等多国政府所看重。尽管这是一个比喻性的说法，但它足以促使人们反思主体行动的限度和社会经济发展的限度——人类面对的，始终不是无极限的增长，而是有限的增长。

在国家治理中须有尊重自然之客观规定性的情怀。尊重他人意味着需要不断审视并调整社会交往的动态现实，以追求群己关系之动态平衡。每一位主体，从应然视角，是所谓天赋人权的平等主体，但从实然视角，却总是并不平等的主体。这种情形，很典型地体现在COVID－19疫情大暴发的美国：何以在人口比例并不占优的不少州中，非裔群体患病的比例远高于其他族裔？除了其民族性格、生活方式等因素之外，这与这个公认为当今世界最公平的国家——美国，在事实上存在着公民之间严重的不平等大概不无关系[1]。一言以蔽之，即在国家治理中要贯彻治理的谦抑原则。这正是应对COVID－19时给国家治理的第一重启示。

三、“知无涯”：人类认知的无限及治理循序原则

尽管“唯一知”是一种事实，但在很大程度上，它只是终极意义上的命题。这是因为在过程中，极其复杂繁难的事项，也会给人“唯一知”的感慨，但只要假以时日，人们总会有对付复杂繁难问题的手段。可在终极意义上，毕竟人类只是自然长期进化的一部分，他的认知限度，一定是自然规定给他的限度。他不能跨越自然的规定，而与自然并驾齐驱，甚至对自然发号施令。但这并不是说人类要在自然的规定面前得过且过，甚至自暴自弃，反之，明知自然浩瀚无垠，深入无底，人类还是决绝地去“知无涯”，在过程中不断完善对事物的认知，并因此循序渐进地针对自然、社会和人心的规定性，安排、提升社会管理的水平。

---

[1] 《非裔新冠病人入院和死亡比例更高，美国医疗公平难题何解?》，载凤凰网，http：//news.ifeng.com/c/7vlZqegAMO8，2020年4月18日访问。

1. “知无涯”：一个新的理解和解释框架

两千多年前，道家思想的代言人庄周，说出了一句千古名言，至今仍然光芒闪烁：

吾生也有涯，而知也无涯。以有涯随无涯，殆已；已而为知者，殆而已矣。为善无近名，为恶无近刑，缘督以为经，可以保身，可以全生，可以养亲，可以尽年。❶

尽管庄周在这里的意思，是要说明人生有限，知识无涯，因此，不要奢求以有限的生命追求无限的知识，那是决然无法成功的。人们要寻求良善契道的知识，而不是相反。但是，对一种经典在原意视角的理解和解释，固然是解释学的基本宗旨，但摆脱原意的束缚，根据相关文字给出引申意义的解释，又何尝不可呢？只要人们无法逃脱理解的偏见，就意味着针对文本，读者会在偏见引导下，得出自己的解释成果。即人们的理解和解释具有开放性。

在构成我们的存在的过程中，偏见的作用要比判断的作用大……这种阐述使一种积极的偏见概念恢复了它的合法地位……偏见并非必然是不正确的或错误的，并非不可避免地会歪曲真理。事实上，我们存在的历史性包含着从词义上所说的偏见，为我们整个经验的能力构造了最初的方向性。偏见就是我们对世界开放的倾向性。❷

加达默尔对偏见的正名，可以作为笔者在此展开“知无涯”论述的认识工具。如果说庄周在其论述中试图以“知无涯”节制人们

---

❶ 《庄子·内篇·养生主第三》，载郭庆藩辑：《庄子集释（第一册）》，中华书局1961年版，第115页。

❷ ［德］加达默尔：《哲学解释学》，夏镇平等译，上海译文出版社1994年版，第8~9页。

无法达到的认知欲望的话，那么笔者要说的是不断地、无限制地扩大对无涯之知的追求乃是人类生存和交往的一种宿命，它既来自于自然对人的独特规定，也来自于人相对于自然而独立和独特的主体存在、思考和创造方式。

就前者说来，人类是大自然最匠心独运的杰作，大自然不但赋予了人类优美、美好的外形，而且赋予人们独特的认知和创造能力。这就是人脑在长期进化过程中所形成的思维能力。这是世上到目前为止，在经验世界所知的唯一的能力——只有人类，才有认知并改造周遭事物的能力。这种能力是大脑的机能，是自然对人的恩赋。

就后者而言，大自然长期进化的结果，使人类在依循大自然规定性而为的同时，使这种依循发生了质的提升和变化。这不是物质世界的四季循环，周而复始，不是植物世界的春生夏长，秋熟冬眠，也不是动物世界的择木而栖，逐水而居。他是独特的，其根本的独特之处就在于他不但知其然，而且通过反复经验，不断反思，并寻求其中所以然，以主体身份和语言工具表达此种所以然，并最终以这种所以然人为地创造新成果，构造新事物。

人的这种机能，在自然造化层面，是经由视觉认知的传导，形成秉有特性的脑机能，进而在主体认知和创造层面，形成人的主体性的精神品格。这些特性和品格表现在：

信息加工的双向性，信息接受的选择性，信息建构的创造性和信息表征的抽象性等方面。这些特性同时体现了人的精神主体性品格：思维的超前性、虚拟性、创造性、抽象性、全息性和时空自由性。❶

❶ 丁峻：《认知的双元解码和意向形式——对大脑的立体交叉性探索》，宁夏人民出版社 1994 年版，第 3 ~4 页。

正因如此，人类对无涯世界的认知，既是人类的一种“神圣的天赋”，也是人类主体性的自我努力。无论哪一方面，都不会因为人们面对着艰难险阻而窒息之，反而只要人类能生生不息，这种对无涯世界的认知、探索、利用、甚至改造也就会源源不断。所以，自每个个人的有限存在出发“以有涯随无涯”，看上去确实存在不无可笑的一面，但自人类生生不息的视角看，每个人或每代人遵循自强不息、一往无前的精神，积累经验，认知无涯，发现科学，创造世界，并前赴后继，代代相传，这正是笔者理解“知无涯”时的偏见。

所以，本文所谓“知无涯”，虽然肯定认知对象即知识本身的无穷无尽，但更指向作为灵性动物的精神主体，其锲而不舍、坚持不懈地对广袤的自然世界、复杂的群己世界和深邃的身心世界的探求、利用和改造。人类就是以这种探求、利用为使命的动物。如果阻断人类对自然的认知、对人事的探索和对心理的剖析，墨守成规、安于现状，日出而作、日入而息，因循四季、循环往复……那么，“人之所以异于禽兽者几希”❶ 的问题，就可以表达为人与禽兽在根本上是无异的。所以，探索“无涯”世界才是人的本质所在，即便这种探求如同“夸父逐日”，如同“西西弗斯推石”劳而无功，但也是人之为人的宿命。

可见，本文所谓“知无涯”的“知”拟用作动词，就是探索、追求的意思，就是面对浩渺宇宙、复杂社会和奥秘心理时人类勇敢应对的一种态度，这是一种应命而不畏命的态度，是一种入世而不避世的态度，是一种顺道而不迷道的态度。正是在这样的态度中，

---

❶ 《孟子·离娄章句下》，载（宋）朱熹：《四书章句集注》，中华书局 1983 年版，第 293 页。

人类有了不断丰富发展的心理科学、社会科学以及自然科学，也正是在这种态度中才真正彰显着“天行健、君子以自强不息”“地势坤，君子以厚德载物”❶ 的精神。人类因之才既是大自然的伟大产品，也是笃行于世的伟大精神实体，才有了自然中的人，也才有了作为精神实在的独立主体。“知无涯”就是这样被人类持之以恒地坚守，又反过来塑造着人类的主体形象。

2. COVID－19，人类“知无涯”的时代拓展

由于传播技术的发达，世界各地发生的 COVID－19 疫情，很快就被分处地球上不同角落的人们所掌握和了解，因此，它给人类在整体上所带来的困扰和恐惧，大概是传媒落后时代的同类疫情所无法相比的。这种恐惧，既有对病毒本身的恐惧，也有因防疫措施捉襟见肘所带来的次生恐惧——数月转瞬而逝，人们在社会心理上迄今似乎无法找到任何一个安全的孤岛：戴口罩，那是因为“你有病”；不戴口罩，那是因为“你没责任心”，从而，人们以邻为壑、相互为敌——为了保障所谓“赤裸生命”的安全。

显然，在严重的疫情面前，人类面临着双重恐惧：自然的恐惧和社会的恐惧。但与此同时，人们所目见耳闻的，并不都是恐惧，还有面对恐惧时一往无前、与疫魔搏斗的大无畏精神。这其中既有国际组织和不同国家政府各种各样的防控布局；也有无数医生、志愿者、社区管理人员大无畏地奔赴疫情一线，治病救人，提供服务，进行管理；还有无数默默无闻的普罗大众，响应政府的紧急状态要求，或居家，或禁足，或出门戴口罩，或保持社交距离，或一

---

❶（宋）程颐：《周易程氏传》，王孝鱼点校，中华书局 2011 年版，第 4 页、14 页。

旦故意或不慎地违背禁令，甘愿接受平时难得遇见的权力的额外惩罚；更有无数的企业及其员工，冒着极大的传染风险，义无反顾地投身于抗疫物资的生产和供应中……

当然，在这其中，与本文的题旨关联更为紧密的是无数的科学家正在实验室里以审慎的态度、严谨的精神，夜以继日地寻求治疗疾病的有效方法，攻克病毒的根本方法。如前所述，不少国家的科学家正迅速且有效地展开疫苗的研发和实验。而社会科学家们，也在热烈又认真地讨论在公共卫生紧急状态及其他类似紧急状态下，有力、高效、人性的权力控制与权利克减相呼应的管理模式❶。

这说明，人类并没有被如此传染超强、诡异多变、危害巨大的

---

❶ 例如，福山在其研究中，提出了“抗疫”能力的决定因素（见［美］福山：《是什么决定了一个国家的“抗疫”能力?》，朵悦译，载 https：//www.thepaper. cn/newsDetail_forward_6789959，2020 年 4 月 2 日访问）；韩炳哲提出东亚文化对疫情控制的有效性问题（见［德］韩炳哲：《为什么东亚对疫情的控制比欧洲有效?》，苏子滢译，载 https：//www.thepaper. cn/newsDetail_forward_6676893，2020 年 3 月 25 日访问）；张生则对福山和韩炳哲的观点提出针锋相对的批评（见张生：《与韩炳哲商榷：儒家文化真的从新冠中拯救了东亚吗?》，载 https：//www.thepaper. cn/newsDetail_forward_ 6695421，2020 年 3 月 26 日访问；张生：《评福山“新冠论”：“科耶夫病毒”、赤裸国家与“承认政治”》，载 https：//www. thepaper. cn/newsDetail_forward_ 6824242，2020 年 4 月 6 日访问）；孙立平提出安全和发展的位置问题（见孙立平：《疫后：安全思维，发展思维，两者位置会怎么摆?》，载微信公众号“孙立平社会观察”2020 年 4 月 11 日）；董山民探讨公共议题的公共理性问题（见董山民：《COVID－19、公共理性与何去何从的全球化》，载微信公众号“观沙罗大人”2020 年 4 月 13 日）；陈柏峰提出风险社会的技术治理与应急决策问题（见陈柏峰：《风险社会的技术治理与应急决策》，载《中国法律评论》2020 年第 2 期）；吴晓林提出国家治理的人性问题（见吴晓林：《新冠肺炎危机与国家治理的深层次问题》，载 http：//news. nankai. edu. cn/mtnk/system/2020/05/03/030039058. shtml，2020 年 5 月 3 日访问）等。至于哲学界围绕着意大利哲学家阿甘本的观点所展开的激烈争论，笔者将在另文中专门论述，本文不再赘引。

病毒所吓倒，反倒以大无畏的勇气展开和病毒的顽强斗争。这种斗争，自然不是盲目蛮干，而是通过对病毒这种复杂事物的传播路径、致病机理、控制条件、药物干预、灭活方式等的系统研究和认知，寻求应对并克服 COVID -19 的有效方法。它给人们的深刻启示是：

在无尽的未知面前，人类应对的基本策略不是逆来顺受的无尽屈服。反之，有无尽的未知，就有无尽的探索。人们对世界的认知乃是一个遮蔽与去蔽的博弈过程。在绝对意义上，精神主体不可能取得这一博弈的完胜，但在过程意义上，只要精神主体存在，博弈就是一个无止境的过程，就是通过博弈不断揭示真相的过程。在此意义上，人类的认识既是相对的，也是绝对的。这种认识的基本知识形态或真理表达，就是通过语言，形成彰显主体和主体性的概念。所以黑格尔强调：

概念才是一切生命的原则，因而同时也是完全具体的东西……换言之，正是概念把前此一切思维范畴都曾加以扬弃并包含在自身之内了。概念无疑地是形式，但必须认为是无限的有创造性的形式，它包含一切充实的内容在自身内，并同时又不为内容所限制或束缚。❶

诚然，命题应该表述真理，但真理在本质上乃是主体；作为主体，真理只不过是辩证运动，只不过是这个产生其自身的、发展其自身并返回于其自身的进程。❷

---

❶ ［德］黑格尔：《小逻辑》，贺麟译，商务印书馆 1980 年版，第 227 ~ 228 页。

❷ ［德］黑格尔：《精神现象学》（上卷），贺麟等译，商务印书馆 1979 年版，第 44 页。

黑格尔对概念的坚持，对真理主体原则的自信，对概念“无限的有创造性的”强调，或许是对人类“知无涯”的一种哲理表达。如今人类对 COVID－19 病毒的研究、认知和可以预见的最终克服，事实上正在并必将佐证黑格尔对概念、对主体、对人类认知的这种自信。

3. “知无涯”与国家治理的循序原则

如果说“唯一知”是种隐喻，以表明人类总是生活在对不可知的“唯一知”中的话，那么，“知无涯”在这里也是一种隐喻，这一隐喻表明：人类不可避免地处于对对象世界——纯粹的自然世界、社会世界、心理世界的探求与认知中，更处在对由此导致的天人关系、群己关系和身心关系的探索和认知中。这对于国家治理而言，意味深长。国家治理，不仅是官员凭借权力就可一劳永逸地解决的问题，它还需要所有公民参与其中，因此需要知识参与其间。在这个隐喻中，对国家治理而言，大体可以提出如下两个方面的问题：

第一，既然“知无涯”是一种人类认知的永恒状态，那么，国家治理是不是可以抛开人类认知，而径直随遇而安、随波逐流？国家治理是人类面对天人关系、群己关系和身心关系时，为了不过于被动地受制于自然的摆布、社会的钳制和心理的恐惧，而能动地作用于三种关系的活动。所以，国家治理的对象，不仅是社会（群己）关系，而且包含天人关系和身心关系。如此复杂、重叠、浩瀚的关系，只能是人类无尽地探索和认识的对象，尽管人类不可能一蹴而就、一劳永逸地认知这些对象，但是人类又期望通过国家治理而“精准地”处理这些关系，使天人感和、群己调和、身心协和。显然，这是一对矛盾——在人类认知有限的情形下，要实现国家治理的完备无遗、至善至美，多少有些强人所难。但这并不意味着要接受和肯定前述问题。人类作为主体性存在，作为万物之灵，自然不能接受随遇而安、随波逐流的秩序方式。

不过揆诸人类学说史，这种放逐自我、因任自然的秩序主张却屡见不鲜，否则，就不会流传那么多由人类所创造的相关词汇了：绝圣弃智、因任自然、惟道是从、顺天应人、听天由命、得过且过，乃至随遇而安、随波逐流……最典型者，莫过于古人所坚守的“越名教而任自然”的理念。在嵇康看来，只有如此这般的行为，才不但无违大道，无措是非，而且堪称君子，符合某种“自然”秩序：

夫称君子者，心无措乎是非，而行不违乎道者也。何以言之？夫气静神虚者，心不存乎矜尚；体亮心达者，情不系于所欲。矜尚不存乎心，故能越名教而任自然；情不系于所欲，故能审贵贱而通物情。物情顺通，故大道无违；越名任心，故是非无措也。❶

但从嵇中散的这种论述中，我们也不难体味，他的主张，其实以人对道的深刻领悟、认知和内心确信为前提。所以，其所谓“任自然”，不过是他想借此摆脱“名教”对对象的遮蔽而已，而绝非以己之昏昏使人昭昭，以己之蒙昧使世释然。“知无涯”状态中的国家治理，就是在求知过程中的治理，它不可能做到至善，但因其毕竟建立在一时一地的认知基础之上，它也不可能导向至恶。试图义无反顾、决然而然地追求“绝圣弃智”的国家治理，不过是悖乎人性的放任自流而已，事实上既无必要，也无可能。

第二，既然“知无涯”是人类对知识的永恒追求和探索，那

---

❶ ［魏］嵇康：《释私论》，载戴明扬校注：《嵇康集校注》，人民文学出版社 1962 年版，第 234 页。

么，国家治理能否等到人类认知接近绝对真理的时候再展开？这一提问与前一提问相比，显然走到了另一个极端。人类认知能否达到“绝对真理”的状态？在学术史上，这是一个聚讼纷纭的问题，其中我们比较熟知的黑格尔的真理观及其绝对观念，就是包含了“虚妄”和“错误”的认知过程：

关于绝对，我们可以说，它本质上是个结果，它只有到终点才真正成为它之所以为它；而它的本质恰恰就在这里，因为按照它的本性，它是现实、主体或自我形成。不错，把绝对本质地理解为结果好像是矛盾的，但只要稍微考虑一下，就能把这矛盾的假象予以揭示。开端、原则或绝对，最初直接说出来时只是个共相；

虚妄……应该是实体的他物或否定物，因为实体作为知识的内容是真实的东西。但是，实体自身本质上也是否定的东西，一部分由于它是内容的区别和规定，一部分由于它是一种单纯的区别，即，它是一般的自我与知识。我们很可能做出错误的认识。某种东西被认识错了，意思就是说，知识与它的实体不同一。但这种不相等正是一般的区别，是本质的环节。从这种区别里很可能发展出它们的同一性，而且发展出来的这种同一性就是真理。❶

在黑格尔的真理观中，真理显然被赋予了明显辩证的特征，但这种辩证并非诡辩，而是我们认识真理的事实。这种事实，就是指真理应是主体对对象的认知过程，它既是“全体”，同时在本质上“乃是主体”。这样看来，真理乃是主体无来无往、无始无终的认识过程。人类无法穷尽真理，而只能在过程中发现并感知真理。国家治理，自然也不能等到真理穷尽之日，才按照真理的面目设计、展

---

❶ ［德］黑格尔：《精神现象学》（上卷），贺麟等译，商务印书馆 1979 年版，第 12 页、25 页。

开。真理也不会提供那么一种人们所期待的面目或图景，为国家治理准备完备无遗的条件。如果国家治理只能在“绝对真理”的框架内解决，那么，人们对任何国家治理，都会以不符合“绝对真理”的要求而拒绝之、反抗之，从而国家治理也将荡然无存。所以，其效果与前一提问一样，在逻辑上都让人类安于现状，止步不前。

综上所述，既然“知无涯”是人类对天人关系、群己关系和身心关系无穷无尽的探索过程，那么国家治理就只能根据人们当下的认识能力和水平而展开。它既不是人们在浩瀚、复杂的天人关系、群己关系和身心关系面前的刻意退缩，也不是寻求除非尽善尽美，否则不加治理的吹毛求疵。它只能保持一种与人类当下的认知相呼应的局面。虽然这也并非国家治理亦步亦趋地随同或因循人们刻下之探索，与“知”而变，但它必然要求国家治理既不能无视人们当下的认知，也不能超越人们当下的认知，而应根据当下的认知及技术条件布局国家治理。国家治理中这种根据人们认知的现状展开和布局的情形，就是国家治理的循序原则。

四、在“唯一知”与“知无涯”之间：善治问题

“唯一知”与“知无涯”，看似一对矛盾，是在客观自省、谦抑自知与不畏艰险、一往无前之间不可调和的问题，但事实上，它们分别表现了人类的两种可协调的认知过程和态度：一方面，人类对客观对象的无限广延和无限复杂要有清醒的认知，要存有在最终意义上，人类是无知的这一“唯一知”；另一方面，人类要自信自身坚持不懈、锲而不舍的精神最终会导向对事实的切近，从而根据此种认知安排符合善的人世治理活动。

1. “唯一知”与“知无涯”的反对与互助

“明知山有虎，偏向虎山行”“越是艰险越向前”“明知不可为而为之”……这些俗语，皆在一定意义上表明了人类认知的一种状态：尽管“唯一知”的自省和谦抑是人类面对认知对象时的一种重要姿态，但这并非唯一的姿态。作为对这一姿态的制约，人类的另一姿态随之出现，那便是“知无涯”。因此，在两者的内在功能上，尽管存在其反对的一面，但更存在其互助的一面，并且其互助恰恰建立在其各自反对和自足的基础上。

说两者具有反对的一面，如前所述，“唯一知”与“知无涯”表明了人类对认知对象的两种截然不同的态度。前者所强调的是人类必须了解自己的无知，并且人类能真正达到绝对真理境地的认知，就是“知无知”，就是“唯一知”。除此之外，人类不可能在任何事项上达致绝对真理，实现对事物通透的、绝对的认知。所谓通透的、绝对的认知，一定是附了条件的。一旦相关条件撤除，则相关认知就不复存在。正是此种“唯一知”，决定了人类面对世界（对象）时的应有态度，那便是以谦抑的姿态对待自然、社会和自我。

但“知无涯”却表达的是另一种态度。这种态度的前提，并不是否定前一态度，而是说纵有前一态度，人类也不能止步于此。反之，以自强不息的姿态面对浩瀚无垠、变幻无常的事实，让主观世界深入客观世界之堂奥，并提供主体和客体之间存有明显张力时的“对话”与“合作”，是人类只要在对象世界中生存、交往和发展，就不得不关注的话题。或以为，客体世界是死的，不会说话的，人类如何与之对话？诚然，除了人类以外，上帝没有赋予任何对象世界以语言功能❶，但这并不意味着人类以其卓越的语言能力而压制对象、支配对象，事实上，此种卓越的语言能力，不过是人类用以客观陈述对象世界的工具，思想主体的语言本质所要表达的就是物质世界的“引力原理”。也许这正是把“思想实体”作为本质的笛卡儿哲学和把“终极粒子”作为禀赋的后牛顿学说产生勾连的缘由❷。

说其更存在互助的一面，首先是说，人们对“唯一知”的领悟，来自于其锲而不舍的认识努力。所以，“唯一知”不是人们空想的结果，而是其努力认知的结果。在人们不断追求的漫漫路上，人们深感其面对对象世界时的渺小。尽管在雨果的笔下，写出了“世间有一种比海洋更大的景象，那便是天空；还有一种比天空更大的景象，那便是内心活动”❸这样激励人心的句子，但当人心企图包裹宇宙万汇、社会万象时，只能浩叹“心有余而力不足”。所以，“唯一知”正是主体内心对客观世界过于膨胀并欲集万物于一心的必要收缩，它使得人类戒绝狂躁而更加诚实，以“科学”功

---

❶ 笔者注意到，在生物学界，这个结论是存疑的。现代生物学认为一些动物也有自己的语言，只不过可能没有人类的语言系统那样复杂，以目前的水平我们不能将动物语言完全解读而已。不过就算其他动物界有语言，但可以肯定，其与人类的语言不能相提并论。

❷ 乔姆斯基指出：“也许人们还没有充分领会到笛卡儿哲学和后牛顿学说之间，在下述方面所体现的方法论上的相似之处：前者假定了一种其本质是思想的实体；后者则承认引力原理是物质终极粒子的内禀属性，是支配物质运动的作用原理。”（见［美］诺姆·乔姆斯基：《语言与心智》，袁波译，中国人民大学出版社 2009 年版，第 8 页。）

❸ ［法］雨果：《悲惨世界》（上），李丹等译，人民文学出版社 2001 年版，第 226 页。海德格尔对此的说法是：“存在者之最宽广轨道在心灵的内在空间中在场。世界整体在这里以其全部的吸引而进入同样本质性的在场中。”（见［德］马丁·海德格尔：《林中路》，孙周兴译，上海译文出版社 1997 年版，第 312 页。）

夫，认识世界并对待人与世界的关系。可见，是人类的认识促成了“唯一知”的理念。这恰如“学然后知不足，教然后知困”❶。

同时，是人们的认知促成了其“唯一知”的自觉，但“唯一知”的自觉又进而推动人类所谓的好奇与探求。这就是人类的卓越和伟大之处：不能因为终极意义的无知而停止过程意义的知和求知，哪怕人类无可避免地行走“在通向语言的途中”，并且这是一条很容易迷失方向、甚至“突然断绝”的“林中路”❷。人类正是在这种日复一日、孜孜不倦的努力中，把失败作为成功的准备和一部分，把谬误作为真理的准备和一部分，以敞开的心态，直面同样敞开的客体和世界，从而由“唯一知”进入“知无涯”。这就是“唯一知”对“知无涯”的援助。这种援助，恰如失败对成功的援助，谬误对真理的援助。通过这样的援助，会实现古人所谓“知不足，然后能自反也；知困，然后能自强也”❸。

借此，就不难发现，正是“唯一知”与“知无涯”两者的各自存在和互助，导致了人们生活世界的基本场景，乃是由浪漫的修辞和严谨的逻辑共同缔造的，两者共同构成我们生存和生活不得不依赖的事实。“唯一知”的修辞之维是对知的极简化，其逻辑之维是提醒人们要有边界意识；“知无涯”的修辞之维是对知的无限畅

---

❶ 《礼记·学记》，载“宋元人”注：《四书五经·礼记集说》，中国书店出版社 1985 年版，第 198 页。

❷ 我们知道，海德格尔就有名著《在通向语言的途中》（孙周兴译，商务印书馆 1999 年版）和《林中路》（孙周兴译，上海译文出版社 2004 年版）。仅从书名上看，其极富隐喻性。在《林中路》中文版的扉页中，就以隽永的文字揭橥了这种隐喻：“林乃树林的古名。林中有路。这些路多半突然断绝在杳无人迹处。”

❸ 《礼记·学记》，载“宋元人”注：《四书五经·礼记集说》，中国书店出版社 1985 年版，第 198 ~199 页。

想，其逻辑之维是知的循序渐进。“唯一知”与“知无涯”的各自自足，不但不妨碍相互互助，而且还是互助的条件。这在 COVID－19 浓雾般的遮蔽和科学家、政治家、社会科学学者以及普通民众正努力追求拂去其重重迷雾的对垒中，得以重现。

2. 无奈疫情中的论争、探索与合作

此次 COVID－19 疫情，在生活于相对而言“持久和平”时代的我辈眼里，或许是前所未有的苦难经历、感怀至深的痛苦经历。截至 2020 年 5 月 4 日，全球累计确诊的罹患人数已超过 350 万例，因此罹难的人数累计已接近 25 万例。但这还不是终点，人类似乎还没看到其终点：一方面，它还在全球不少地方蔓延，人们依然无法预测它何时“息演”；另一方面，它的踪迹遍布全球各地，如今还没有报告传染相关病例的，在全球只剩下阿塞拜疆、朝鲜、莱索托等几个国家。故而它完全不同于地震、海啸、火山喷发、雪崩、火灾等自然灾害——因为后者通常在空间上是有限的，从而不会引发全球性恐慌；在时间上其结束是可以预期的，因此，不会引致不可预期的持久性恐慌；在举措上其是人们可以知其如何避免的，因此，不会引致逃无可逃、避无可避的那种恐慌。

难怪在疫情持续的这段时间里，人们围绕疫情，不断地引发诸多全球性的大争论。这些争论，不仅在学术界展开，而且在政界以及社会各界展开，不仅在理论认知上展开，而且在实践对策上展开。人类自从全球性交往以来，就从未停息过各种争论，但如此大规模且难以形成基本共识的争论甚是罕见。对此，世界政坛的常青藤基辛格，显明地以“新冠大流行将永远改变世界秩序”为题著文，并强调：

今天，我们站在一个划时代的历史节点。各国领导人面临的历史性考验就是：应对危机，同时创建未来。一旦考验失败，世界将引火烧身。[1]

一位中国学者接着基辛格的以上论述强调：

这次疫情对人类最大的改变，不在物质的层面，甚至都不在制度的层面，而是在我们的脑子里，是在我们内心里掂量事情的标准的变化。尤其是，在这个掂量的天平上，发展与安全的问题应当如何摆放？[2]

这些论述皆表明，当下世界面对的不只是病毒对人类的危害，而且更有经此危害，人类对既有治理结构的反思：在不同国家，人们已经开始反思既往治理的优缺点。有些国家在反思言论自由的过度管制和匮乏，对国家决策必然带来的威胁；有些国家在反思过分的党争和政党利益优先，在最需要团结的时候导致巨大的分裂，并严重干扰抗疫举措；有些国家在反思发达的医疗技术何以不能游刃有余地应对一场疫情……在国际上，人们开始比较面对紧急状态时制度的优劣：何以不同的制度都可能产生有效的治理结果，典型的如中国和韩国；何以同一制度下有些国家治理的相当有效，而有些国家的治理，又不能不令人遗憾！

这些处于困境中的论争给人的基本印象是：它不但未曾实现真理越辩越明的效果，反而呈现出某种越辩越乱的态势。它究竟变现

---

[1] ［美］基辛格：《新冠大流行将永远改变世界秩序》，凯莉译，载 https://baijiahao.baidu.com/s?id=1663181269393052708&wfr=spider&for=pc，2020 年 4 月 5 日访问。在该文中，作者强调："这种病毒对社会的穿透力是不分国界的。虽然病毒对人类健康的侵袭是一时的——至少希望如此，但它所引发的政治和经济动荡可能会持续几代人。"

[2] 孙立平：《疫后：安全思维，发展思维，两者位置会怎么摆?》，载微信公众号"孙立平社会观察"2020 年 4 月 11 日。

了人类的智慧还是“反智”？究竟“好得很”还是“糟得很”？笔者认为，任何轻率的结论在这里都是不可取的，但我们能够得出的结论是：它恰恰证明人类在COVID－19这样罕见的未知灾难面前，并没有得过且过地听从病毒来安排命运，而是以积极的入世态度去研究、认识病毒及其导致的社会巨大变化。这一过程不正显示的是“唯一知”与“知无涯”的交涉与互动吗？不正表明人类并未停留于“唯一知”，也并非盲目于“知无涯”，而是直面“唯一知”而努力在无涯之海中探求自然的、社会的、心理的新知吗？所以，在笔者看来，虽然出现如上种种完全不同的争论，甚至因这些争论产生了某种社会撕裂、国际冲突，进而改变既往的人际交往方式和国家关系模式，但它也表明人类并未因畏惧疫情而停止思考和探索。这种争论，总要比铁板一块的一言堂、单向度的“命令与服从”、畏首畏尾的逆来顺受更符合人的主体性存在及其本质要求。正是在这种探索和论争中，人类才有可能探索继续合作的必要条件，并根据这些条件展开合作。所以，在这种极其复杂的事体面前，可怕的不是争论，而是没有争论；低效的不是争论，而是没有争论；同样地，无益于“唯一知”和“知无涯”之间互助的不是争论，而是没有争论。

3. 人类知识与国家治理的善治原则

无论“唯一知”，还是“知无涯”，皆提示人们：人类对世界的认知只在过程中，也只“在路上”。因此，与此种认知相关的国家治理，不可能完全显现科学与理性的理想样貌，且事实上，科学与理性的理想样貌究竟是什么，这仍是言人人殊的话题。特别在交往行为领域，即便科学上存在所谓绝对真理，但当之运用于具体文化、社会以及个体的人及其交往时，便会有完全不同的效果。俗语云："萝卜白菜，各有所爱"。不能以苏杭的甜食为标准，要求全国，乃至全球的所有餐馆都效仿杭帮菜；同理，也不能以川渝的麻辣为标准，要求全国，乃至全球的所有餐馆都做成川菜。国家治理作为牵涉天人关系、群己关系和身心关系的规范调整活动，遵循科学原则，反对盲目冒进或毫无章法，自是必要的。但在科学之外，它更需要诠释和对话，从而在主体间形成共识，以便取得治理的可接受效果。而人们的共识，并不一定指向科学，有时所谓共识反而反科学。所以，强调共识并不是因为科学，而是因为治理成本的节约和治理效果的可接受。这种治理，就是"善治"：

善治就是使公共利益最大化的社会管理过程。善治的本质特征就在于它是政府与公民对公共生活的合作管理，是政治国家与公民社会的一种新颖关系，是两者的最佳状态。❶

在该论者看来，合法性、透明性、责任性、法治、回应以及有效，是善治的六个基本特征❷。这种对善治的理解所遵循的是与海外学者大体一致的思路。尽管这在一定意义上反映了一种事实，但置诸全球未免过于理想。故在这一论述基础上，笔者拟补充如下几点：

第一，善治的文化之维。善治是对规则之治的一种矫正和补充，因此，需要关注其文化之维。近代以来，人类最基本的治理方式是法治。离开法律，治理似乎就几无根据和标准，从而也无法有序地展开。一般认为，按照法治要求的治理也必须严谨而苛刻，必须是业已成熟的和来自西方的法治理念相吻合的法律的治理。按照

---

❶ 俞可平：《引论：治理与善治》，载俞可平主编：《治理与善治》，社会科学文献出版社 2000 年版，第 8 ~9 页。

❷ 同上书，第 9 ~11 页。

此种理念，则初民社会、乡民社会以及一些市民社会利用自生自发规则的治理就应予否定。显然，这种治理标准在强调治理的同时，把治理混同于法律的统治。不可否认，法律和法治是现代社会治理须臾不可分离的事体，但只有当法治不是一个封闭的自足体系，而是一个开放的与社会互动的互足体系的时候，它才能真正有力、有理且有效地作为国家治理的权威。这势必要求法治尽量避免过于泥古或泥洋，在遵循法律至上的前提下，当因循文化的要求，关注治理一般规则和治理的地方性、族群性的关联。在法律中吸纳、借鉴、借助地方性和族群性知识而展开国家治理，这样的国家治理才可谓之善治。这与前述论者有关“回应”这个概念的内涵相关。但论者所谓回应是指“责任回应”，而笔者在此强调的回应是指文化回应，与文化回应息息相关的族群—地方性知识[1]的回应，以及每个主体特殊文化需要的回应等。这看上去会导致治理陷入琐碎之境，但正是在琐碎细节上的有效治理，才能整体地彰显善治成果。

第二，善治的普遍参与之维。善治的文化之维，决定了要实现它，需充分商谈，从而需关注主体在善治中的普遍参与之维。显然，善治不是权威强制的治理，它需要方方面面之需要和关切能够得到满足，而这些需要与关切却每每是南辕北辙、互有冲突的。如何解决这种冲突？加达默尔的诠释理论和哈贝马斯的商谈理论，为一个主体多元的时代提供了通向善治的重要理论方案。如前所述，前者通过为理解和解释中的偏见正名开放了主体对世界的理解和解释，也深化了善治过程中决策者对主体特殊性的认知——这里的主

---

[1] “族群—地方性知识”这一提法，是笔者在格尔茨“地方性知识”基础上提出的改进型概念。见谢晖：《族群—地方性知识、区域自治与国家统一——从法律的“普适性知识”和“地方性知识”说起》，载《思想战线》2016年第6期。

体不仅指个体主体，而且指组织主体、地方主体、族群主体，在国际交往中甚至还包括了国家主体。既然每个主体都是带着其“合法偏见”而参与治理的，那么，治理本身就必须宽容“合法偏见”。“合法偏见”的表达场域，不在于每个主体的自我世界，而在于主体间的交往世界。这为商谈理论的进入，提供了基本条件。商谈理论意味着，在人们都拥有主体地位之前提下，人们之间只有遵循开放、自由和合乎规则的论辩，才能达到“视域交融”或“重叠共识”，进而实现“合法的”、有效的、稳定的社会治理。显然，善治的普遍参与之维，使每个主体都以“参与者”姿态进入治理结构中了。任何主体都不只是治理的对象，而且也是治理的参与主体。所谓治理，在此背景下就是自治、互治与他治的有机统一❶。

第三，主体妥协之维。善治在尊重科学理性的前提下，强调社会运作的多样性和纷争妥协。诚然，善治关注商谈，但其绝非不注重科学，更非拒绝科学。近代以来人类的所有活动，无论是主要针对自然的物质生产活动、主要针对社会的制度生产活动还是主要针对人心的道德—艺术生产活动，都把科学理性这一维度作为其重要、甚至主要维度。没有科学的加持和规范，就不可能实现近现代的国家治理，如果没有科学的参与和把控，经济运作的全球性市场交易、政治运作的全球性民主对话、文化运作的全球性多元交流，就只能使秩序成为一盘散沙，而无法维系任何一种人们所期待的自由有序的秩序景象。不过这并不意味着国家治理就是刻板地唯科学是从。与此同时，我们也知道民主在近现代国家治理中的决定意义。尽管民主与科学之间不存在根本的冲突，并且两者都声称遵循

---

❶ 谢晖：《自治、互治和他治》，载《法意与表达》，法律出版社 2014 年版，第 125～130 页。

真理的原则，但这并不是说两者之间根本不存在冲突。民主与科学之间事实上常常存在冲突，因为科学真理突出“一是一，二是二”，但民主却强调多数决定制。多数决定未必是“符合真理”的，而只能是诠释真理，或者以商谈为基础的“共识真理”[1]。在这种真理观下，人们的商谈行为能够取效的关键不在于全体同意，而在于能够妥协并形成有效决策。故能否妥协是观察治理是否为善治的另一重要维度。

在一定意义上，商谈与妥协是善治的王道，只要治理活动坚持民主原则，而不是所谓“一言九鼎、言出法随”，则科学与民主间所遵循的就不是同一原则、同一真理。科学坚持唯一性，民主坚持多样性，科学坚持符合真理，民主坚持共识真理。因此，民主参与的国家治理离不开主体间的商谈，也离不开主体间的妥协。这完全符合笔者论述的基本宗旨：在科学探索总是处在“唯一知”与“知无涯”的境地时，一劳永逸地使治理符合真理不过是治理的乌托邦。与其如此，不如退而求其次，在治理行为坚守科学参与和民主参与的同时，也把其视为人类认知过程中的“试错”活动，这一试错活动，是坚守交涉性的治理，也是坚守善治原则的治理。“唯一知”与“知无涯”客观上提供并满足了善治的条件——所谓善治就是置于程序中的公共的可协商、可对话、可妥协、也可接受的

---

[1] 共识理论强调论辩中“主张的有效性”和“基于理由的共识”或“体现理性意志的共识”。这两者，都嵌于交往行为中人们的语言实践中，因此，皆离不开语言。（见［德］哈贝马斯：《在事实与规范之间：关于法律和民主法治国的商谈理论》，童世骏译，生活·读书·新知三联书店 2003 年版，第 12～33 页；［德］尤尔根·哈贝马斯：《合法化危机》，刘北成等译，上海人民出版社 2000 年版，第 134～147 页；童世骏：《批判与实践：论哈贝马斯的批判理论》，广西师范大学出版社 2015 年版，第 91～104 页。）

治理。它的基本社会根据是所谓价值多元化的事实所带来的“合法性危机”；它的基本意义是把实践这一概念从技术领域位移到日常交往的生活领域时，人类在治理中不可避免的事实。

五、余论：全球善治，在技术和商谈之间

目下，人类仍然面临着 COVID－19 的严重威胁，这一威胁直接引致了人们对来之不易的全球化事实——经济的全球贸易、政治的全球对话和文化的全球交流以及在此基础上的规则（法律）的全球协商——更加深刻、广泛的怀疑❶。不过即便全球化在明面上面临着被削弱的危险，也不意味着现代治理从国别治理到全球治理的事实将一去不返、不复存在；相反，每个国家在强调国内治理的同时，无法不面对国家间的合作与交往。退一步讲，即使经济、政治和文化领域的全球化已被削弱到最低限度，也没必要、更无可能削弱人类在应对诸如 COVID－19 一类的灾难方面的合作。放弃这样的合作，意味着损人不利己，不符合人类最基本的理性权衡。因之，全球治理不但会继续存在，而且会成为每个国家内部治理的必要的组成部分，它不是国家治理在国际交往中的简单延伸，而是国际对话、交流、协商与合作中创造性事实，是必须认真对待的事

---

❶ 事实上，全球化和反全球化一直是伴生的，在既有的全球化过程中，对它的质疑也未见停息。如果把欧盟作为全球化在一个区域的典型表现，那么，英国脱欧就是一件典型的反全球化事件。而自从特朗普主政美国以来，这个曾作为全球化运动之引领者的国家，却一而再，再而三地选择退出有关国际组织、国际条约或双边协定，在一定意义上带头另起炉灶、“自我（美国）优先”，成为反全球化的最新动向。有关反全球化的论述，可见覃莉：《他们，反的是什么？——反全球化运动扫描》，《海外星云》2001 年第 24 期；［古巴］菲德尔·卡斯特罗：《全球化与现代资本主义》，王玫等译，社会科学文献出版社 2000 年版等。

实。而在全球治理中，自然会涉及全球治理的技术标准与实践商谈标准问题。下面分别作简要论述：

可以说，当代的全球治理既是技术治理，也是价值治理。即便技术治理，每每也被结构在价值的选择中❶。说全球治理是技术治理，表现在无论从商贸领域、文化领域还是政治领域看，既有国内法上的技术和程序规范予以保障，也有国际法上的技术和程序规范予以保障。这种保障建立的前提，就是人类已经掌握的知识——尽管这种知识不过是人类在“知无涯”过程中的阶段性成果，但于应对人类的阶段性治理而言，可谓相得益彰。法律必须建立在人类对对象的认知（知识）基础上，必须建立在人类业已掌握的事物规定性基础上。

但即便是这样的技术治理，也经常受制于价值制约。一个典型的现象是在美国 COVID－19 疫情大规模暴发的初期（2020 年 3 月初—4 月初），一方面是病患数量的急剧增加，另一方面却是应急物资的严重匮乏。可在 4 月 3 日之前，美国食品药品管理局（FDA）却拒绝中国生产的与美国 N95 口罩功能几乎相同的 KN95 口罩进入美国（而与此同时，美国一方面截留根据合同要出口给其

❶ 尽管哈贝马斯在阐述科学与技术本身的意识形态之维时强调：“技术统治论的命题作为隐形意识形态……甚至可以渗透到非政治化的广大居民的意识中，并且可以使合法性的力量得到发展。这种意识形态的独特成就就是，它能使社会的自我理解……同交往活动的坐标系以及同以符号为中介的相互作用的概念相分离，并且能够被科学的模式代替。同样，在目的理性的活动以及相应的行为范畴下，人的自我物化……代替了人对社会生活世界所作的文化上既定的自我理解。”（见［德］哈贝马斯：《作为“意识形态”的技术与科学》，李黎等译，学林出版社 1999 年版，第 62 页。）但在笔者看来，这只是哈贝马斯基于晚期资本主义事实的一种描述。如果放眼当下之全球，则科学技术不仅被意识形态化，而且因为文化、族群、政治结构的轩轾、扞格，其被很不相同地意识形态化。

他国家，如德国、法国、加拿大的口罩，另一方面下令其企业3M公司不得出口口罩，哪怕该公司的口罩是在海外生产，并专门用于出口的[1]）。直到其抗疫物资实在难以应付指数式增长的疫情，该机构才改口准许KN95口罩进入美国[2]。这一典型个案提示我们当技术治理受制于价值需要时，全球治理必须引出实践商谈原理。这是因为尽管技术本身是客观的，但技术运用、技术利益、技术接受、技术意识形态等都无可避免地把价值因素和主观欲望代入其中，因此，商谈在这里的出场，就近乎必然。如果没有商谈，那就只能有一种选择，即“压制的被接受”。但商谈理论却不同，它以理想的言谈情境为前提，以“共识真理”为目标，以人们的“可接受性”为最终效果：

对规范有效性要求的话语兑现的期望已经包含在主体间性结构当中，从而使特意引入的普遍化原则变得多余，那么，由于道德原则的引入而产生的争端就能够得到消除。在接受实践话语的时候，我们必然会设想一个理想的言语情境。这种理想的言语情境凭借自己的形式特点只容纳一种能够代表普遍利益的共识。认知主义的语言伦理学根本不需要任何原则，它完全是建立在理性言语的基本规范上。如果我们终归要进入话语的话，我们就一定要预先设定这些规范。可以说，普遍语言的这种先验性能够在普遍语用学的框架内加以重建。

如果在这些条件下，通过论证，也就是说，通过假说所提出的

---

[1] 吴美依：《美国全球没收口罩被控海盗！川普下令3M禁出口：将付出巨大代价》，载http：//www.bjseo.org/guoji/288615.html，2020年4月30日访问。

[2] 《确诊超58万！美国FDA紧急授权大批中国KN95口罩，曾拒绝“中国标准”进入美国》，载中国经济周刊，https：//baijiahao.baidu.com/s?id=1663929808485819659&wfr=spider&for=pc，2020年4月4日访问。

可选择的证明，产生了一种关于接受某个规范建议的共识，那么这种共识就体现了一种理性的意志。❶

诚然，哈贝马斯的这种商谈伦理，多少有一些“乌托邦”特色❷，但与此同时，它也切中了我们时代的多元化、全球化所带来的合法性危机这一症结，并且也指出了克服此种危机的基本方式——商谈、对话与合作。在这个主体化、多元化、全球化的时代，无论推进国内的善治，还是实现全球的善治，商谈总比矜持好，对话总比对抗好，合作总比拆台好。只要人类始终处在“唯一知”和“知无涯”的过程中，只要人类对知——技术准则的运用总是脱不开其价值制约，那么，在尊重知识和技术的同时坚守商谈的原则，就是实现国家治理、全球治理能够坚持谦抑原则、循序原则，特别是善治原则的基本伦理要求。

——写于 2020 年 5 月 13 日

❶ ［德］尤尔根·哈贝马斯：《合法化危机》，刘北成等译，上海人民出版社 2000 年版，第 143 页。

❷ 章国锋：《一个关于公正世界的“乌托邦”构想——解读哈贝马斯〈交往行为理论〉》，山东人民出版社 2001 年版，第 1 页。

“例外生存”与“自由死亡”的治理决断

——基于“阿甘本命题”的思考

一、弁言

1942年出生的阿甘本是目前意大利哲学界执牛耳的人物之一，也被认为在生命哲学—生命政治领域，是与福柯一样具有全球代表性的人物。但在10年前我国的学术界，他似乎并没什么重要影响，尤其与福柯在我国大陆近30年来持续性的隆誉相比，其反响可谓有些寂寥❶。但近10年间，阿甘本大有“热起来”的趋势，其大

❶ 值得注意的是，目前大陆学界有关阿甘本的研究，每每与福柯联系在一起。如《生命权力：福柯与阿甘本》（上、下），载《国外理论动态》2007年第7期、8期；汪民安：《福柯、本雅明与阿甘本：什么是当代?》，载《马克思主义与现实》2013年第6期；吴冠军：《生命政治：在福柯与阿甘本之间》，载《国外马克思主义研究》2015年第1期；莫伟民：《阿甘本的“生命政治”及其与福柯思想的歧异》，载《复旦学报》2017年第10期；成红舞：《阿甘本思想探源之一种：福柯对阿甘本的影响》，载《文化与诗学》2017年第1期；郭伟峰：《福柯与阿甘本生命政治理论的根本区别——基于“生命”概念的视角》，载《马克思主义与现实》2019年第1期等。当然，专门研究阿甘本的论著也不少，如吴冠军：《阿甘本论神圣与亵渎》，载《国外理论动态》2014年第3期；姚云帆：《论阿甘本Homo Sacer概念的含义》，载《马克思主义与现实》2015年第1期；蓝江：《论阿甘本关于生命政治的阐释》，载《江西社会科学》2016年第9期；张一兵：《遭遇阿甘本——赤裸生命的例外悬临》，载《社会学研究》2017年第1期；谭嘉仪：《论阿甘本关于生命政治的阐释》，载《美与时代（下）》2018年第1期等。

量著作被译为中文就是明证❶。在我国哲学界和法学界，也有了研究其相关思想的专门著作❷。

这样一位久负盛名、活跃在国际舞台上的哲学家，面对似乎使世界陷入泥潭的 COVID-19，不表达其独特而又卓绝的意见，几乎是不可能的，更何况其以研究“例外状态”而名噪于世。我们知道，面对这次疫情，学者们已分别从政治哲学、社会哲学视角进入，做过许多广泛的思考和论述，也给人以深刻启迪，因为它不但表明人类历史上一再发生的瘟疫大流行，往往决定着一个地区、一个国家，乃至全人类文明的走向，而且表达了当下人们，特别是站

---

❶ 笔者手头所掌握的翻译为中文的阿甘本著作就有如下 24 种：《幼年与历史：经验的毁灭》（尹星译，河南大学出版社 2011 年版）；《潜能》（王立秋等译，漓江出版社 2014 年版）；《例外状态：〈神圣之人〉二之一》（薛熙平译，西北大学出版社 2015 年版）；《无目的的手段：政治学笔记》（赵文译，河南大学出版社 2015 年版）；《神圣人：至高权力与赤裸生命》（吴冠军译，中央编译出版社 2016 年版）；《剩余的时间：解读〈罗马书〉》（钱立卿译，中央编译出版社 2016 年版）；《语言的圣礼：誓言考古学》（蓝江译，重庆大学出版社 2016 年版）；《宁芙》（蓝江译，重庆大学出版社 2016 年版）；《万物的签名：论方法》（尉光吉译，中央编译出版社 2017 年版）；《渎神》（王立秋译，北京大学出版社 2017 年版）；《裸体》（黄晓武译，北京大学出版社 2017 年版）；《论友爱》（刘耀辉等译，北京大学出版社 2017 年版）；《我，眼睛，声音》（王立秋译，漓江出版社 2017 年版）；《阿比·瓦堡与无名之学》（王立秋等译，漓江出版社 2017 年版）；《巴特比，或论偶然》（王立秋等译，漓江出版社 2017 年版）；《王国与荣耀：安济与治理的神学谱系》（蓝江译，南京大学出版社 2021 年版）；《普尔奇内拉或献给孩童的嬉游曲》（尉光吉译，西南师范大学出版社 2018 年版）；《奇遇》（尉光吉译，西南师范大学出版社 2018 年版）；《内战》（蓝江译，河南大学出版社 2018 年版）；《敞开：人与动物》（蓝江译，南京大学出版社 2019 年版）；《语言与死亡：否定之地》（张羽佳译，南京大学出版社 2019 年版）；《什么是哲学?》（蓝江译，上海社会科学院出版社 2019 年版）；《彼拉多与耶稣》（蓝江译，河南大学出版社 2019 年版）；《来临中的共同体》（相明等译，西北大学出版社 2019 年版）等。如此密集地翻译出版一位学者的著作，这在我国近年来有关国外思想家著作的翻译和研究中，是极为罕见的。

❷ 张一兵：《遭遇阿甘本：赤裸生命的例外悬临》，南京大学出版社 2019 年版；张宪丽：《阿甘本法律思想研究》，法律出版社 2016 年版等。

在时代前沿的思想家们对我们坚持已久的一种理念的深刻担忧，那就是对自由主义理念下的国家开放，以及在此种开放中导致的全球化——经济领域的全球贸易、政治领域的全球对话和文化领域的全球交流的深刻担忧。当然，在哲学家阿甘本的笔下，激进地流露出对其浸淫已久的那个话题——“例外状态”日常化的道德担忧。

我们知道，作为哲学家的阿甘本，曾专注于对民主—自由政体之“例外状态”（紧急状态）的研究。他的一部学术名著即径直起名为《例外状态》❶。在此次COVID－19蔓延到意大利，导致当局采取紧急状态措施的初期，阿甘本就著文谴责政府的行为“疯狂、不合理、毫无依据”，是一种“无端的紧急状态”所带来的“例外状态”，因为这种“例外状态”并非是必要的，而是政府管制欲求诱致，并借助了民众对恐惧的拒绝和对安全的渴望：

> 人们渴望安全，于是接受了政府对个人自由的限制；然而让人们产生这种渴望、并采取措施加以满足的，恰恰也是政府。❷

虽然可以肯定，这些文字是阿甘本在意大利采取紧急状态的初期，疫情形势似乎不那么严峻时的一时激愤之词和对“例外状态”的误判（其意见的理论背景不在这篇文字中，而在于他对于“例外状态”的一贯思想和主张中），但之后他发表的多篇文章❸，仍然

---

❶ ［意］吉奥乔·阿甘本：《例外状态：〈神圣之人〉二之一》，薛熙平译，西北大学出版社2015年版。

❷ ［意］吉奥乔·阿甘本：《由无端的紧急情况带来的例外状态》，载https：//www. douban. com/note/752188942/，2020年4月11日访问。

❸ 除了上述文章之外，阿甘本在2020年3—4月，还陆续发表了多篇相关文章，并多次接受采访。这些文章和访谈主要有：《论感染》（3月11日）、《声明》（3月17日）、《疫病时期的哲学》（3月24日）、《反思瘟疫》（3月27日）、《论社交距离》（4月6日）等。

捍卫其基本立场，强调封城闭国，会导致“人际关系的恶化。一个‘他人’，不论是谁，不论是不是亲近的人，都不可以靠近、也不可以接触……‘邻人’不复存在”❶。因而，他坚决反对以疫情或其他因由制造所谓“例外状态”，认为那只是“通过悬置生命来保护生命”的方案，它会导致人们“生活在一个为了所谓的‘安全理性’而牺牲自由的社会里，并且将被迫永远生活在恐惧和不安状态中”❷。他的这些观点，一言以蔽之，在于提防“例外状态”的日常化。我把他的这些判定，称为“阿甘本命题”，也可称“例外状态”下的“赤裸生命”命题。

如前所述，这一命题的核心用阿甘本的话来说，就是例外状态将会导致人们“生活在一个为了所谓的‘安全理性’而牺牲自由的社会里，并且将被迫永远生活在恐惧和不安状态中”❸。其实，由“阿甘本命题”所引出的不仅是“例外生存”及其治理决断问题，而且涉及“自由死亡”——它是指为了自由，人们面对疫情而义无反顾奔向自由，从而也可能与平时相较更容易奔向“自由的死亡”（即便死亡是人的必然归宿，人们也要“面死而生”——经由生的通道而面对死亡，而不是莽撞地罔顾生命、甚至丢弃生命而直接赴死）。

如果说“例外生存”乃是在例外状态下人们寻求最大的生命安全，从而退一步、进两步地寻求人类更大的自由的话，那么，“自

❶ ［意］吉奥乔·阿甘本：《论感染》，载微信公众号“WUXU”2020 年 3 月 18 日。

❷ ［意］吉奥乔·阿甘本：《阿甘本再论疫情》，载微信公众号“WUXU”2020 年 3 月 29 日。

❸ ［意］吉奥乔·阿甘本：《阿甘本再论疫情》，载微信公众号“WUXU”2020 年 3 月 29 日。

由例外”就是这一“例外生存”的必要条件。因之，所谓例外状态，突出地表现为“自由例外”，相应地也表现为“权力例外”。所谓“自由例外”，乃是指在例外状态下，人们的自由以及表达自由的形式规范——权利受到了自我的或者权力的克减，从而日常状态下的权利及自由，成为例外状态下的义务和秩序——日常状态下人们不需要戴口罩，但在例外状态下，戴口罩成为强制命令……所谓“权力例外”，则是和日常状态下的权力相较，例外状态的权力范围明显扩张，力度明显增强，从而出现由权力主导，而不是民主主导的国家治理格局。其他社会主体对社会治理的参与，在很大程度上只是配合强大的权力之作为。如上两个方面，正是阿甘本所特别担心之所在：

这场流行病明白无疑地表明了，过去政府在个别时候让我们适应的例外状态已经真正地成为一种常态。过去曾经有过更加严重的流行病，但是从未有一个像现在这个一样能够被作为宣布一种紧急状态的原因，限制我们的流动。人们如此习惯于生活在永久的危机和永久的紧急状态中，以至于他们甚至没有注意到他们的生命已经被限制在完全的生物的状态，不仅失去了所有社会和政治的维度，更失去了人性和情感。一个处于永久的紧急状态的社会不可能是一个自由的社会。我们实际上生活在一个为了所谓的“安全的原因”而牺牲了自由的社会中，并因此使自己陷于永久的恐惧和不安全的状态。[1]

尽管阿甘本的担心不无道理，但仅就此次 COVID－19 而言，

---

[1] ［意］吉奥乔·阿甘本：《阿甘本对自己关于新冠病毒言论的澄清》，Constantius 译，载 https：//zhuanlan. zhihu. com/p/142161204，2020 年 8 月 5 日访问。

其有些说法却言过其实，因为最近大半年来的事实业已证明，被阿甘本所诟病的那些治理举措，恰恰是通过对人们权利和自由的依法克减，对政府权力和治理权限的依法扩大和强化得以保障人民的生命安全，进而实现其更大的自由之必要举措。所以，前述“自由例外”与“权力例外”，在实质上乃是紧急状态法的必然要求。然而，问题是在阿甘本的笔下，紧急（例外）状态乃是对日常法律的一种打断和悬置状态。[1] 因此，它不但不应被扩大其作用和范围，而且应当力求限制，甚至避免。哪怕在 COVID－19 这样的紧迫紧急、危害全人类安全和健康的疫情面前，治理也应遵循开放的自由原则（本文称之为“自由的生命安全”），而不是遵循封闭的安全原则（本文称之为“公平的生命自由”）。

虽然阿甘本在疫情期间所发表的文章，要么是访谈，要么是“小豆腐块”，但由于他对“例外状态”的权威研究，加之他在意大利，乃至整个欧洲哲学界的地位，特别是这些文章字里行间旗帜鲜明地对政府所采取的封城锁国政策的强烈不满和批评，迅速引起欧洲，乃至印度和中国思想家的回应[2]。有些学者坚决反对他，称

---

[1] “……必要状态（status necessitatis），以例外状态与革命这两种形式，显现成为一个暧昧而不确定的地带：其中超法律或反法律的事实性程序过渡为法，而法规范与单纯事实之间亦彼此混淆——也就是说，作为一个其间事实与法仿佛变得无法决定的门槛。如果，在例外状态中事实被转化为法的论点已经被有效地提出……那么相反的论点也可以成立，亦即一个逆向的运动也在例外状态中作用着，使得法在事实之中被悬置和涂销。无论如何，关键都在于一个无可决定性的门槛被创造了出来，其间事实（factum）与法（ius）相互隐没到对方之中。”（见［意］吉奥乔·阿甘本：《例外状态：〈神圣之人〉二之一》，薛熙平译，西北大学出版社 2015 年版，第 40 页。）

[2] 王悦：《因为疫情，欧洲哲学家们吵翻了!》，载微信公众号“南风窗”2020 年 3 月 31 日。其中中国学者的讨论，主要有张生针对韩裔德国哲学家韩炳哲在《为什么东亚对疫情的控制比欧洲有效?》（苏子滢译，载 https：//www.

其质疑是“在新冠病毒上的无知和愚蠢”，是“一种病态的厌恶”❶，是“阿甘本的失败”❷；而有些学者则为其认真辩护，认为阿甘本的反思“能阻止我们像接受日常事务一般接受当前的紧急措施以及生命政治的实践和政策”❸且不论这些思想家和哲学家在论战中具体表达了何种观点，仅就此次疫情期间的思想脉络而言，如何理解紧急状态下的“例外生存”？与此同时，阿甘本的这种策略在实践中的结果是什么？事实证明，它只能是一种开放“自由死亡”的策略。面对这种“自由死亡”，治理者果真能听之任之吗？可供治理者选择的方案究竟有哪些？何种方案可能会是最佳方案？“自由例外”是抛弃自由，还是通过保障生命安全而拯救自由？如上种种问题都是特别值得关注的话题。下面笔者将围绕这些问题，并结合“阿甘本命题”加以探讨。

二、“例外状态”及其治理决断

说到“例外生存”，还需要从“例外状态”谈起。我们知道，“例外状态”作为一种事实，是日常状态的对称。在政治领域，无

（接上注）thepaper. cn/newsDetail_forward_6676893，2020 年 5 月 24 日访问）中的观点，发表了《与韩炳哲商榷：儒家文化真的从新冠中拯救了东亚吗?》，载 https：//www. thepaper. cn/newsDetail_ forward_6695421，2020 年 5 月 24 日访问。由于韩炳哲的文章涉及阿甘本，故张生的文章，也可视为其间接地参与了这一论战。

❶ ［英］阿纳斯塔西·伯格：《阿甘本在新冠病毒上的无知和愚蠢》，载 https：//kuaibao. qq. com/s/20200402AZPVKW00？refer = spider，2020 年 5 月 13 日访问。

❷ ［意］保罗·达凯斯：《哲学与病毒：阿甘本的幻觉》，张羽佳译，载微信公众号“保马”2020 年 3 月 21 日。

❸ Lukas van den Berge，*Biopolitics and the Coronavirus*：*in Defence of Giorgio Agamben*，2020 -03 -31，http：//blog. montaignecentre. com/index. php/2467/biopolitics - and - the - coronavirus - in - defence - of - giorgio - agamben -2/，2020 -05 -24.

论中外还是古今，都不可避免会存在“例外状态”。但在理论上认真对待它的首先是施密特。在《主权的定义》一文中，施密特开宗明义这样界定主权：“主权就是决定非常状态”；在《政治的神学》一文中，他进一步指出：“专政就是没有商量。它属于柯特所讲的决断论，它假定极端状态并预期末日审判。”[1] 这样一来，似乎主权的重要功能，不是用来应对日常状态，而是用来应对非常或例外状态。这诚如在司法的职能中，最显耀的所在不是用来处理日常状态的纠纷，而是处理疑难、复杂状态的纠纷一样。

1. “例外状态”与“例外生存”

“例外状态”是“日常状态”之对称。从人类的认知水平来说，“例外状态”，是指人们的认识无法准确地通过制度或其他机制预期并应对的客观状态，即“例外状态”意味着客观情由尚未被内化和主体化，反而是外在于主体的事实。从人类的应对水平来说，“例外状态”意味着权力无法裕如从容地应对的紧急事项，故只能以宣布紧急状态的方式，并通过强化权力，克减权利的手段以应对之。可见，“例外状态”，可分为事实的“例外状态”与法律的“例外状态”。前者指发生了一种足以给一定时空范围内（其空间范围一般为主权国家或其具体地区，如 COVID－19 严重暴发地意大利的伦巴第大区。当然，危险一旦波及全球，就构成典型的“全球事务”）的人们带来危险的事实；后者指主权者或公共权力针对事实的“例外状态”，所采取的完全不同于日常法律规制的应对手段。由后者所致的、人们在国家权力强烈干预和保障下的相对安全

[1] ［德］卡尔·施密特：《政治的概念》，刘宗坤等译，上海人民出版社 2003 年版，第 6 页、53 页。

空间中之生命状态，可谓之“例外生存”（可见，“例外生存”与“赤裸生命”“神圣人”有所不同）。因之，作为复杂、疑难事体的“例外状态”之于法政，恰如复杂、疑难案件之于司法，它更能清晰地照见法政的本来面目。

2. COVID-19，为“例外生存”辩护

然而，不能不思考的是：虽然阿甘本因为政府应对 COVID-19 疫情之举措，以激愤之词严厉批评这种使人类尊严严重受挫，使生命质量趋向低级的情形，但毕竟这是一场在生存还是死亡之间的抉择。尽管在终极意义上，有生必然有死，人同万物一样，都是向死而生的存在，但面对真实的死亡威胁，人类究竟应自由地慷慨赴死，还是自我节制地卑微求生？政府究竟应当根据有限的认知竭力保障公民鲜活的生命——哪怕因之牺牲一些权利、尊严以及邻里关系，还是放任公民生命任由病魔吞噬——哪怕这种死亡表现得大义凛然、视死如归？我想，这似乎不是什么难解的问题。在有可能选择生存时，一般的情形下，人们怕是不会优先选择死亡的；之于政府，照例如此，在有可能选择竭力保障公民的生命安全时，不会优先选择放任公民生命的“自由死亡”——因为政府毕竟为人民的需要而设。

毫无疑问，阿甘本对“例外状态”可能变成日常状态的担忧令人感同身受，但其过于执着于对“例外状态”的担忧，则可能陷入一种对自由的自大和自负。众所周知，身体的安全是一切安全——包括自由安全、交往安全的基本前提。故与其担心“‘邻人’不复存在”，不如关注生命是否存在。后者是前者之基础，前者是后者的延伸。生命不存，“邻人”焉在？其实，这种关注要求人们回到常识：常识强调个体生命存在的意义高于“邻人”间关系，甚至高

于自由——自由伦理是生命伦理的重要的，甚至是最重要的组件，但不是其全部组件。

中国有句俗话，叫“好死不如赖活着”。自表面看来，它确实没有“生命诚可贵，爱情价更高。若为自由故，两者皆可抛”❶来得高尚，但它表达了存在者的普遍追求——“活着”才是生命的常识，以自由状态或其他更为高尚的状态活着，那只是“活着”的副产品。所谓“留得青山在，不愁没柴烧”讲的正是东方的这种生命智慧和生存追求。政治和权力的使命，不仅要保护把精神自由和无间距社交凌驾于生命之上的那些精英，而且同时要、甚至更要保护那些把“活着”凌驾于一切其他价值之上的芸芸众生。这正如世界卫生组织助理总干事兼 COVID－19 项目负责人布鲁斯·艾沃德（Bruce Aylward）所言：

如果我感染了冠状病毒，我会去中国。他们知道如何让人们活下去。❷

所以，面对如此复杂的疫情，响应建立在科学判断和一视同仁基础上的公共防疫举措而“例外生存”，总比为了求得毫无意义的一时自由而死于非命、白骨露野要好。这是一个常识判断不能想象：一位在书斋中论证并鼓吹在渎神和污秽世界中“幸福生命”的人❸，面对此种生死存亡的大关节，还能够平静以对，毫无涟漪。

---

❶［匈］裴多菲：《自由与爱情》，《裴多菲诗选》，张清福等译，花山文艺出版社 1997 年版，第 80 页注。

❷［美］阿吉特·辛格：《新冠病毒危机与中国应对：替代以美国为首的新自由主义秩序是可能的》，王晓青译，载微信公众号“World Communist Parties”2020 年 4 月 6 日。

❸［意］吉奥乔·阿甘本：《渎神》，王立秋译，北京大学出版社 2017 年版，第 1 页。

即便他自己能够做到，却未必能要求别人也做到，特别是不能要求他的亲人、朋友、邻人和他一样对待“自由的”形式生命。何况自由并不只是结交邻人、随意外出、无限交往……这一个向度，事实上，愿意接受隔离、居家，外出戴口罩、保持社交距离——只要这是公民认可的结果——即使出于无可奈何，又何尝不是自由的另一个向度？对此，已经有人著文写道：

被阿甘本打了折扣的是人们实际上可能想留在家里，以免将病毒传播给他人。他们可能不想见他们的朋友以保护他们，并且出于对其他顾客的尊重而放弃去餐馆、酒吧、酒馆和俱乐部。信众可能选择远离教堂、清真寺、寺庙、神社和谒师所（锡克教的神圣之地——笔者注），以免感染其他信众。这样一来，留在家里的人可能是一种新兴的全球伦理的构成要件；在面对生存威胁时基于相互脆弱的团结：没有主权的人类安全。[1]

就连阿甘本的同道，和他一样在欧洲左翼阵营中声名卓著的思想家齐泽克，也表现出完全不同于阿甘本那种在疫情面前对待生命、对待死亡的态度：

从某种意义上来说，死亡不是生命的一部分，它是不可想象的，是不应该发生在我们身上的。我永远不会真的准备好去死，除非是为了逃避无法忍受的痛苦。[2]

由此可见，“例外状态”尽管是一种令人不适、反感，甚至恐惧的状态，也是在绝对权力之神圣帷幕下的“赤裸生命”状态，它

---

[1] Giorgio Shani, *Securitizing “Bare Life”? Human Security and Coronavirus*, 2020－04－30, https://www.e－ir.info/2020/04/03/securitizing－bare－life－human－security－and－coronavirus/, 2020－05－13.

[2] ［斯洛文尼亚］齐泽克：《不要期待事情会恢复正常，新冠危机会持续下去》，载 http://culture.ifeng.com/c/7wHD5PW4RXM，2020 年 5 月 13 日访问。

是一种“生命政治”，且不是一种足以给人带来幸福感和自由感的生命政治，然而，两害相权取其轻。在人类认知无以自如地应对和克服 COVID－19 疫情给人类带来的巨大死亡威胁之情形下，在死亡并不是，或者并不必然是“生命的一部分”的情形下，人们无以选择一种至善，就只好选择一种次善。在紧急状态下，对绝大多数人而言，惶恐不安地得以生存，并图未来“自由的”形式生命，好歹比慷慨激昂地强调“哪怕前面就是死，我也毫无畏惧”要来得更现实，也更真实。毕竟完全符合理想的自由生存/生活，抑或“自由死亡”，不过是由蔑视医学知识的一些人推动的❶。之于普罗大众，与其“自由而死”，毋宁“例外而生”，毕竟“好死不如赖活着”，生命的本质，是先活着，而后自由地活着。

3. 权力君临的“赤裸生命”？

COVID－19 疫情期间，有关“赤裸生命”的所有争论最终都归结为对政府紧急治理的态度。在阿甘本论“神圣人”的传世著作中，其副标题是这样的：“至高权力与赤裸生命”，从而将“赤裸生命”与“至高权力”紧密勾连起来。即便没有拜读过这部著作，但大体了解阿甘本思想的人也不难透过这一命名猜测阿甘本的思想倾向：是利维坦这种至高权力，通过对精神的内在控制和对身体的外在控制，悬置法律、劫掠自由、垄断交往，从而使自由的形式生命堕为“赤裸生命”，使自由状态变为专断状态，使日常生活导向

---

❶ 齐泽克指出：“人们应该注意到，要求取消封锁的呼声来自传统政治光谱的对立两端。在美国，它们是由自由意志主义右翼分子推动的；而在德国，一些小型左翼团体在支持它们。”（见［斯洛文尼亚］齐泽克：《不要期待事情会恢复正常，新冠危机会持续下去》载 http：//culture. ifeng. com/c/7wHD5PW4RXM，2020 年 5 月 13 日访问。）

非常生活。因之，至高权力的担当就是保障“赤裸生命”，即在至高权力君临时“保护公民的‘赤裸生命’被提升为一项超越一切的政府任务，大多数人似乎没有意识到他们的生命现在面临着被降格为‘纯生命状态’，失去其社会和政治层面的危险”❶（但在笔者看来，与其说其保障的是“赤裸生命”，不如说其寻求的是“例外生存”）。

以上所引的论述，并不全是来自各国政府应对 COVID－19 的启示，其更来自于人类长期遭受战争、内乱、经济萧条、瘟疫及其他形形色色的自然灾害时，权力不可避免地加诸其中，管制社会、克减自由的事实，因此，其学说亦由来有自。其中在 20 世纪，施密特就根据其时代对于游击队的独特体验和描述，以及对分清敌我的政治观的执着而强调指出：

……最终的危险根本不在于毁灭手段和预想的人性之恶的现实存在。危险在于一种道义强迫的不可回避。那些对其他人使用毁灭手段的人觉得，自己被迫要从道义上消灭这些其他人——他们的牺牲品和客体。他们必须将作为整体的对方宣布为犯罪和非人性，说成彻底的非价值，否则他们自己便是罪犯和非人（Unmenschen）。价值与非价值的逻辑发展出他们整个的毁灭性结论，并被迫不停更新、深化对所有无生命价值的歧视、罪犯化和贬低，直到赶尽杀绝为止；

规定价值的，就其价值所规定的而言，始终是非价值（Unwert）；非价值规定的意义是消灭非价值。❷

---

❶ Lukas van den Berge，*Biopolitics and the Coronavirus：in Defence of Giorgio Agamben.*

❷ ［德］卡尔·施密特：《政治的概念》，上海人民出版社 2015 年版，第 435～438 页。

到了阿甘本，上述情形就被解释为不是一种个别现象，而是一种普遍现象——无论过去还是现在，无论在东方还是在西方，也无论在专权体制下还是在自由体制下。几乎凡是有至高权力存在之处，就必然有“赤裸生命”相伴而生。所以他写道：

每个社会都决定了它的“神圣人”将是谁——就连最现代的社会也如此。甚至有可能，自然生命在国家司法秩序中的政治化和纳入性的排除（exceptio）所依赖的这个界限，所做的仅仅只不过是将自身延展到西方历史中，并且现在——在具备民族主权的国家的新的生命政治视域中——已进入每个人的生命和每个公民之中。赤裸生命不再局限于一个特殊的地方和一个确定的范畴。它现在存在于每个活着的存在的生物性身体内。[1]

诚然，人类在例外状态下面临着种种不堪和不安——无论加强版的权力运作，还是删削版的权利事实，都令人不堪，也令人不安。这从当下世界各国政府和人民面对 COVID－19 疫情的行为中明显可见。放眼今日全球，无论是施密特有关政治就是“划分敌友”的论断，还是阿甘本“神圣人”（“赤裸生命”）的论断，都得到了一定的验证——但显然，这并不是否定在例外状态下国家紧急治理的理由。更何况紧急治理，并不仅是至高权力的决断，同时也有普罗大众的参与。同时，这种决断和参与，不仅是在制造“赤裸生命”，更是通过“例外生存”的生命保全，并借此以图人们更为自由和幸福的生活，以提升形式生命的境界，甚至也可以说，遭逢灾难而委屈地应对，是形式生命的一部分。

生命存在的根本，在于其活力。只有活着，才能设想生命的其

---

[1] ［意］吉奥乔·阿甘本：《神圣人：至高权力与赤裸生命》，吴冠军译，中央编译出版社 2016 年版，第 189 页。

他瑰丽追求。这是一个并不高尚的论断，但对生命高尚的精加工而言，绝非多余。固然，至高权力出面的治理，一定是对自然状态的人为改变，无论在日常状态，还是在“例外状态”，只要权力君临天下，就一定是自然状态旧貌不再，“例外状态”新颜永驻。所以，本雅明所书写的历史哲学，就是奠基于所谓“例外状态”的：

被压迫者的传统教导我们，我们生活其中的例外状态（ausnahmezustand）就是法则。我们必须得出与这一事实相应的历史概念。因此我们要把真正的例外状态的生产作为一个任务摆在我们面前。❶

然而，权力君临天下的重要前提是精神存在——人类智慧启迪的结果。因此，无论精神存在者自由地创造或鼓吹何种样的理论——经验的、抑或理性的，自由的、抑或专断的，个人主义的、抑或社会主义的，资本至上、抑或劳动至上，人权主义、抑或神权主义……权力的历史，不过是精神历史的制度投射。因此，当至高权力的运作必然改变自然状态，导向“例外状态”时，不得不说，一切精神产品（学术理论，下同）的运用，其结果亦复如是。或许正是在这里，我们才能真正体会老聃在两千五百年前，就因对“异化”的深刻提防而强调要复返那种“绝圣弃智”❷ 的自然状态。吊诡的是，老聃的智慧以及那些一切提防、拒绝智慧的智慧，归根结底都是智慧，归根结底都在改变着人类存在的自然状态，并事实上为人类进入“例外状态”创造精神条件，进行理论准备。在这一点

---

❶ ［意］吉奥乔·阿甘本：《阿比、瓦宝与无名之学》，王立秋译，漓江出版社 2017 年版，第 157 页。

❷ 老子曰：“绝圣弃智，民利百倍；绝民（仁）弃义，民复孝慈；绝巧弃利，盗贼无有。此三者，为文不足，故令有所属：见素抱朴，少私寡欲。”（《道德经·第十九章》，朱谦之：《老子校释》，中华书局 1984 年版，第 74 ~76 页。）

上，精神产品的投射，与权力的君临对人类行程从自然状态到例外状态的演化，并无二致，更何况权力的君临，还每每是精神产品加持的结果，如儒法之学于古代中国，自由社群之学于当代西方。

按照学者的理想模型和事实陈述，两者的不同在这里：精神智慧的社会投射，所追求的是形式生命，而至上权力的社会拂照却是赤裸生命❶。可以认为，前者是生命的理想形式，后者是生命的现实样态；前者只存在于生命的精神设计中，后者却存在于生命的权力结构中；前者在价值上是一种过得糟的生命，而后者却不是，它是过得好的生命；前者指向生命的未来，是生命的可能性，并且这种可能性因为精神产品本身的多元性而具有多元性，但后者指向生命的当下，是生命的现实性，且只要权力君临，只要追求权力的统一性，生命就只能体现为一种样态。这样，似乎精神产品投射到人类交往中时，会产生和权力君临人类交往时不同的例外状态和生命形式，这就是自由状态和形式生命。但不无遗憾的是，谁能保障当一种甚至多种精神产品、学术主张投射到人们的交往生活中时，就不搭乘至高权力的便车呢，就不需要至高权力做介质呢，甚至这些投射到生活中的精神产品，本身就不被转化为至高权力——所谓“知识权力”呢？

---

❶ “形式生命”和“赤裸生命”是阿甘本对生命存在方式的两种类型化处理，分别代表了其生命的理想形式和现实样态。他指出：“……形式生命（form－of－life）一词意指一种不可能与其形式相分离的生命，一种永无可能在其中离析出类似赤裸生命之类东西的生命。”（见［意］吉奥乔·阿甘本：《无目的的手段：政治学笔记》，赵文译，河南大学出版社2015年版，第4页。）而“……赤裸生命，即神圣人（homo sacer/sacred man）的生命，这些人可以被杀死，但不会被祭祀。”（见［意］吉奥乔·阿甘本：《神圣人：至高权力与赤裸生命》，吴冠军译，中央编译出版社2016年版，第13页。）

真是所谓“理想很丰满，现实很骨感”！当我们的分析进行到了这一层的时候，已经揭示的问题是：精神光芒投射的生命状态，未必一定是形式生命；至高权力君临的生命状态，也未必一定是赤裸生命。这样一来，就势必要认真面对在紧急状态下，为了“例外生存”，必须紧急治理的问题。

4. 紧急决断与“例外生存”

在人类有组织的交往进化史中，权力总是如影随形般地参与其中。从而无论人类之福、之祸，几乎全部与权力有关，真是成也权力，败也权力。因而在精神世界，有人讴歌其至善并崇拜权力，形成所谓“政治拜权教”[1]，而有人批判其大恶并贬低和提防权力。“赤裸生命”所对应的权力观，可谓后者——近代以来科学、自由、民主、人权和法治思潮，普遍对权力产生怀疑、提防和不信任。例如，形形色色的权力制约理念，无论“以权力制约权力”，还是“以民主制约权力”，也无论以“法治制约权力”，还是以“社会契约制约权力”，都是对权力不信任的产物。

然而，对权力的不信任是一回事，但当人类个体无法自足地应对来自外界的威胁，从而需要权力——无论是团体权力、政府权力，还是国家权力、国际权力是另一回事。如这次在全球大规模传染的 COVID－19，哪个人敢声称能自足地应对？即使贵为英国王子、首相，俄罗斯总理，伊朗议长，都不会因为其位高权重而免受瘟疫传染致病，并因此忍受痛苦。因此，对权力的不信任并不是拒绝权力，甚至搞无政府主义的理由，因为问题不在于权力会带来恶，而在于人们不得不依赖于权力的恶实现比权力离场时更大的

[1] 谢晖：《权力私化与政治拜权教》，载《学习与探索》1988 年第 5 期。

善；问题不在于权力容易滥用，而在于如何通过有效的约束机制控制权力的滥用。

后一个论题，已经脱离了本文的论旨，故本文只就前一话题，做一些简要论述。

人们尽知权力之恶，而又不得不借助权力，这是古代社会的一种普遍事实，更是民治勃兴以来，科技昌明发达、法治愈益严谨的时代所存在的事实。不但如此，在精神领域，无论古今，人们还尽量为权力君临寻找合法借口。从苏格拉底之死的隐喻，到社会契约论的说教，从神授权力，从而神也约权力的训谕，到权力分制、以权制权的设想，都是精神产品加持权力历史的事实，同时也体现了人们对权力既依赖之，又提防之的矛盾心态。

在现代社会，虽然日常状态下人们因为其自治能力而对权力之依赖显得有些弱化❶，但是，在类似 COVID－19 这样的例外状态面前，如果不依赖权力强势出场，实行必要的紧急治理，那么，对抗病毒对人类生命健康的严重威胁是任何个人甚至任何非政府组织都难以胜任的，从而政府权力的出场和介入，不但是其职责之所在，而且是权力担当社会道义、公共使命的最低要求，也是使人类免遭死亡威胁的基本举措。

行文至此，不得不再次提到“赤裸生命”。诚然，权力的性质，可能导致“赤裸生命”，但权力的缺席和病毒的肆虐，是否也会导致“赤裸生命”，甚至导致更大规模、难以控制的“赤裸生命”？

---

❶ 其实，这种表象也只是反映了事物的一个方面。现代人类处于一种复杂交往关系中，其被动地落入科技迅速发展、高度发达的裹挟中。技术能力越来越凌驾于普罗大众的认知能力和行为能力之上，因此给人类带来的威胁也比以往任何简单交往时期的自然威胁都要大。在这个意义上，民治时代人们广泛的自由和其无不受制于技术牵制的威胁是成正比的。

当战争、内乱、瘟疫、自然灾害、经济危机等灾害来袭，形式生命面临炮弹、刀枪、毒害、灾难、饥饿等的严重威胁时，难道不更造成人不像人，甚至人不存在的“赤裸生命”吗？难道这不是一种更加歧视生命、否定生命的“赤裸威胁”吗？这个时候，权力加诸相关事实，以集合力量挽救形式生命，即便在某种意义上导致“赤裸生命”，总比形式生命纷纷死亡、销声匿迹要好。形体毁灭的形式生命（在笔者看来，这才是一种实际上的赤裸生命），固然在后人的追忆中，可能得到生命重塑，但对已然逝去的形式生命而言，皮之不存，毛将焉附？因此，“留得青山在，不愁没柴烧”的权变理性（事实上，理性就是两利相权取其重，两害相权取其轻的“权变”），或许更有实践意义。

权力的这种君临或许对日常法治是种挑战，人们对它忧心忡忡是完全有道理的，但它并不是法治的排除，并不意味着像施密特所指陈的那样：“非常状态最为清楚地揭示了国家权威的本质。决断在这里与法律规范分道扬镳，若用一个悖论来表示就是，权威证明了无需在法律的基础上制定法律”❶，从而出现一种法律黑洞，反而像阿克曼借用其“紧急宪法”理念重构法治那样，会在一定程度上缓解法治与法律黑洞间的紧张❷。

---

❶ ［德］卡尔·施密特：《政治的概念》，上海人民出版社 2015 年版，第 12 页。

❷ 有人在评论阿克曼的观点时指出：“用紧急宪法而治理国家的观点，可能不能回答施密特的挑战。但它至少尝试避免了法律空虚顶着法治的头衔自提身价，即使它试图以法律去治理不再能被法律治理的国家。与对‘9·11’的那些回应不同，这些回应似乎在暗示，只要这些黑洞被正确创造出来，法律黑洞与法治的关系就不会紧张。”（见［加］大卫·戴岑豪斯：《戴雪 vs 施密特：非常状态在法律秩序之外还是之内？》，李普译，蒋传光编：《法理学与部门法哲学（第五卷）》，上海三联书店 2009 年版，第 112 页。）

在笔者看来，只要人类社会无可避免地面临日常状态和例外状态两种情形，则应对它们的规则，不仅有日常状态法，而且有紧急状态法。这怕是现代国家的通例。紧急状态法律的存在，并不是、也不可能要求人类交往和生活的任何时期、各个方面都必须依循之，而只是当紧急事务发生并严重威胁到社会公共安全时，才根据程序启动法律上的紧急状态。把法治仅仅理解为日常状态下法律的按部就班，既忽略了人类生活中不可避免的紧急状态这种事实，也忽略了法律对一个社会不同情形应有的应对和调整能力。❶ 这样的社会观过于浪漫谛克；这样的法律观过于死气沉沉。法治如果只能应对日常状态，而无法应对紧急状态，那它就是跛脚的。法治不能支持政府、社会和公民在紧急状态发生后，予以紧急应对，以保障生命的“例外生存”，反而只能面对事实，消极地观望生命的无意义消失，哪怕这种消失符合阿甘本对形式生命的理想描绘，但实质上才真正是法治的缺席、悬置、失守或失节，是法律对人权和生命的公开背叛。因此，对政府而言，透过紧急治理以求公民的“例外生存”不但不应被视为“赤裸生命”而受斥责，反而应以带来了“例外生存”，并再构“形式生命”而受肯定。

因此，为这种紧急治理辩护，绝不是纵容政府把例外状态常态化。事实上，只要紧急状态过去，常态事实来临，那么，常态法治也会从“悬置”、缺席而再落地、再出场，这样一来，人们仍会从紧急状态法治约定的秩序状态，回归到常态法治约定的秩序状态。

三、“自由死亡”及其治理风险

截至2020 年9 月上旬，持续近8 个月的COVID -19 疫情，确

❶ 谢晖：《论紧急状态中的国家治理》，载《法律科学》2020 年第 5 期。

诊患者已超过2700万人，罹难患者已超过88万人。无论从传播范围、感染强度、确诊患者还是罹难人数来看，这都是自第二次世界大战以来仅见的重大瘟疫。因此，其所引发的重大学术论争、文化论争、道德论争、政策论争、制度论争、法律论争❶也都是前所未有的。固然，这一方面是因为现代资讯的发达，只要有不同的声音发出，就会迅速传遍全球，很快引起人们的关注与讨论；另一方面，更在于此次疫情实在影响巨大，才使得全球79亿多人切身关注。其中，在纯粹学术领域的争论中，关键词是要管制的安全还是要放开的自由，并因之在政府层面也有完全不同的应对。其结果是要么“例外生存”，要么“自由死亡”——尽管“自由”未必一定死亡，但在COVID-19面前，自由主体却面临着极大的死亡风险。下文只论述后者。

1. 若为自由故，一切皆可抛？

疫情暴发之初，当世界卫生组织再三警告人们要尽量避免大规模集会或聚会，美国其他地方疫情已经广泛传播的情况下，在佛罗里达的迈阿密海滩人们还是发起了一场甜蜜的“冬季派对”活动。其中广为传布的是一位青年男子曾豪爽且义无反顾地向世人宣布：“即使我得了‘新冠’，到了最后一刻，我也不会让病毒阻碍我去

---

❶ 严格说来，在以上论争中皆有学术论争部分，也皆存在政治论争部分。其中前三者更重学术论争。如围绕着阿甘本对于疫情对策的批判，在世界各地展开的学术讨论（见王悦：《因为疫情，欧洲哲学家们吵翻了！》，载微信公众号“南风窗”2020年3月31日。）；围绕着韩炳哲有关儒家文化更能有效应对病毒的观点（见［德］韩炳哲：《为什么东亚对疫情的控制比欧洲有效？》，苏子滢译，载https：//new. qq. com/omn/20200325/2020 0325A0CH7N00. html，2020年9月5日访问），我国学者张生所做出的反驳（见张生：《与韩炳哲商榷：儒家文化真的从新冠中拯救了东亚吗？》，载https：//www. thepaper. cn/newsDetail_forward_6695421，2020年9月5日访问）等。

派对"[1]，其结果是参加派对的一些人真的为此付出了生命的代价。这种对自由的极度热爱，以及客观上对病毒侵扰的无所畏惧，自然令人不无钦佩，但因之所导致的对健康和生命威胁的听之任之，毕竟不是一个通过慷慨激昂的表态就能轻松言说和交代的话题。

毫无疑问，自由确实是人类所创造的最伟大的词语之一。所以，当美国人帕特里克·亨利 1775 年在一次演讲中提出"Give me liberty or give me death"这一响亮口号以来，自由这一理念已经传遍世界。即使在其时不太关注自由这一范畴的中国，当梁启超将该主张翻译为"不自由，毋宁死"时，仍获得了无数仁人志士的赞美和追求。其后，更由于匈牙利诗人裴多菲的那首诗，被柔石以优美、传神的中文文字——"生命诚可贵，爱情价更高，若为自由故，两者皆可抛"——翻译到中土以来，更是在这个东方古国促进了人们对自由和死亡关系的重新打量和审视。自由在人们生存、生活和社会交往中的占比越来越高，乃至形成一种理论的假设和虚构——生命即自由。

自然，以自由来定义生命并无不可，甚至对于近代以来西方主流意识形态、价值观念而言基本政治正确，对于文化史上并不特别关注自由的东方世界而言，这一定义标准的传播，对冲决既有文化形态、价值观念和秩序模式之罗网，以自由之因子加工、改造并重新结构其文化理念、价值选择以及生命观照，其意义无论怎么评估都不为过。但以自由定义生命时的以偏概全，也不应被我们所忽略，毕竟自由在人类价值系统中，只是其中一个方面。尽管它是最

---

[1] 赵挪亚：《那些参加佛罗里达海滩派对的男男女女，如今付出代价了》，载 http://news.sina.com.cn/w/2020-04-13/doc-iircuyvh7506146.shtml，2020 年 6 月 15 日访问。

为重要的方面之一，但并不是唯一重要的，更不能对人类生活—交往的其他价值越俎代庖。所以，当以自由为核心理念的形形色色的“人权宣言”风靡全球，并因此带来不少明显的社会问题和治理难题时，主要由各国著名政治家组建的非官方组织“国际行动理事会”起草了一份影响甚大的宣言——《世界人类责任宣言》。起草该宣言的根据之一就是：

……片面地坚持权利可能招致冲突、分裂和无数争执，而且蔑视人类义务又会导致违法和无序。[1]

尽管起草该“宣言”的另一根据是“为了不可剥夺的权利”和建立“世界自由、公正、和平的基础”，从而自由及权利是该“宣言”的题中应有之义，但通观该宣言，其明显在寻求一种“公平的自由”，而不是“自由的公平”。长期以来，人类自由的制度实践及其理论根据乃是以“自由”的公平为奠基的，因此，“权利至上（本位）”就是其基本手段，“自由至上（本位）”就是其基本目的。这种“自由的公平”，由于是对古典社会盛行已久的教权奴役、政权压迫和特权欺凌的反制和反抗，因此获得了人类广泛的青睐以及制度的支持。但值得反思的是，这一举措在“矫枉”的同时，也嫌“过正”。它坚持个体自由、自治和自主的合理性，但较少考虑个体先天和后天的巨大差异；它强调“自由的公平”所带来的巨大效益，但忽略了普遍存在的“自由的不公平”（贫富差距、种族差异、信仰差别等）；它笃信精神自由的至上意义，但轻视物质保障和精神自由的互前提性——一个饥肠辘辘、衣不蔽体、朝不保夕的人，在精神上如何可能是真正自由的？

---

[1] 《世界人类责任宣言》，载 http：//www. sseweb. net/files/Declaration_Human_Responsibilities_ 1997. swf，2020 年 7 月 30 日访问。

显然，“自由的公平”（“自由的生命”）遇到了狭窄的瓶颈，它必须寻求有效的救济机制以拓宽。这一机制就是“公平的自由”（“生命的自由”）。在字面意义上，“公平的自由”指向公平优先于自由，但事实上，它强调的是经由公平而保障自由。它不仅指有能力、有实力、有权力者的自由，而且同时指向能力不足、实力不够、权力有限者的自由。因之，如果说“自由的公平”在实然层面呈现为“特殊自由”的话，那么，“公平的自由”却追求应然层面的“普遍自由”。在 COVID－19 这种来势汹汹，传染面广、危害性大的疫情面前，当此种紧急状态打断、悬置了常态生活和常态秩序时，即当自由与生存不可得兼时，人们究竟要选择何种自由？要选择“若为自由故，二者皆可抛”的大义凛然，还是选择“保全生命，以图自由”的“苟且偷生”？这确实需要仔细权衡。这种权衡中隐藏的就是“自由的公平”（“自由的生命”）和“公平的自由”（“生命的自由”）之关系问题。严格说来，处理相关的关系并非多么复杂的事，其核心是应当分清楚“私人处理”还是“公共（政府）处理”。

私人处理涉及不可得兼的两难问题，他完全可以在大义凛然和苟且偷生之间，在自由赴死和保全生命之间，在“自由的生命”和“生命的自由”之间自由地、任意地抉择，从而私人自由的空间具有明显的敞开性。这是因为私人对其自由、生命以及其他价值具有选择性。但在公共领域，特别是在政府直接出面组织、构造和治理的公共领域，它不可能永远地抛开统治，反而还会不可避免地保有“统治”属性。诚如哈贝马斯所言：

公共领域本身在原则上是反对一切统治的，但是，在公共性原则的帮助下，却建立起了一种政治制度，其社会基础并没有消灭统治。❶

---

❶ ［德］哈贝马斯：《公共领域的结构转型》，曹卫东等译，学林出版社 1999 年版，第 97 页。

可见，即便在公共性原则下，以政府为核心的政治制度的基本功能就是统治。但凡统治都有其最基本的前提，那便是统治对象——人或人民的存在。所以，即便在最专断残暴的制度下，政府出面管理公共事务（社会），也不能放任生命的自由牺牲，而必须设法保全生命、保障生命，以避免其统治“皮之不存，毛将焉附”❶。所以，政府在 COVID－19 疫情面前，究竟应放任“自由的生命”，还是坚守“生命的自由”？似乎是不言自明的。公民一般也不会过于拒绝这种统治，因为他们知道，拒绝来自政府强有力的、事实上对保障生命自由有益且有效的举措，就意味着情愿看到像“黑死病”等历史上的重大疫情夺去千百万人的生命一样。这恐怕即便是阿甘本们同意，但人类一定不会同意的事体。然而，正如世人所看到的那样，在应对肆虐的 COVID－19 方面，世界各国采取了完全不同的策略。其中最有对勘意义的是人们耳熟能详的“全民免疫策略”和“封城隔离策略”。因此，以这两种策略及其所导致的后果作为分析对象是理解“自由死亡”及其风险的重要捷径。

2. “群体免疫”——“自由的生命”？

自从 COVID－19 疫情在西方世界大规模暴发以来，有一个之前人们很少听说的词汇经由政治家的倡导和新闻媒体的不断报道已经广为人知，那就是“群体免疫”。如何理解之？“百度百科”根据郭何生主编的《农业大词典》这样解释道：

群体免疫（herd immunity，group immunity），是指人群或牲畜群体对传染的抵抗力。群体免疫水平高，表示群体中对传染具有

---

❶ 例如，在殷墟的墓葬中，那个嗜杀成性、令人毛骨悚然的朝代的缩影随处可见，但所祭杀者，多为战俘，而非本邦人。（见唐际根：《一个王朝的背影：殷墟》，科学出版社 2009 年版，第 149～166 页。）

抵抗力的动物百分比高。因为，疾病发生流行的可能性不仅取决于动物群体中有抵抗力的个体数，而且与动物群体中个体间接触的频率有关。如果群体中有70% ~80% 的动物有抵抗力，就不会发生大规模的暴发流行。❶

今年3月13日，英国科学家、政府首席科学顾问帕特里克·瓦兰斯在CVOID -19于英国大流行之际，提出了一个面对病毒让英国国民得以免疫的论断，即让60% 的英国国民感染病毒。一般认为，这一论述是配合首相鲍里斯有关抗疫进入迟延阶段的一个主张。这一主张甫一提出就引致英国229位科学家和超10万民众的强烈反对❷。该主张被人们以讹传讹地普遍表述为“全民免疫”。尽管瓦斯兰本人之后对此做了辟谣，并进而阐述了其提出“群体免疫”的前提条件：病情无药可救、无法控制：

不错，我们曾经论述过群体免疫。但是我是说，那是在未来，如果有事实证明，“新冠”病毒在全世界无药可医，无法控制，修炼成精了——这种病毒很可能会变成季节性流感般的存在，每年都会再次出现，然后我们才会采取群体免疫……如果“新冠”流感化了，全世界各国怎么办？❸

尽管始作俑者对“群体免疫”设定了这么多条件，但一方面，

---

❶ https：//baike. baidu. com/item/% E7% BE% A4% E4% BD% 93% E5% 85% 8D% E7% 96% AB/22504754？fr =aladdin，2020年7月31日访问。

❷ 《群体免疫遭炮轰！英国229位科学家联名反对　超10万人请愿积极行动》，载 https：//baijiahao. baidu. com/s？id =1661300891096526635&wfr = spider&for =pc，2020年7月31日访问。

❸ 历史现实：《英国“群体免疫力”的真相是什么？这个医学概念，并非洪水猛兽》，载 https：//www. sohu. com/a/384258319_100030950，2020年7月31日访问。

即使在英国国内，人们把这一主张当作一种实际措施，所以才有不少科学家出面对它进行公开反对❶。另一方面，或许由于COVID-19疫情出乎人们意料的广泛传播已严重危及人民健康和经济发展，不少国家的政府在应对疫情和恢复经济之间摇摆不定，左支右绌，甚至在事实上把战胜疫情寄望于“群体免疫”上。始作俑者英国在欧洲可谓是抗疫最不力者，而美国、巴西两国的总统一直以来并不把抗疫作为顶顶重要的事——尽管没有资料明确显示他们在政府层面推行“群体免疫”的路线，但事实上他们推行的就是这一路线，其中对美国的此种抗疫路线，已经有人论及❷。在印度疫情暴发初期，虽然政府也能严阵以待地对待疫情，封城、隔离种种措施都曾用过，但由于疫情的迅速发展、蔓延以及管理手段的不尽如人意，最终放弃这种对抗疫情的方式。据最新报道，由于在“切伯（Chembur）、马担加（Matunga）和代伊大学（Dahisar）这3个孟买贫民窟地区接受测试的人群中，有57%的人曾暴露于“新冠”病毒当中（即感染过“新冠”病毒）”❸以及新德里1/5的人有了抗体，印度一些专家建议“应开放学校，快速实现群体免疫”❹。

---

❶ 《英国科学家反对“群体免疫”政策》，载https://chinese.alja zeera.net/news/2020/3/17/british-scientists-reject-herd-immunity-policies，2020年7月31日访问。

❷ 极简公考：《美国正在从最初的反对“群体免疫”，走向了事实上的“群体免疫”》，载https://baijiahao.baidu.com/s?id=1664996760419645763&wfr=spider&for=pc，2020年7月31日访问。

❸ 中国经济网：《惊人发现：印度孟买贫民窟率先“群体免疫”?!》载https://baijia hao.baidu.com/s?id=1673624375043086184&wfr=spider&for=pc，2020年7月31日访问。

❹ 玖玖等：《印度走向群体免疫？印专家建议：应开放学校，快速实现群体免疫》，载https://baijiahao.baidu.com/s?id=1673720354570977489&wfr=spider&for=pc，2020年7月31日访问。

与此同时，印度卫生部则唱反调："群体免疫在印度不可取，遵守防疫规范是唯一可行方法。"[1] 除上述三国之外，瑞典更是公开实行"群体免疫"，成为全球首个"达成群体免疫"的国家。

可见，无论人们对"群体免疫"作何种前提预设，也无论人们在"群体免疫"策略上如何遮遮掩掩，事实上，已然存在一些主张并或明或暗地推行"群体免疫"的国家。但问题是在这些国家，是否如其主张者和推行者那样，实现了那种理想中的"自由的生命"？既有的事实只能把我们带到人们不愿看到的境地。据报道，第一个在政府层面公开主张并推行"群体免疫"的国家瑞典，其政策举措虽然得到了世界卫生组织及西方一些国家的肯定[2]，但事实是它如今成为全球因COVID－19死亡率最高的国家，截至2020年4月中旬，其死亡率达到惊人的9%[3]；而到6月中旬时，其获得抗体的民众只有6%[4]。大概正是基于这种事实，连在瑞典首倡实行"群体免疫"的专家也深表悔意[5]。

---

❶ 高琳琳：《印度卫生部：群体免疫在印度不可取 遵守防疫规范是唯一可行方法》，载 http：//world. chinadaily. com. cn/a/202007/31/WS5f239052a310a859d09db45d. html？from＝timeline，2020年7月31日访问。

❷ 能文善武：《瑞典群体免疫得到世卫点赞和西方国家认同，那是成功还是失败了？》，载 https：//baijiahao. baidu. com/s？id＝1668309910309548524&wfr＝spider&for＝pc，2020年7月31日访问。

❸ 《瑞典搞群体免疫死亡率高达9% 首席科学家仍不接受批评》，载 https：//video. sina. com. cn/p/news/2020－04－16/detail－iirczymi6639660. d. html，2020年7月31日访问。

❹ 王又又：《路透社：瑞典进行"群体免疫"实验后，只有6%的人拥有抗体》，载 http：//news. ifeng. com/c/7xQEedwK1Xr，2020年7月31日访问。

❺ 大国争霸：《瑞典推行群体免疫，如今死亡率全球最高，提这个建议的专家后悔了》，载 https：//baijiahao. baidu. com/s？id＝1668630171261380050&wfr＝spider&for＝pc，2020年7月31日访问。

而被人们广泛关注的如今罹患 COVID－19 人数最多的 3 个国家美国、巴西、印度以及最早动议“群体免疫”的英国，截至 2020 年 9 月 5 日，前三者确诊人数分别位居全球前三，分别超过或接近 640 万例、410.2 万例和 410.1 万例（接近）。其罹难人数也分别位居全球前三位，分别为 19.2 万例、12.6 万例和 7 万例（仅仅一个月之前，印度的罹难人数还排在墨西哥和英国之后）。至于英国，尽管罹患人数相对较少，有 34.4 万例，但罹难人数超过 4.1 万例❶。以上冷冰冰的数字表明，如果没有强有力的法律管控措施，那么，依靠“群体免疫”以实现“自由的生命”这种美好的追求，事实上正在面临严峻的考验，因之，也导致了我们尽管不情愿，但确实在这些国家发生的严重的、有些甚至是前所未有的混乱。这尤以世界国民自由的典范——美国为甚。这种混乱的实质是为了追求一个美好的目标——“自由的生命”，反而导致了无数生命的“自由死亡”。对此，美国国家疾控中心前代理主任理查德·贝瑟最近提出了严肃的批评：

我们是世界上最富有的国家，我们看到世界上许多国家已经采取了措施，让疫情处于控制之中，但我们却相差甚远。那些认为我们应该对现状和措施感到满意，无所作为坐等疫苗问世，或者认为疾病传播到达一定程度就会自行消失的想法是完全无法接受的。❷

在此情此景下，强化通过法律的治理甚至统治是政府应对疫情

---

❶ 《新型冠状病毒肺炎疫情实时追踪》（2020 年 8 月 1 日），载腾讯新闻，https://news.qq.com/zt2020/page/feiyan.htm#/global，2020 年 7 月 31 日访问。

❷ 《五位美国疾控中心前主任齐发声，批评政府抗疫不力》，载北京日报客户端，https://baijiahao.baidu.com/s?id=1674436419442488926&wfr=spider&for=pc，2020 年 8 月 8 日访问。

的必要举措，因为两害相权取其轻，没有一个国家——无论是民治国家，还是专权国家期望在疫情面前，其国民死亡越多越好。反之，如何真正保障国民的生命安全，必须是政治家优先考量的问题，只要经济能够支撑人们不至于饿毙，那么，当生命安全与物质生产不可得兼时，生命安全优先于物质生产，是最基本的价值排列。这似乎是一个无须特别论证的话题。更进一步的问题是在如此严峻的疫情面前，究竟何种策略更有利于在更大程度上确保人们的生命安全，并以之为基础，以图实现“生命的自由”和经济的发展齐头并进？上文笔者已经道出了以“自由的生命”为价值取向的“群体免疫”所致的尴尬。下文我将在此基础上，进一步通过对抗击疫情的另一种策略——“封锁隔离”的检讨，并通过比较说明在严峻疫情这种例外状态下，究竟何种举措更有利于保障生命自由。

3. “封锁隔离”——“生命的自由”

自从 COVID－19 大规模暴发以来，意大利等有“封国令”、韩国有“社交距离令”多国有“居家隔离令”“口罩令”——这也是在此一论题中我为何不以“封国封城”来命题的缘由。显然，对于如此多的封锁、隔离措施而言，“封城封国”这一词汇显然难以全面归纳和总结之。因此，我更情愿以“封锁隔离”模式来概括。

上述形形色色的“封锁隔离”模式，可以说从宏观到微观，国家把例外状态时期的社会治理和控制方式，深入到社会的方方面面——既涉及大规模的社会整体性控制，也涉及个人生活细节的控制。如果说“封国”是在宏观的国际关系层面严格控制人员的自由交流、自由流动，“封城”是在中观的国内不同区域关系层面严格控制，甚至禁止公民之间自由交流、自由流动的话，那么，“居家令”“禁止（限制）社交令”以及“社交距离令”则是在中观的家庭关系、公民交往关系层面严格筑墙，控制、甚至禁止其交往。至于“口罩令”，则更是在微观层面规定了社区内每一个个体在例外状态下的生活方式。显然，通过这些系统、全面的举措，政府不但用法令的高墙封锁了国境、城市，还封锁了家庭、人身，甚至封锁了每个个体本应开放的身体部位。所以，用“封锁隔离”来总结这一模式，更能够尽量周全地归纳概括疫情期间各国形形色色的相关举措。

显然，这样一种在现代社会罕见的高强度的社会控制都是基于一种客观事实——COVID－19 疫情引致的紧急状态。正是这种紧急状态，使得禁止性规范的适用范围更为扩大和深入。对此，按照阿甘本一直坚持的立场，似乎是一种合法性丧失的表现。他曾这样指出：

世界政府所持续公布的种种危机——永久的例外状态和紧急状态——事实上是教会对末日审判的不断推迟的一种世俗化的戏仿。随着有关法律和时间之极点的弥赛亚经验黯然失色，法律的一种前所未有的过度膨胀到来了：它打着把一切合法化的幌子，通过法制的过度，背叛了它的合法性。❶

那么，应对 COVID－19 疫情的如上种种强化法律控制的举措，果真如阿甘本所说的那样，“背叛了它的合法性”吗？首先应说明，前引阿甘本的言论不是其针对此次疫情的专门论述，而是对现代法律膨胀的一般论述；但同时也需说明，自从 COVID－19 疫情在意大利大规模暴发，当局依法采取强有力的隔离控制措施以来，阿甘本正是运用其一以贯之的理念，对相关举措予以无情鞭挞和批评的。因此把他的这一观点置诸抗击 COVID－19 疫情的举措中以分

---

❶ ［意］吉奥乔·阿甘本：《论友爱》，刘耀辉等译，北京大学出版社 2017 年版，第 58 页。

析相关举措的合法性，不但不会产生秦琼战关公之类的矛盾，反而更能拉长镜头，深入地照见和洞察阿甘本及相关主张，也更能帮助我们分析相关问题。

不难发现，自表象看，阿甘本的上述言论很像目前正在我们身边发生的事实，所谓“抗疫常态化”的说法❶，在一定意义上就是人们把例外状态和紧急状态“永久”化，从而把政府的强力治理、控制和统治“永久”化。诚然，如果这种“常态化”举措缺乏事实之根据或必要性，也就背叛了其合法性。反之，如果其依然具有事实根据或事实必要性，那么，其自然具有合法性。在这方面，谭德赛分别在2020年6月22日和7月31日代表世界卫生组织的一个断言，或许能帮助人们认知其事实根据上的必要性。在这两个场合，他都强调“新冠肺炎疫情的影响将持续数十年”“各国必须学会和‘新冠’疫情并存”❷。诚然，世界卫生组织的说辞也只是一种预测，但问题是哪种涉及全方位治理的举措不是对预测的回应呢？“凡事预则立，不预则废”，国家的治理不依赖预测，法律的举措不借助预测，那还能借助什么呢？正是出于这种考量，笔者并不认为阿甘本上述断言对目前通过“封锁隔离”模式应对COVID－19的举措具有什么适切性。毋宁说这种看似不无专断的举措在这种紧急状态下更具有明显的合法性。这就不能不涉及相关举措对“生命的自由”之追求。

---

❶ 《抗疫常态化，中国社会心理需更强大》，载《环球时报》2020年6月16日社评。

❷ 谭德赛：《新冠大流行仍在加速，影响将持续数十年》，载https：//www. cn－healthcare. com/article/20200623/content－538444. html，2020年8月1日访问；谭德赛：《新冠肺炎疫情影响将持续数十年》，载http：//m. xinhuanet. com/video/2020－08/01/c_1210730356. htm，2020年8月1日访问。

我们知道，“封锁隔离”的抗疫模式，其直接目的，一言以蔽之，是阻却或延缓病毒因为人群的过于接近、聚集而快速地传播，从而消灭或减少病毒对人类可能造成的更大危害。而其间接的、也是更高更大的目的，则在于通过阻却或延缓病毒的传播，以最大限度地保障生命的健康和安全。那么此种举措能否达致这一目的?

对此，只要人们不抱偏见，再回顾一下那些疫情较早暴发的国家，在全球尚没有任何抗疫经验时采取严格的隔离控制措施——包括“封城令”“口罩令”“社交距离令”“居家令”“迁徙隔离令”以及通过严格的、大规模的流行病学调查（“流调”）而做的隔离观察和筛检等举措，既较为成功地控制住了疫情的恶性蔓延，挽救和保护了许多受到疫情严重威胁的公民生命和健康；也因为对生命的保障，树立起全体国民面对疫情、战胜疫情的坚定信心，使公民面对疫情时仍镇定自若、精诚团结；还力所能及地恢复了生产，挽回了经济损失。截至 2020 年 9 月 5 日，中国作为世界人口第一大国，其累计确诊病例为 90 517 例（含中国港澳台地区)，约为美国确诊病例的 1/71；巴西和印度确诊病例的 1/45。其累计罹难人数是 4735 例，约为美国罹难人数的 1/40；巴西罹难人数的 1/27；印度罹难人数的 1/15。由于在人口基数、医疗水平上，这些国家之间存在较大差异，其中美国、巴西之人口远低于中国，而美国的医疗水平远高于中国，因此，中国截至目前所取得的抗疫成果，无论如何是所有关爱生命、生命至上的公民和政府不能无视的。至于韩国和新加坡，前者面对大规模的疫情暴发，通过其创造性的抗疫举措，在 21 177 例确诊者中，罹难仅 334 人。后者在疫情方面多有反复，但通过其内紧外松的抗疫举措，一个只有不到 300 万人口的小国，在 56 000 余例确诊者中，至今罹难仅 27 例，这不能不说是一个奇迹！卡塔尔、尼泊尔等国的抗疫举措，在保障生命安全方面都可圈可点。

上述事实表明，与“群体免疫”的抗疫策略相较，“封锁隔离”的抗疫策略在保障生命安全方面确实取得了明显的优势。后者事实上奉行的是生命较之自由优先的价值观念，以“生命的自由”为目的，其结果与预期大体合辙，取得了“留得生命在，不怕没自由”的实际效果。同时，它也表明，冒着“自由死亡”的风险去追求一劳永逸的所谓“群体免疫”，不可预知的代价实在太大，也太盲目。前者却奉行自由优先的价值，并以“自由的生命”相号召，但其结果是骇人听闻的生命之“自由死亡”[1]。回过头来再探究所谓“自由死亡”——面对近乎放任的“群体免疫”所导致的“自由死亡”，究竟谁“优先”去“自由死亡”？

4. “自由死亡”，谁“优先死亡”？

疫情至今仍然于全球肆虐，防疫抗疫形势仍然严峻，因此，罹难人数仍在日复一日地增长。而罹难人数较多、甚至最多的国家，竟是那些无论社会经济发展，还是医疗条件和水平都明显全球领先的国家。特别是美国、英国、意大利、西班牙、法国等国家，是世所公认的经济发达、医疗基础设施齐备的国家，但令人遗憾的是，

---

[1] 以美国为例，COVID-19 已然造成其 19 万人罹难。这个数字，不但早已超过“二战”以来美国在其参加的所有战争中罹难人数的近 2 倍（在美国因 COVID－19 罹难人数达到 10 万时，美媒就哀叹：“10 万是一个令人悲伤的里程碑”；“这一‘几个月前还无法想象的数字’超过了‘二战’结束后，美国在历次军事行动中死亡人数的总和……”。见张梦旭等：《美国新冠肺炎死亡人数超 10 万，美媒感慨：一个令人悲伤的里程碑》，载 https：//baijiahao. baidu. com/s?id =166812605 6609164653&wfr =spider&for =pc，2020 年 9 月 5 日访问），而且罹难人数至今还在每天以数百上（过）千计地增长！

恰恰是这些国家，因疫情而死亡的人数名列全球前茅。最近英国一些科学家针对该国的情况进行了“清算”，他们——

指责鲍里斯·约翰逊政府及其顾问团队犯了两个关键错误，其一是不了解英国的疫情走势；其二是他们认为如果过早进行地区封锁，将会使公众感到疲劳。❶

尽管这一检讨代表了反思抗议策略的一个方向，但如果对疫情暴发以来，在显性或隐性的“群体免疫”策略下，究竟哪些人无可奈何地走向了“自由死亡”之路这一问题予以检讨和反思，可能会补充上述检讨的不足。透过种种媒体管道，人们普遍地得知，此次疫情中的罹难者有三个明显的身份特征：一是在年龄身份上，老年人罹难者的比例远高于年轻人；二是在社会身份上，穷人罹难者的比例远高于富人；三是在种族上（以美国为例），有色人种（特别是黑人）罹难者的比例远高于白人。对前者，在疫情的前期，美国有一份报道，截至 3 月 19 日：

85 岁以上的患者死亡率最高，介于 10% 与 27% 之间，其次是 65 ~84 岁的患者，死亡率为 3% 至 11%，55 ~64 岁的患者死亡率为 1% 至 3%，20 ~54 岁的患者死亡率小于 1%，没有 19 岁以下的死亡病例。❷

---

❶ 《英国专家：英政府犯下致命错误　导致死亡人数欧洲最多》，载 http：//news. 163. com/20/0730/19/FIQBU6TD00018AOR. html，2020 年 8 月 2 日访问。

❷ 《美国 CDC 首份本土新冠结果报告：85 岁以上死亡率超 10%》，载澎湃新闻 http：//news. sina. com. cn/o/2020 - 03 - 19/doc - iimxyqwa1782857. shtml，2020 年 8 月 2 日访问。大致在同一时间（3 月 5 日），意大利也有一份有关罹难年龄的统计：“42. 2% 的死者年龄在 80 岁与 89 岁之间，32. 4% 介于 70 和 79 岁之间，8. 4% 介于 60 和 69 岁之间。”《疫情因何会在意大利肆虐》，载 http：//www. fx361. com/page/2020/0324/6481707. shtml，2020 年 8 月 2 日访问。

而在穷人和富人之间，有报道称英美因新冠肺炎罹难者中，穷人是富人的2倍❶。

至于在种族之间，有一份针对美国的统计：

黑人的死亡风险是最高的，每10万人里面有15.4个人死于新冠肺炎；拉美族裔为10.06%，亚裔10.01%，白人只有9.4%。❷

在此，我们且先抛开这些冰冷的统计数据，而透过这种现象追究其背后的问题：在人们对“自由的生命”之追寻中，老年人、穷人、有色人就该“自由死亡”吗？

诚然，老年人因其生命进程，在自然意义上与死亡更为接近，更容易感染疫疾，这是处于人类生命自然进程中的老年人所无法更改的。但是，这并不意味着在政府层面，老年人就理所当然地要在严重的疫情面前，首先面对死神的召唤，更不意味着公共医疗资源就应当向年轻人倾斜，而对老年人采取放任的姿态。在这方面，我们可以回忆并反思发生在中国的一个例证。当武汉同济医院第1000例患者，93岁的陈婆婆治愈出院❸的消息传来时，人们或许有截然不同的反应：一种反应是在生命面前一视同仁，无论少壮还是耄耋，只要能救治，一个都不能弃；另一种反应是都这么大年纪的人了，还耗费那么多的医疗资源，图个啥呀？

---

❶ 《英美新冠死亡率，穷人是富人2倍：贫穷比病毒更致命》，载凤凰新闻，http：//news.ifeng.com/c/v002FLW－_LTxkE0MIKEGbJPU0vJ3FWU4J—KLuNpkG96g4jwU__，2020年8月2日访问。

❷ 《为什么美国新冠肺炎死亡病例中黑人比例高于白人？专家解答》，载凤凰网财经，https：//baijiahao.baidu.com/s？id＝1666267337252314817&wfr＝spider&for＝pc，2020年8月2日访问。

❸ 泰康同济（武汉）医院：《泰康同济（武汉）医院第1000例患者——93岁陈婆婆出院了》，载http：//www.cnmia.org/LiveReportDetail_7C9D974EAA3D4794ADEF17FEC85DEF65.html，2020年8月2日访问。

显然，这是两种对待生命截然不同的态度。前一种态度代表着生命的平等价值，尤其在中国尊老爱幼、弱者优先的文化传统中，这一价值更容易获得大众的支持。即便在现代人权理论和人权法上，弱者优先也已经是一种被普遍关注的价值和事实。这正是一个国家要专门为老人、儿童、妇女、少数族群以及残疾人制定法律予以保护的缘由。后一种态度则表现着生命的等差价值。它把保障生命的资源、心理同情以及权衡选择，更多地投注到年轻人，而对老年人在严重疫情面前的感染和死亡，则似乎“政府失效、市场失灵”❶。

诚然，在社会意义上，老年人对人类的贡献，在整体上也远不及那些年轻力壮的、正在成长中的少年儿童和青壮年。但是，生命的价值却不能这样以“有用”或“无用”、“用处大”或“用处小”来计算。在生命的历程中，老年人已经为社会做出过他的时代、他的能力所能做出的贡献了，他们有权安享其晚年——正如少年有权学习、有权工作，并有权憧憬未来安享晚年一样。因此，即便疫疾易侵入老年人肌体、剥夺老年人生命，但政府的基本姿态仍是对他们一视同仁地保护，而不能对他们的生命、健康有任何歧视；对政府而言，哪怕再严重的疫情，无论谁面对它，都只能是自然选择，而不是、更不应是政府主导下的自由选择❷，政府更不能

❶ 牛弹琴:《杀死美国养老院里那11000人的，不只是新冠病毒……西方养老体系出了什么问题?》，载 http://finance.sina.com.cn/wm/2020-05-07/doc-iirczymk0239659.shtml，2020年8月2日访问。

❷ 值得关注的是，“美国疾病控制中心（CDC）6月16日发布的数据称，美国新冠肺炎死亡病例的年龄‘明显偏年轻’。数据显示，在美国‘新冠’死亡病例中，80多岁的人仅占不到一半，与此同时，40~60岁的人占绝大多数。不仅如此，报道还提到，美国新冠肺炎患者的平均年龄是48岁，但意大利是63岁”，载 https://baijiahao.baidu.com/s?id=1670745982607930968&wfr=spider&for=pc，2020年8月2日访问。这也说明，只要是“自然死亡”而不是“自由死亡”，疫魔对人的戕害，未必一定倾向于老年人、穷人、有色人，正如人们已经意识到的那样，它或许对所有人都是公平的。

以经济或社会的功利标准，判断谁该“自由死亡”。

四、“生存”与“死亡”的治理权衡

1. 统治、管理与治理

在强调国家治理问题时，人们首先不禁要问：国家治理这一概念日渐时髦，人们、特别是行政管理者和相关学者对其格外重视，难道在人类既往的历史上，就不存在治理这样的事实吗？或者说，作为如此重要的处理公共事务的一个范畴，治理问题只是新近才产生，并被纳入公共事务之处理范畴的吗？笔者认为，对这些问题的厘清，还要从统治、管理和治理三个既有关联，更有区别的概念谈起。那么，它们的关联和区别究竟是什么？❶

就三者的关联看，其最大的公约数一是维系秩序，二是信守规则，三是必要强制（权力和权威）。下面分别予以简要的说明。

首先，维系秩序是三者的共同目的—价值要素。任何一种社会形态，都以秩序的存在为前提，否则便是“皮之不存，毛将焉附”。不但如此，社会秩序维系的根据和状态决定着一个时代、一个国家的文明形式。尽管维系秩序并不是三者的直接目的（三者各自有其直接目的），但一定是其共同目的。

---

❶ 对这一问题，“百度问答”有一份简略的解释，在治理这一概念上的参考价值不大，但也说明人们对相关问题的应有关注，照录如下：“统治是指在阶级社会中，掌握了国家政权的统治阶级在政治领域对被统治阶级进行的统治，以保障其在经济上的统治地位和利益。管理就是国家权力按照某种特定的秩序和目标对政治生活进行自觉的、有计划的约束或制约的一定方式。就是说，通过这种特殊的约束方式使政治生活的各方面都能按照某种既定的秩序和目标来运行和发展。治理是政府的治理工具，是指政府的行为方式，以及通过某些途径用以调节政府行为的机制。”（见载 https：//zhidao. baidu. com/question/1515613098053171220. html，2020 年 8 月 3 日访问。）

其次，信守规则是三者共同的根据—形式要素。任何秩序，必须建立在一定规则基础上。无论是伦理秩序、宗教秩序还是法治秩序，其外在化、形式化的根据都是规则，并且都是被升华为法律的规则，故有所谓伦理法、宗教法和理性法这样的分类。只有把秩序之价值目的代入或结构进形式的社会规则之后，秩序才在形式上是可操作的、有效的。在这个意义上，统一的规则是秩序的应然框架。无论统治、管理还是治理，其秩序模板、图式都是统一的社会规则。在这方面，孟子所言“无规矩不成方圆”可谓一语中的。

最后，必要强制（权力和权威）是三者共同的保障—权威要素。尽管无论统治、管理还是治理都是为了缔造特定时期、特定区域统一的社会秩序，它们构成了三者的常态目的，并经由统一规范的落实，变成一种常态的秩序事实。但此种常态并不能、也不可能排除例外，即不排除对统一目的—秩序和统一形式—规则的有意破坏或者不可抗力的阻却。面对此情此景，常态的处理机制无以维系统一规则，更难以缔造统一秩序，因此，运用权力及其权威的强制手段，或者在惩罚意义上矫正被破坏的秩序，或者在对抗、阻却意义上宣布紧急状态。在一定意义上，最典型的统治、管理和治理不是在常态意义上，正是在例外意义上。这正如最典型的司法并不是平铺直叙、按部就班地对常见案件的处理，反而是那些疑难案件、复杂案件更能彰显司法创造，并表达司法的精神。这或许正是海德格尔、福柯、施密特、罗斯托以及阿甘本等哲学家或政治哲学家皆把例外状态作为其研究的主要对象之缘由❶。其实，例外状态就是

❶ 特别是阿甘本，直接强调例外状态是“治理的典范”（见［意］吉奥乔·阿甘本：《例外状态：〈神圣之人〉二之一》，薛熙平译，西北大学出版社2015年版，第1~44页）。

观察权力在其中的权威的强制作用。

紧接着再来看三者的区别。笔者以为，三者在背景、主体、具体目的、作用方式以及结果等五个方面皆有明显区别。具体表现在：

其一，在背景上，统治的基本社会背景是一个身份型社会的存在。由于身份的凝固以及为了维系这种“天不变，道亦不变”的凝固身份，统治的基本手段是压制性的。管理的基本社会背景则是一个流动型社会的存在❶。流动型社会打破了人们身份的凝固性，导致身份的开放。但在管理型社会仍然延续了“谁有权，谁管理”的特征，因此，管理的基本手段是命（指）令性的。而治理的基本社会背景是一个自由型社会的存在。它表明，人们都是平等的，无论出身身份、职业身份、性别身份还是财产身份。因此，身份流动就失去了特别的意义，而自由的身份选择才更为重要。它必然要求所有主体对社会事务的参与权，这就是治理。所以，治理的基本手段是协商性的。

其二，在主体上，统治是身份型社会的必然结果，故其主体是一部分人对另一部分人通过手中所掌握的权力所采取的压制性管理。因受身份型社会结构的影响，当统治机制不发生结构性改变的情形下，统治者和被统治者的身份也大体上是固定的，因之，不存在或很少存在阶层流动。所谓“龙生龙，凤生凤，老鼠生儿会打

❶ 应说明的是，一个身份流动型的社会具有相对性。在古代社会，就有身份流动，特别是在诸如“耕战取士”“察举取士”“科举取士”等官员选取方式中，已然在制度上保障了皇帝以下所有官员的流动。（相关系统论述，见何怀宏：《世袭社会及其解体》，生活·读书·新知三联书店1996年版，第1页；《选举社会及其终结》，生活·读书·新知三联书店1998年版，第1页。）而近代以来的代议制民主，却提供了在更大范围、更广层面、更深境界上推动身份流动的制度。

洞”“唯上知与下愚不移”[1] 的古老格言或名言，所强调的正是统治主体的这一特征。管理是流动型社会的要求，其主体是一个国家中掌握权力的主体（广义上的政府）或其他社会组织中的当权者。与统治的主体不同，流动型的社会结构决定了其主体的变通性、可进可出性、可上可下性。我国另一句古老的格言“三十年河东，三十年河西”是管理主体特征的基本写照。而治理则是自由型社会的要求。其主体表现为明显的多元性，如政府（广义）、企事业单位、社区村社组织、社会自治组织、农户家庭以及公民个人等都是治理的参与者。显然，治理主体的此种多元性乃是与自由型社会的特征息息相关的。

其三，在具体目的上，统治的基本使命是满足获得权势的统治阶级的利益——无论精神利益、物质利益还是其他利益。因此，在统治体系下，必然存在一个利益上大体固定不变的特权阶层。除非发生朝代鼎革，否则，特权阶层是不会改变的。而鼎革后的新朝代，倘若不打破身份凝固，则不过是一场换汤不换药的改朝换代而已。管理的直接目的是当权者为社会或被管理者提供公共服务。它也取决于流动型社会的基本要求。如果当权者不为其管理对象提供公共服务，那么，就不能得到人们的支持。哪怕是帝王统治的古代社会，也是如此。这会迫使掌握权力的人们透过管理为社会提供服务。这似乎与前述管理的命（指）令性有所不同，但只要当权者把一种自己认为有益于公共的主张、制度、政策和其他制度产品一般性地推向被治理者，其在本质上就是一种命令。治理的直接目的则是人的自由之全面发展，保障每个自由主体各安其位，各尽其能，

---

[1] 《论语·阳货第十七》，载康有为：《论语注》，中华书局 1984 年版，第 258 页。

各享其需。而这一切之实现必须以自由个体的参与为前提。

其四，在作用方式上，统治和管理具有类似的特点。无论压制，还是命（指）令，都具有明显的单向度的特征。尽管两者的程度明显不同。前者是种绝对的单向度——它不允许被统治者与统治者分庭抗礼，否则，就会以强制的方式予以处置。而后者是种相对的单向度——它允许人们对命令进行监督、反馈，因此，尽管它在单向度上与统治具有明显勾连，但它在一定意义上开放了公众参与的渠道，与治理之间也有了勾连，从而具有一定的双向性。而治理在作用方式上，自来就是双向、多向和互向的。自由主体的自由参与，即便对于国家权力而言，也必须尊重，并进而依据统一的法律予以保障。

其五，在结果上，由于和三者各自的目的紧密相关，因此，其结果透过前述三者各自的目的就能够大体推知。这里不再继续展开。

强调统治、管理和治理三者的关系，不是把三者截然分开，似乎它们之间井水不犯河水。这是因为一方面，作为一种历史进程，后来的举措总会回溯之前的举措，如同当下总会回溯过去一样。另一方面，三个概念所代表的事实越向后发展，越具有统摄性特征❶。这种统摄性在紧急状态的治理中更为明显。以下我们继续通过对一些命题的分析加以证明。

2. 紧急状态中自由本位的治理思路：“自由的生命公平”

如前所述，针对 COVID－19 流行中防止其严重危害人类的政

---

❶ ［意］吉奥乔·阿甘本：《何谓同时代人》，载《裸体》，黄晓武译，北京大学出版社 2017 年版，第 18 ~35 页。

府举措，阿甘本或许是在全球范围内的哲学家中持反对立场最卖力者。他称这不过是一种“无端的例外状态”，一种“疯狂、不合理、毫无依据的紧急措施”❶。显然，按照这一指责，政府抗击疫情的严格举措不过是不顾实情的刻意为之，而并非恢复自由的真正需要。其指责背后的所思所念是基于他所坚守的自由价值立场，也是其一直以来对政府借口例外状态，人为制造紧急事项，并割断人们生活交往的正常状态，使自由沦陷于例外状态的深刻担忧。

其实，此种指责和批判预设了面对 COVID－19 的一种基本治理思路，即“自由的生命公平”思路。前文笔者已经阐述过“自由的公平”这一概念，它是指在自由与公平两种价值不可得兼的时候，自由先于公平，进而自由也优于公平。其基本立足点是个人（体）本位的价值观。因为只要强调个体本位，就意味着除了情非得已，私人领域的任何事项都是“风能进、雨能进，国王不能进”的。这几乎是自由主义的一条神圣条款，一条“帝王原则”。该原则意味着人应该生活在一种自由的、“活生生的存在”状态，而不应该被“装置”在权力体系中❷。只有这样的状态才可能真正通往那种自由优先的公平世界。

在“自由的公平”这一概念之间嵌入“生命”二字，即“自由的生命公平”，已然意味着自由优先，不仅一般性地辐射于公平，即使在“生命公平”面前，当自由与生命不可得兼时，仍应恪守自由优先的基本立场。只有这样的存在，才是不受权力装置的“活生

---

❶ ［意］阿甘本：《疫情与例外状态（三则）》，载 https：//www. sohu. com/a/382243466_365770，2020 年 8 月 4 日访问。

❷ 姜宇辉：《装置、机器与生命—战争——一次阿甘本与德勒兹的“潜在”对话》，载［意］吉奥乔·阿甘本：《论友爱》，刘耀辉等译，北京大学出版社 2017 年版，第 114～178 页。

生的存在”状态，即自由状态。诚然，这种状态看上去令所有崇尚自由，怀有深深的个体本位冲动的人们兴奋不已，也愿意为自由优先于公平的所有事业而献身，同时也抗拒应对疫情的所有严格、严厉举措。但稍加分析，这种“自由的生命公平”却经不起进一步的推敲和检验。

首先，此种“活生生的存在”究竟是“丛林法则”的自然状态，还是美好莫名的自由状态？如果是后者，就意味着自由对每个人而言都是现实的，每个人究竟选择自由的生、自由的死，自由的安居、自由的流浪，自由的利己、自由的利他……全然是自己的事。当人们不能自主地在这些对立的范畴之间进行选择，而只能把自由无可奈何地交由人们看不见、摸不着的病毒去摆布，被病毒选中了，就“自由”地受伤害，“自由”地死亡，没被病毒选中，就“自由”地享受快乐，“自由”地生活时，则所谓自由显然脱离了其本意。与其说这是种自由状态，不如说它是自然状态，是任由人对人像狼对狼一样的自然状态。诚然，在学术史上人们对自然状态给予全然不同的描绘：有些给予高度礼赞，仿佛是那世外桃源，如卢梭❶；而有些则给予深刻批判，如韩非❷，霍布斯❸。但无论如何，这是一种遵循物竞天择、适者生存的优胜劣汰的社会，是一个“丛林法则”的世界。如果放任人类被置于这样的“活生生的存

---

❶ ［法］卢梭：《论人类不平等的起源与基础》，李常山译，商务印书馆1962年版，第74～110页；《社会契约论》（第2章），何兆武译，商务印书馆1963年版，第12页。

❷ 《韩非子·五蠹第四十九》，载梁启雄：《韩子浅解》（下册），中华书局1960年版，第465～490页。

❸ ［英］霍布斯：《利维坦》，黎思复等译，商务印书馆1985年版，第92～97页。

在”中，不但无以彰显人类的进步，甚至人类能否真正循着自然法则而进化都未可知。

其次，正是对这种基于“丛林法则”的自然状态的反思，才导致那种不被阿甘本欣赏但也无可奈何的权力装置的出现。对此，韩非子就曾根据传说做过大胆的设想和生动的描述，说明人们“法后王”：“上古之世，人民少而禽兽众，人民不胜禽兽虫蛇。有圣人作，构木为巢以避群害，而民说之，使王天下，号之曰有巢氏。民食果蓏蚌蛤，腥臊恶臭而伤害腹胃，民多疾病。有圣人作，钻燧取火，以化腥臊，而民说之，使王天下，号之曰燧人氏。中古之世，天下大水，而鲧、禹决渎。近古之世，桀、纣暴乱，而汤、武征伐。今有构木钻燧于夏后氏之世者，必为鲧禹笑矣；有决渎于殷周之世者，必为汤武笑矣。然则今有美尧、舜、禹、汤、武之道于当今之世者，必为新圣笑矣。是以圣人不期修古，不法常可。论世之事，因为之备。”❶ 因为在自然状态中人类个体的渺小，人们只能采取能够使个体力量加以聚合的组织方式，让渡其权利，形成聚合性、但同时具有号令能力和组织技巧的权力。在霍布斯、卢梭等人的笔下，更是给它一种社会契约论的包装，并使这种包装在其后人类制度建设、变迁和进化的历程中不但有了用场，且获得了合法性。可见，人类的社会化进化历程，就是把“活生生的存在”这种自然状态装置到权力体系的过程。

再次，人类的“活生生的存在”要摆脱权力装置，几乎是不可能的。对此，阿甘本看得很清楚，其描述也极深刻：“一方面，是活生生的存在（或者说实体）（living beings），另一方面，则是装

---

❶ 《韩非子·五蠹第四十九》，载梁启雄：《韩子浅解》（下册），中华书局 1960 年版，第 465～466 页。原文将禹排在汤、武之后，引用时更改之。

置，活生生的存在不断陷于其中"；这两者之间，存在着"残酷斗争"❶。这种情形，可以更进一步描述为"自然状态与社会状态的博弈或缠斗"，在我看来，这才是人类历史的真正的"活生生的存在"。人类摆脱不了赋能其社会性的装置，就不但无法把装置本身排除于"活生生的存在"之外，反而必须赋予装置本身以"活生生"的属性。因此，如果硬要把"活生生的存在"和装置两者对立起来，并在情感上更倾向于前者，在面对疫情的社会治理中强调"自由的生命公平"，其结果所缔造的并非理想的自由社会，反而是令人遗憾的"丛林法则"。"活生生的存在"摆脱不了权力装置，否则，除了会导致类似自然状态那种"丛林法则"，从而导致人们相互戕害、相互提防、失去保障之外，还在于人性本身的严重不可靠。正因如此，一方面，要通过权力装置制约人性之不可靠；另一方面，要通过权力分制和"活生生的存在"制约装置本身的不可靠。所谓"活生生的存在"和权力装置之间的"残酷斗争"，如此而已。所谓"自由的生命公平"，并不是要抛弃装置，毋宁说它就是一种独特的装置，并在价值上把"活生生的存在"置于装置之上的装置。

复次，论述至此，我们还不能忘记的是，这种装置曾经在资本主义的早期——自由资本主义时期，是一种普遍的坚守。人皆以为，只要有了自由，只要自由优先，人世便是一片祥和、敦睦的乐土。但这一设想，严重忽视了自由条件下每位主体的自由和自治能力。一旦放任了这一前提，则"自由的生命公平"所带来的，往往

---

❶ 姜宇辉：《装置、机器与生命—战争——一次阿甘本与德勒兹的"潜在"对话》，载［意］吉奥乔·阿甘本：《论友爱》，刘耀辉等译，北京大学出版社2017年版，第122~123页。

不仅不是乐土，反而会是可怕的焦土。对此，马克思曾形象、深刻地表述为："资本来到世间，从头到脚，每个毛孔都滴着血和肮脏的东西。"他还借用托·约·登宁的话说："一旦有适当的利润，资本就大胆起来。如果有 10% 的利润，它就保证到处被使用；有 20% 的利润，它就活泼起来；有 50% 的利润，它就铤而走险；为了 100% 的利润，它就敢践踏一切人间法律；有 300% 的利润，它就敢犯任何罪行，甚至冒绞首的危险。"❶ 尽管彼时有像《拿破仑法典》、英国普通法一类蜚声世界的法典和法律，但因其调整根据和方略存在着严重问题，而被后来的法律，诸如《德国民法典》和英国衡平法所矫正❷。至于在思想世界，提出矫正的思想家及其论著，更是汗牛充栋，不一而足。社会主义、福利主义、社群主义、生态主义等学说，皆可谓对自由优先策略的矫正。平常时节尚且如此，在疫情肆虐的紧急状态中，果真能实现"自由的生命公平"吗?

最后，疫情期间放任自由的惨痛教训。如前所述，或明或暗、或隐或显的"群体免疫"政策，不但使相关国家陷入明显的混乱，人民因此忍受着巨大的痛苦，生命因此遭受着无辜的戕害，而且因此让全球面临着战胜疫情遥遥无期的明显困境，国际关系也因此而

---

❶ 《马克思恩格斯全集》第 23 卷，人民出版社 1972 年版，第 829 页。

❷ 众所周知，《拿破仑法典》奉行自由至上的个人主义或个体本位原则；而《德国民法典》对之做了一定的调整，在不反对个人本位的同时，突出社会（团）的价值。（见龙卫球：《法律主体概念的基础性分析（下）》，载《学术界》2000 年第 4 期，第 76 ~79 页。）衡平法对普通法的矫正是多方面的，但其中一点，就是对通过大法官以及衡平法的良心，矫正当事人的良心："……法院的法律规定的良心，它成为一种新的法律体系。当事人的良心慢慢不属于人们考虑的范围了。"（见［英］S. F. C. 密尔松：《普通法的历史基础》，李显冬等译，中国大百科全书出版社 1999 年版，第 95 页。）

冲突不断、摇摆不定。尽管不少国家主动地或被迫地闭关锁国，但毕竟世界仍处在全球化交流的时代。对于严重的传染病而言，你家的并非是你家的，也可能是他家的、我家的、天下的。

阿甘本先生最近似乎在疫情问题上没见发声，不知当全球的疫情已经发展到如此境地，灾难已危及每一个追求自由的人时，他是否还坚定地坚持先前的立场？倘若一位纽约客直飞意大利去拜见他，他还能从容自如地与不接受隔离、不戴口罩、不保持社交距离的客人自由交流吗？或者他还能允许政府恢复客人因例外状态而被悬置的自由和权利吗？

3. 紧急状态中公平本位的治理思路："公平的生命自由"

在美国疫情十分吃紧的时候，本来不太擅长牺牲自由以自律，更不太愿意接受居家令、社交距离、口罩令这种由政府出面强迫人们必须接受的"清规戒律"的美国人民，找到了一个绝好的出气筒，即警察对黑人弗洛伊德跪压脖颈的粗暴执法，并对其数次求饶不理不睬，终致其窒息死亡。弗洛伊德事件，不仅引爆了全美范围内黑人不顾一切禁令而参与街头抗议的火山❶，而且也引燃了早已忍受不了政府控制的其他民众自由地走向街头，参与抗议的烈火。至今这一抗议仍然余韵未息，尤其在俄勒冈州的波特兰市，抗议活动仍如火如荼，到 9 月 1 日，通宵达旦的抗议活动整整持续了 100 天！

---

❶ 这一抗议活动，在 8 天之内迅速引发全美 300 多个城市的抗议（李彤彤等：《一个黑人的死亡如何在 8 天内引爆全美 300 多个城市的抗议活动》，载 https://www.thepaper.cn/newsDetail_forward_7698870，2020 年 8 月 4 日访问），可谓"传播"速度惊人。我想，这除了对长期以来警察粗暴执法的怒火之外，也应当与疫情的久治不愈，人民对政府种种抗疫举措的不满息息相关，甚至也不排除人们借此冲出"管制"的牢笼，而追求"自由的生命公平"这样的思量。

就本文的分析主旨而言，弗洛伊德事件颇具两面性：一方面，抗议弗洛伊德之死的民众，明显怀有对“自由的生命公平”之追求，恰是这种追求，促使美国政府在抗议方面的策略明显暧昧不明、举棋不定（当然，这不是唯一的促成因素，政府此种行为的背后，尚有更多促成力量），甚至在大多时候遵循前述自由优先的抗疫策略。另一方面，在抗议过程中引发的那个举世瞩目的口号“黑人的命也是命”，则明显地昭示着面对重大疫情的另一种对策：以公平优先来保障生命自由的对策。这不禁让我想起了一位作者在阅读了一则有关三代黑人对话内容后的评论：

在生存面前人人平等，马丁·路德·金领导的黑人民权运动在消灭黑人贫穷的问题上发挥了重要作用。在生存面前人人平等不只是黑人的心声也是全人类的心声。[1]

从“在生存面前人人平等”，到“黑人的命也是命”，我们还可以一直这样推论下去：“穷人的命也是命”“老人的命也是命”“弱者的命也是命”……从而在面对生命保护和自由保障两者不可得兼时，在政府保护意义上究竟应如何更好地面对之，究竟应选择自由优先的“自由的生命公平”，还是选择公平优先的“公平的生命自由”，相信答案已经很明显。对前者，前文笔者已经予以论述，这里将进一步展开对后者的论述。

和“自由的公平”一样，在前文中，我已经简略地论及“公平的自由”。进言之，所谓“公平的自由”，是指当自由和公平两者不可得兼时，在政府的应对策略上，应优先选择公平，而不是相

---

[1] 《全美 70 多城抗议活动愈演愈烈，街头三代黑人对话曝光》，载 https：//baijiahao. baidu. com/s？ id ＝1668377856040521026&wfr ＝spider&for ＝pc，2020 年 8 月 4 日访问。

反。尽管我们知道，自由和公平的关系，乃是一个重大的权衡❶。再果决伟大的政府，在面对两者的冲突时都必须做出审慎的权衡，甚至在制度上做出能够充分审慎权衡的机制。现代政治中的诸多设计，如法律至上制、多党制、权力分制、议会两院制、政与治的分制等，其中基本目的，就是制约任何一种观点或治理策略的莽撞、专横，并在出现这种情形时能安排有效的纠错机制。所以，在日常的治理策略上，“自由的公平”与“公平的自由”可谓在不断变换面目地出现。

但我们要论述的是政府面对严重的紧急状态这种情形。在这种情况下，倘若政府仍然在如上两种举措中左右兼顾，甚至举棋不定，所失去的既是生命，也是自由。这在前面对 COVID－19 疫情暴发以来的回顾中不难发现，更在半年多来全球对疫情报道的深切关注中不难体味。这使得政府必须考虑自由优先在特定时期对生命公平的巨大危害。因此，我愿意在“公平的自由”这一命题中，嵌入生命二字，强调“公平的生命自由”。所谓“公平的生命自由”，就是政府在生命面临公平和自由不可得兼、难以共存、非此即彼的情形时，优先公平地保护生命，以图进而实现更为广泛的生命自由。

自然，“公平的生命自由”绝不是不重视自由，相反，与“自由的生命公平”相比较，它更为重视自由，不过前者特别关注的是保障中的“生命自由”，因此，是人们（生命）的“普遍自由”，

---

❶ 奥肯就以《平等与效率——重大的权衡》为题著书（这是该书最早的中文译名，由王忠民等译，四川人民出版社 1988 年版。除此之外，该书中文版还有王奔洲译本，由华夏出版社 2010 年出版；陈涛译本，由中国社会科学出版社 2013 年出版，尽管译名略有不同，但由此足见该书在我国的影响）。在驰名全球的萨缪尔逊的《微观经济学》（萧琛译，人民邮电出版社 2012 年版）之第 17 章，也以“效率与公平：重大权衡”为题。如果考虑到效率在经济学上基本上是一个和自由息息相关的概念，那么，所谓平等与效率的关系，庶几就是公平与自由的关系。

而后者关注的是竞争中的生命自由，因此，通常会体现为人们（生命）的“个别自由”。所谓个别自由，源于竞争过程中人们的智慧潜能、内在条件、外在环境的大相径庭。尽管一个国家的法律可以为所有公平设置一个机会均等的前提，从而更有利于人们在同样的机会面前自由竞争，但谁都知道在夏日的都市广场卖水能日进百斗，但在一个偏僻村寨的广场卖水，可能一年也收入颇微。一个编程天才凭借其技术可以在数年内富可敌国，而一个只懂得刨土种田的人，可能一辈子在县城里买不起一套中意的住房。可见，以机会公平为根据的、经由竞争的自由，其往往只能走向“个别自由”，走向“自由的奴役”。特别在发生 COVID－19 之类严重危害人民健康、公共安全的疫情，或其他自然灾害与社会灾难的紧急状态下，政府治理的基本使命，是公平地保护所有生命的安全，而不是放任生命去自由竞争。

在发生 COVID－19 疫情之类的紧急状态中，政府理应选择“公平的生命自由”这一治理策略，基本的理由在于：

一方面，这取决于现代政府治理的基本职责，也是公民和其他社会主体参与治理的基本使命。现代政府的目的不在于参与市场竞争，而在于保障竞争的公平；不在于参与貌似“优胜劣汰”的弱肉强食，而在于不断去发现社会的贫富差距、发展失衡，并通过合法的权力予以矫正，实现所谓矫正公正❶。此种情形，在紧急状态这

---

❶ “矫正公正”是亚里士多德伦理学中一个重要的概念，“它生成在交往之中，或者是自愿的，或者是非自愿的”“在争论不休的时候，人们就诉诸裁判者。去找裁判者就是去找公正。裁判者被当作公正的化身。诉诸裁判者就是诉诸中间，人们有时把裁判者称为中间人，也就是说，如果得到中间，也就得到了公正。公正就是某种中间，所以裁判者也就是中间人。”（见［古希腊］亚里士多德：《尼各马可伦理学》，苗力田译，载苗力田主编：《亚里士多德全集（第8卷）》，中国人民大学出版社 1994 年版，第 101 页、102 页。）

种例外的、极端的事件或事实中，尤应为政府所关注。当然，如前所述，治理的主体不仅有政府，而且有企事业单位、社会团体、社区和村社组织、家庭组织、国际组织、非政府国际组织，更有人数庞大的每一个公民和自然人。如果说在紧急状态中政府必须把公平保护作为优先考量的内容的话，那么，政府外的其他组织、个人亦应与政府的举措之间保持呼应，才能构成一套严格、严密的“公平的生命自由”体系。当然，这并不意味着其他社会主体对政府的治理措施亦步亦趋，反之，参与既包括遵循，也包括必要的建议甚至批评。限于主题，对此不予赘述。

另一方面，取决于生命普遍自由的法益高于生命个别自由的法益这一事实。普遍自由的法益高于个别自由的法益，同理，生命普遍自由的法益也高于生命个别自由的法益。这在现代社会中，应是一个不言自明的真理。对政府的治理行为选择和民众的治理行为参与而言，优先选择大法益，也是不言自明的真理。这正如阿伦特所言：“在政治领域中，事情都是关乎多数人而不是少数人的，创新性的感召力到达这一领域，就不仅要采取更激进的表达，而且还要具备一种政治领域特有的现实性。”[1] 在笔者看来，所谓生命普遍自由的大法益，在紧急状态中，只有“公平的生命自由”这一治理策略才能体现。这并不是说就必须否定“自由的生命公平”这一治理策略，并且事实上也不可能否定该治理策略，因为在常规的秩序体系中，通过自由竞争可能实现更高层次的生命自由和社会公正。问题是我们讲的是紧急状态。如前所述，在这种情形下，强调“自由的生命公平”无异于生命的“自由死亡”，结果导致“皮之不

[1] ［美］汉娜·阿伦特：《论革命》，陈周旺译，译林出版社 2011 年版，第 35 页。

存，毛将焉附”——生命都不存在了，遑论什么生命的自由呢？

4. 紧急状态治理之常态和例外

包括阿甘本在内的欧洲不少先锋思想家，对人类社会的研究每每不循常规，剑走偏锋，在另一个全新的视角解释复杂的人类社会和其中的哲学问题。譬如，他们不太关注社会运动的常态，而更加关注常态运转的社会是如何被一种例外状态所遮蔽的。这大概是因为所谓例外状态，更能典型地凸显社会的特殊性，并因这种特殊性引致或多或少的社会冲突和变革。诚如前述，对一位政治哲学家而言，这种例外状态就像典型的疑难案件之于法学家。这里不但存有常态社会（常规案件）中罕见的特殊性，而且其中充满了矛盾、冲突的事实，如戏曲蕴藏着抓人眼球、引人入胜的冲突性情节。在这个意义上，例外状态之于政治哲学家，恰如戏曲冲突的高潮之于文学（戏曲）评论家。所以，没有或不关注例外状态的政治哲学，不过是一碗白开水，索然无味；而把例外状态作为主要研究对象的政治哲学，如浓烈的酒水或茶水，回味无穷。所以，我们知道，在阿甘本的笔下，例外状态是“作为治理的典范”。

然而，不得不说的是，阿甘本以及其同时代关注例外状态的所有政治哲学家，如福柯、阿伦特、施密特、德勒兹等，所关注的例外状态乃是所谓日常状态的例外状态。例如，战争是和平的例外状态，苦难是幸福的例外状态，天灾是丰年的例外状态，疫情是平安的例外状态等。同时，作为政治哲学家，他们所研究的例外状态并不是作为纯粹事实的例外状态，而是例外状态的权力装置——对日常状态下法律及其秩序的悬置。对阿甘本而言，这一点尤为重要，因为这属于其政治哲学和法哲学的关键词。所以，例外状态不是、或主要不是已然发生的自然或社会事实，而是一种治理态度，特别是自权力视角的治理态度。阿甘本既反对将例外状态作为可以纳入法律的状态，也反对将例外状态排除于法律秩序之外。他认为：

事实上，例外状态既非外在也非内在于法秩序，而它的定义问题正关系着一个门槛，或是一个无法区分的地带，其中内与外并非相互排除，而是相互无法确定。规范的悬置并不意味着它的废除。而它所建立的无法地带亦非（或至少宣称并非）与法秩序无关。

……例外状态像是为了保护规范的存在，以及其对于正常情境的适用，而在秩序之中开启了一个虚拟的漏洞。缝隙并不在法律之中，而是关乎它与现实的关系，以及它的适用可能性本身。这就仿佛在法中蕴含着规范的设立与其适用之间的根本断裂，而在极端的情况下，只能用例外状态的方式加以填补。也就是说，透过创造出一块区域，在其中适用悬置，但法律本身却依然有效。❶

不得不指出的是，尽管阿甘本剖析了那种把日常状态的法律悬置起来的例外状态，但一方面，他忽视了在实施层面，例外状态和日常状态一样，是人类自古至今面临的两种“常规”事实。人类的历史行程，并非都是鲜花，常有毒草；并非都是和平，常爆发战争；并非都是祥和，常产生恐惧；并非总是健康，常发生瘟疫；并非全然山川秀美，不时有山呼海啸……因此，在根据法律的治理上，像对待日常状态那样对待例外状态，并不是法律的断裂、悬置或另起炉灶，而是法律的一种必要面相。在这个意义上，紧急状态法律，与日常状态法律一样重要，它是紧急状态治理的必要的、必须的法律装置❷。

---

❶ ［意］吉奥乔·阿甘本：《例外状态：〈神圣之人〉二之一》，薛熙平译，西北大学出版社2015年版，第32页、43页。

❷ 谢晖：《论紧急状态中的国家治理》，载《法律科学》2020年第5期。

另一方面，套用阿甘本的说法，如果说存在一个和日常状态相对应的例外状态的话，那么，当例外状态因为瘟疫、战争、技术故障、经济危机以及自然灾害而越来越多地成为人类必须面对、不得不面对的一种法律—政治应对事实时，如何反思在例外状态中的常态和例外？这是考察例外状态，并进而关注日常状态和例外状态之关系的一个新视角。在这个新视角上，完全可以说例外状态本身包含了其常态（例外的常态）和例外（例外的例外）两种情形。它的常态和例外，与日常状态的常态和例外在结构上正好相反。在日常状态中的例外举措，就是例外状态中的常规举措；反之，在日常状态中的常规举措，就是例外状态中的例外举措。

进而，一定要用打断、悬置这样的词汇来表述的话，如果说例外状态是对日常状态及其法律的打断和悬置的话，那么，毫无疑问，在例外状态中，运用日常状态的法律举措，则是对例外状态中常规的打断和悬置。恰如当一个国家在整体上宣布了口罩令（居家令、社交距离令等），而其一个具体地方却宣布人们出行无须戴口罩，无须居家隔离，社交自由，可以保持距离，也可以零距离……显然，这是对例外状态中常态的打断和悬置。这意味着，对例外状态的研究，只有把例外状态看作和日常状态一样，是人类所面临的难以避免的事实，才能在面对这些事实的治理举措时，更清楚地在一个复杂的社会运行结构中照见更为多样性的常规和例外。提出例外状态的基本目的，不仅是对权力装置的批判和提防，更应是对一种事实状态及其人类应对（无论应对源自政府还是其他社会主体）的描述和阐述。只有在对日常状态和例外状态的复杂结构予以剖析，并从中观察、描述复式的、多向度的常态和例外时，我们才可能以冷静和平静的心态“同情地理解”例外状态，也更为深入地理解日常状态。

那么具体而言，例外状态中的常态和例外又分别是什么呢？笔者以为，这就是前述“公平的自由”和“自由的公平”状态。“公平的自由”，即例外状态之常规应对。它首先需要以公平优先的姿态保障在例外状态和紧急状态下每个人能得到公平保护——像我们熟悉的那部电影的名字——“一个都不能少”。何以如此？这与例外状态下社会治理的主导因素相关。虽说日常状态下的社会治理政府很重要，但其他社会主体的参与至少与其旗鼓相当的话，那么，紧急状态中的社会治理，尽管也需要其他社会主体的积极参与，但它必须是一个政府在其中起主导作用的治理行为。政府一旦在治理中起主导作用，意味着其权力的聚合性、强制性程度远超以往。它不但可分配资源，而且可征调资源；它不但可强化公共服务，而且可限缩、克减私人权利……所以，在例外状态中，人们平日所提防的，却成了必要和必然——这不是人们愿意被装置于权力结构中，而是只有如此，只有人们更服从地装置于权力结构中，权利和自由的根基——生命、健康和安全才有可能。所以，在例外状态的这种常态中，政府势所必然地成为主导，其他社会主体对这种常态的参与，被动多于主动，服从多于创造。

但这并不意味着例外状态中只存在治理常态，同样，也有治理之例外，这就是“自由的安全”。它意味着即使在例外状态中，哪怕是 COVID－19 疫情之类严重危害世界，甚至使得人类可能陷入“世界内战”的严峻事件中，人们照例可以以自由为理由，对抗政府的主导，政府也可以对这种主张和要求予以接受性回应。世界何其广大，文化何其多样，人类何其复杂。面对每一种社会事实的多元主张、多元态度和多元行动，不但无须多怪，而且应看到其对恢复日常状态的积极作用。正是此种例外状态的“例外”情形，连接并通向了日常状态之“日常”，才能为取消紧急状态恢复正常状态创造应有的条件。在这个意义上，例外状态中的“例外”，也就获得了其存在的必要性与合法性。当然，这并不是说在任何情形下例外状态都要容忍这种“例外”，一旦此种“例外”严重威胁例外状态中的常态，且在事实上对社会、对公民整体带来极大的风险和危害，从而破坏紧急状态中的治理措施时，以例外状态之常态取缔其“例外”则理所当然。

可见，在应对 COVID－19 疫情的例外实践中，世界各国无不面对着公平与自由的博弈、“公平的自由”与“自由的公平”之博弈，以及更进一步，“公平的生命自由”与“自由的生命公平”之博弈。这些博弈，既体现为事实博弈，也体现为理论博弈；既体现为政策博弈，也体现为政治博弈。一言以蔽之，这种博弈乃是紧急状态治理中其常态和例外之博弈。

五、结语：以“自由例外”救济“生命常态”

在一定意义上讲，阿甘本们所讲的例外状态，乃是“自由例外”。尤其在此次 COVID－19 疫情暴发之初，他所坚持批判的就是意大利政府所采取的措施，过度肢解了既有自由社会的基本理念，导致邻人不再、友爱丧失、关系疏远、恐惧加剧。在此，笔者引述其一篇短文中几乎全部的内容，以其原话，说明他的担忧和心曲：

恐惧是不合格的导师，但它让很多人们假装没有看见的东西浮现出来。问题不在于对这一疾病的严重性发表意见，而在于询问这场流行病的伦理和政治的后果。使整个国家瘫痪的恐慌浪潮首先表现出我们的社会除了赤裸生命之外不再相信任何事情。很显然，意大利人愿意为可能生病的危险牺牲几乎所有东西——生命的正常状况、社会关系、工作，甚至友谊、感情以及宗教和政治的信仰。赤裸生命——以及失去它的可能——并不能使人们团结起来，而是使他们盲目而彼此分离……其他人类仅仅是可能的瘟疫的传播者，人们必须以一切代价避开他们并且人们必须要和他们保持一米以上的距离。死者——我们的死者——没有权利获得一场葬礼而且我们也不知道自己所爱的人的尸体会被如何处理。我们的邻里往来被取消了，奇怪的是教堂对此竟保持沉默。人类关系在一个这样的生活不知道还要持续多久的国家变成了什么样子？一个除了生存之外没有其他价值的社会又是什么样的？

……

人们在谈论病毒时联想到战争并不令人惊讶。紧急措施实际上强迫我们生活在戒严的状态下。但一种有着可以潜藏在其他任何人身上的敌人的战争是所有战争中最荒谬的。它事实上是一场内战。敌人并不在外部，而在我们之中。❶

毫无疑问，阿甘本对疫情及其防控措施的上述反思，在哲学上是深刻的。他真切地揭示了在一场疫情面前让自由成为例外的悲哀，痛苦地反思人像动物、而不是像人一样的可怜生存，大胆地追索何以导致人不成为人的例外状态之权力装置，严肃地批判那种“赤裸生命”和“神圣人”的境况之于人类的万劫不复。显然，阿甘本在这里以反思和批判者的姿态，观察、反思和践行自己对“同时代人”的定义：

同时代人就是感知时代之黑暗的人，他将这种黑暗视为与己相

❶ 《阿甘本对自己关于新冠病毒言论的澄清》，Constantius 译，载 https：//zhuanlan. zhihu. com/p/142161204，2020 年 8 月 5 日访问。

关之物，视为永远吸引自己的某种事物。[1]

这样一位甘于“不合时宜”的“同时代人”，一位甘于洞察同时代之黑暗的人，无论如何都是令人敬佩的，其在学术上的探幽发微、奇思妙论、鸿篇巨制更是令人叹为观止。但不得不指出的是，阿甘本虽然指出了时代可能潜藏的黑暗，包括在貌似正义的举措下可能潜藏的对自由、人权和法治的解构，但他所执着的对“自由例外”的伤痛，同时也不可避免地蕴含了另一种可能的伤痛，那就是“生命例外”。因此，如果说阿甘本所处的时代及其权力对待COVID－19疫情这类紧急状态的过度敏感，明显含有黑暗的话，那么，按照阿甘本的设想，政府在如此严重的疫情面前一任之前日常状态下的法律而放任自由，任由病毒“自由传染”，生命“自由死亡”，这是否也是“阿甘本命题”本身的黑暗呢，是否是在更大程度和更广范围内销蚀人类自由的基础——生命本身呢？或许人类作为“思想的苇草”，无处不面临着“人类一思考，上帝就发笑”的尴尬——感知“感知时代之黑暗的人”之黑暗，自然，也应当是“不合时宜”的“同时代人”。

从此种哲学上的高蹈论断回到现实中，毋宁说在COVID－19疫情这样的例外状态中，“自由例外”的存在乃是为了救济“生命常态”。从表面看去，这是一种明显地缺乏高调道德理想的言说，然而，它却是人类在紧急状态的治理中进行认真的法益权衡的结果。毕竟对每个个体而言，生命只有一次。对任何人而言，它都经不起自由的一次性消费，故对绝大多数人而言，宁愿选择克减自由、克减权利，也要确保生命能够尽量多地反复消费。这不能不说

---

[1] ［意］吉奥乔·阿甘本：《裸体》，黄晓武译，北京大学出版社2017年版，第26页。

也是自由，甚至是基础性的自由和更重要的自由。誓言不戴口罩的美国硬汉特朗普先生，面对疫情对美国人民已然造成的危害后果和可能产生的更严重的威胁，作为一国之元首，即使他不情愿，也必须做出选择——不但自己戴口罩，而且以“爱国者都戴口罩”❶ 对美国人民提出号召。这位硬汉有点难堪的左支右绌，说明其在不同法益面前的艰难权衡和选择。不仅作为一国元首是如此，对于普罗大众而言，照例有一个在不同法益面前如何抉择的问题。人们不会忘记疫情之初，欧美民众中普遍存在的对喜欢戴口罩的亚裔人的歧视行为，但仅仅几十天的工夫，当欧美人意识到白人人种并不是病毒豁免的天然对象的时候，他们对戴口罩不但接受了，而且也淡然处之了。

我们不能因此就说这是自由的黑暗，是时代的黑暗，是政府的强加和民众的集体无意识，相反，作为理性动物，谁都有权说什么对自己而言是黑暗，什么对自己而言是光明。当生命面临死亡威胁，只要暂时性地牺牲些许自由（如社交自由、呼吸自由等），而能挽回或确保生命，那又何乐而不为呢？究竟图一时快乐的自由重要，还是在生命安全之下，图长久快乐的自由重要？显然，这是一个不需要太多高深的算计，凭借人类好利恶害、两害相权取其轻的“经济人理性”就完全可以权衡和解决的问题。反之，如果人们皆因为贪图一时的自由，而不顾疫情的大规模流行和威胁，慷慨赴自由，同时也慷慨赴死亡，说真的，这才是一种不折不扣的例外状态，因为它违反了人类好利恶害、利弊权衡的天性，而把那种高调的政治道德理想强加于芸芸众生。问题是这种强加的高调道德理想，或许连强加者自身也不肯去实践——因为未经利弊权衡的莽

❶《特朗普顿悟！对口罩态度 180 度转变，CNN 主播见状发出灵魂拷问》，载 https：//new. qq. com/rain/a/20200805A0FR5H00，2020 年 8 月 5 日访问。

撞，所获得的，并不是更为持久的自由，反而是因为健康、生命的丧失而对生活链条、社会关系的打断。如此，对具体的活生生的生命而言，就被永恒地打断了、悬置了，永无恢复和复现的可能。容我再用一遍："皮之不存，毛将焉附！"对具体个体而言，生命都被永恒悬置了，自由的悬置与否还有那么重要吗？所以，若为长远故，在 COVID－19 如此严重的、时代罕见的疫情面前，悬置一时的自由，无论对于个体，还是对社会，无论对安全，还是对（永久）自由，都利大于弊。进而，"自由例外"并不是绝对不可接受的坏事，是否可接受，在于其能否救济"生命常态"，并在"生命常态"之下，以图长远的生命自由。

中国人强调"好死不如赖活着"，自表面看来，它确实没有"生命诚可贵，爱情价更高。若为自由故，两者皆可抛"那样来得高尚，但它表达了存在者的普遍追求——"活着"才是生命的常识，以自由状态或其他更为高尚的状态活着只是"活着"的副产品。所谓"留得青山在，不愁没柴烧"，讲的正是东方的这种生命智慧和生存追求。政治和权力的使命，不仅要保护把精神自由和无间社交凌驾于生命之上的精英们，更要保护把生命凌驾于一切其他价值之上的芸芸众生。这正如世界卫生组织助理总干事兼 COVID－19 项目负责人布鲁斯·艾沃德博士所言："如果我感染了冠状病毒，我会去中国。""他们知道如何让人们活下去。"❶

——写于 2020 年 7 月 9 日

❶ ［美］阿吉特·辛格：《新冠病毒危机与中国应对：替代以美国为首的新自由主义秩序是可能的》，王晓青译，载微信公众号"华中师范大学国外马克思主义政党研究中心"2020 年 4 月 6 日。

COVID－19，信任与国家治理

——基于“福山命题”的探讨

一、弁言

肆虐全球的 COVID－19 疫情暴发以来，在消极的方面，已严重威胁到全人类的身心健康、经济发展和社会秩序，甚至透过种种迹象，或许正在引发有的学者所强调的那种人类对人类的“全球内战”❶（不过到了 21 世纪，这种“内战”，未必一定是 20 世纪那种“热武器内战”，它更可能呈现为釜底抽薪、“不战而胜”的信息

❶ “‘全球内战’，最近被用来表示跨国界的恐怖主义者如基地组织游击队反对国家行动者的斗争，如美国和英国。作为一个广义的对恐怖主义的暗喻，‘全球内战’也被用来暗示一种对立各方之间的肆意斗争。不受任何传统战争形式所受的制约、一种退化到自然状态的所有人反对所有人的形式，一种特殊种类的冲突，其中所有的边界，‘内部的’和‘外部的’，洲际的和国际的，都统统被模糊了。面对这种情况，批判理论家迈克尔·哈尔特和安东尼奥·内格里在 2004 年写道：‘我们当代世界的特点是，有着一般性的永久性的全球内战，持续地受到暴力威胁以至于民主制度被荒废。’这就是内战作为施密特所说的‘例外状态’：紧急状态是由一个集权的国家元首决定的，在这里法治可以被统治者的主观判断或者军事法所取代。面对被称为‘全球内战’那势不可当的态势，乔治·阿甘本在 2005 年写道，‘在当代政治中，例外状态越来越表现得像主导政府的范例’。”（见［美］大卫·阿米蒂奇：《内战的世界：20 世纪》，邬娟等译，载搜狐网，https：//www. sohu. com/a/250813302_612396，2019 年 8 月 29 日访问）。进言之，完全可以说所有战争，在本质上都是“所有人对所有人”（并非霍布斯意义上“自然状态”下）的战争，是“人类内战”。

战、经济战、舆论战……笔者称之为“非武器内战”)；而在积极的方面，它不但引发了各国政府和国民对危机（紧急状态）治理的实践应对，而且引发了学术界——无论哲学家、法学家、政治学家、经济学家、社会学家还是自然科学家的深入思考和广泛讨论。甚至不少年事已高的学界名宿也积极参与其中，以学术家、思想家的目光审视疫情及对抗疫情的策略，如乔姆斯基、哈贝马斯、阿甘本、齐泽克，等等❶。这其中，在笔者有限的阅读范围中，恐怕具有国际声誉的美籍日裔学者福山对有关各国政府，特别是中美两个大国应对疫情的评述最多。

早在疫情暴发之初，福山就通过和纳菲西关于 COVID－19 疫情的对话，重提其对“身份政治”的检讨和警惕：“身份政治的一个问题就是，它让我们把作者的身份看得比作者写了什么更重要”；“令我担忧的是，美国和其他现代民主国家正在朝着身份政治的方向前进，你的肤色或种族决定了你对世界的看法，而不是你个人的想法。”❷ 何

❶ 对上述学者在 COVID－19 疫情期间分别提出的命题，笔者也分别撰文予以专门评析。见谢晖：《COVID－19，“想要”与“能要”的治理权衡——基于“乔姆斯基命题”的思考》，载《浙江社会科学》2020 年第 9 期；《COVID－19，透过“唯一知”“知无涯”看治理原则——基于“哈贝马斯命题”的思考》，载《学术界》2020 年第 7 期；《论“例外生存”的治理决断——基于 COVID－19 期间“阿甘本命题”的思考之一》，待刊稿；《论“自由例外”的治理决断——基于 COVID－19 期间“阿甘本命题”的思考之二》，待刊稿等。

❷ 《福山对话纳菲西，从新冠病毒谈到文学与想象力》，程千千编译，载澎湃新闻，https：//www.thepaper.cn/newsDetail_forward_6836754，2020 年 4 月 7 日访问。福山对“身份政治”的系统论述，见其《身份：对尊严的需求和怨恨的政治》（*Identity*：*The Demand for Dignity and the Politics of Resentment*）一书。相关简洁的论述，见福山：《反对身份政治：新部落主义与民主的危机》（*Against Identity Politics*：*The New Tribalism and the Crisis of Democracy*），苏子滢译，载澎湃新闻，https：//www.thepaper.cn/newsDetail_forward_2397349，2018 年 8 月 31 日访问。

以检讨和警惕此种“身份政治”？这在一定程度上取决于 COVID－19 疫情暴发以来，在美国明显存在的有色人种的发病率远高于白种人、治疗状况远差于白种人的情形。

但对本文来说，这不是最重要的。重要的是除此之外，福山还专门发表了多篇相关文章，提出了一个国家抗疫能力的决定因素“不是政体类型，而是公民是否信任他们的领导人，以及这些领导人是否领导着一个称职而有效的国家”❶ 这一重要结论。笔者把这一结论，称之为有关抗击 COVID－19 疫情期间的“福山命题”。不过在笔者看来，福山的这个结论，或许尚不是真正的“结论”，而只是“行走在路上”的结论，因为它有赖对相关追问的继续回答，例如，信任产生的缘由究竟何在？不少国家推行的“居家令”“社交距离令”“隔离令”等，明显使芸芸众生的关系相对疏离，人对人俨然就像病毒对病毒，空旷的大街上，只要对面走过来一个人，立马避之不及，捂罩掩鼻。在此情此景下，何以对领袖产生信任？“称职而有效地领导国家”的标准又是什么？是平时的领导标准还是紧急状态下的领导标准？然而，笔者在本文中所关心的，不是对福山这一命题的具体辨析，而是想借此引申出需要更进一步深入探究的问题。这些问题将围绕着四个关键词展开，即信任、“自由例外”和“专制例外”以及国家治理。其中信任是统揽全文最重要的关键词。

按照“社会资本”（以区别于私人资本）理论，信任和规范、网络一样，是社会资本的基本组成要素。没有信任，社会资本不但有缺陷，而且它的其他要素如规范、网络也难以为继。帕特南借助

---

❶ 福山：《是什么决定了一个国家的“抗疫”能力?》，朵悦译，载澎湃新闻，https：//www. thepaper. cn/newsDetail_forward_6789959，2020 年 4 月 2 日访问。

其他学者的话论述道：

信任是社会资本的必不可少的组成部分。肯尼斯·阿罗(Kenneth Arrow)指出：“实际上，每一起商业交易都内在地含有信任成分，无疑，任何一种交易都要一定的时间跨度。人们似乎有理由认为，经济落后很大一部分是由缺乏互相信任造成的。”……

(基诺威希)指出：在缺乏信任的地方，“契约没有确定性，法律因此没有效力”。处于这种境地的社会，实际上退回到了“半原始状态”……❶

可见，“福山命题”强调信任，渊源有自；而本文之所以强调信任，是因为其主题所针对的实质上就是在例外状态中根据社会资本施行治理的活动如何有效的问题。

二、“自由例外”、治理难题与多焦点治理

1. 人类的“自由倾向”与“自由例外”

一直以来，自由是学者们所研究的重要主题，特别是近代以来，无论学科分际如何发展，自由都是一个在政治学、法学、社会学、人类学、经济学、伦理学、文学、史学、哲学等人文—社会科学领域的主题词。有关自由和自由主义历史的研究成果，可谓汗牛充栋。在一定意义上，自由也源远流长，英人阿克顿勋爵在研究“自由的历史”时，从他所熟悉的希腊源头开始：

自由，仅次于宗教，一直是善行的动力和罪恶的惯用借口，从两千六百四十年前的雅典被播种，到我们这个民族收获其成熟的果

---

❶ [美] 罗伯特·D. 帕特南：《使民主运转起来》，王列等译，江西人民出版社2001年版，第119~200页。

实，从来如此。❶

阿克顿开宗明义想要说的是自由在它的历史上的基本功能，但同时也预示着在他的笔下，在他的观念中，自由乃是以希腊—罗马文明为代表的西方文化的产物。另一位因对自由的研究而蜚声学术史的思想家伯林，在给自由定性时也从古希腊谈起：

什么是政治自由？在古代社会，特别在希腊人当中，“是自由的”就是能够参与自己城邦的管理。只有当一个人有权参与法律的制定与废除时，法律才是有效的。自由并不是被迫服从别人为他制定的法律，而是服从由他制定的法律。这种民主制使得政府与法律渗透生活的所有领域成为可能。人不能免于这样的管理，他也不要求免于这样的管理。❷

那么，自由作为一种人的需要，以及经由这种需要而形成的观念和事实，是否只在西方文化中存在？在人类的其他文明中，就不存在自由的基因？如果是这样，那么如何理解在不少国家和民族，其文化传统被明显地保留的同时，也很快接受了自由的理念、制度和行为？例如，日本、韩国、印度和中国（在法律和人们观念上）。在笔者看来，之所以如此，是因为自由的理念和制度，切中了人类本已有之的“自由倾向”。

---

❶ ［英］阿克顿：《自由的历史》，王天成等译，贵州人民出版社 2001 年版，第 3 页。

❷ ［英］以赛亚·伯林：《论自由》，胡传胜译，译林出版社 2003 年版，第 321 页。当然，在另一个地方，伯林借助孔多塞的观点并引申性地强调作为个人权利的自由在古代社会的普遍缺席：“孔多塞已经指出，在罗马人与希腊人的法律概念中，不存在个人权利的观念；这种说法似乎同样适用于犹太、中国以及所有存在过的古代文明。”（见［英］阿克顿：《自由的历史》，王天成等译，贵州人民出版社 2001 年版，第 197 页。）之所以如此，是因为自由观念是“比较现代的”。

所谓“自由倾向”，取决于人的存在方式和人性的一个概念，它可能会因人的民族身份、文化身份、职业身份乃至性别身份而有不同的表现，但绝不会因为身份的差异而泯灭，它是普遍存在于所有人身心中的一种自然倾向。这种倾向，源于人的个体性生存。众所周知，每个人来到世上，其不同的相貌决定了其特有的身份。即便一对双胞胎在外表上如何相像，但其心理、行为以及性格总有差异，即便其外表，也不可能不存在差别。据报载：澳大利亚一对双胞胎姐妹不但长相极度相似（为了更像对方，两人还分别做了美容手术），而且行为方式、性格特征、生儿育女的取向（甚至追求同时怀孕）也完全一样：“两个人就像是连体婴儿一样，不管是吃饭、洗澡、睡觉还是出去逛街，她们总是分不开”，但即使如此，与其一起生活了 9 年的男朋友还是分得出两人谁是谁❶。这不正表明其身份的差异吗？即使一对连体婴儿，他们共享其身体的一部分，甚至心脏、头颅，但只要医生能成功将两者分离，便是两个完全不同的个体存在；即便分不开，两者连体地生活一辈子，只要他们有各自独立的大脑，他们就依然是各自独立的主体。

正是因为人的自然存在的个体性，人类才必然具有“自由倾向”。一切社会的合作、结构皆出自个体性及其天然的“自由倾向”。倘若没有此种倾向及事实，那么，所谓社会合作、社会建构、社会交往、社会沟通，所谓“选贤与能，讲信修睦，故人不独亲其亲，不独子其子，使老有所终，壮有所用，幼有所长，矜寡孤独废

❶ 兜妈爱叨叨：《真“共享男友”！澳大利亚双胞胎姐妹，共享同一个男朋友 9 年》，载腾讯网，https：//new. qq. com/rain/a/20200802A0FG8I，2020 年 8 月 29 日访问。

疾者皆有所养，男有分，女有归”[1]，所谓“父子有亲，君臣有义，夫妇有别，长幼有序，朋友有信”[2] 等，就只能是“皮之不存，毛将焉附”了。借此完全可以说，人的天性是自由的；所谓“天赋人权”，即天赋自由。所以，“自由倾向”是人所共有的，是人与生俱来的，这和个体权利的自由理念有所不同。后者只是将人类共有的“自由倾向”结构在一种更高级的观念（自由主义）和制度（个体权利）中而已（相较而言，在其他观念和制度下，则想竭力遮蔽、甚至销蚀这种倾向）。

所以，尽管人类天性是自由的，天然具有自由倾向，但有史以来的人类历程，却主要被人类的另一天性“专制倾向”所主宰。且不说霍布斯所谓“一切人对一切人的战争”之自然状态，也不说人类进入“文明时代”以来我们通过文字或其他记录方式已知“阶级剥削和压迫”的历史事实，仅就人类进入“民治时代”，和被福山曾称之为“历史的终结”[3] 以来的事实而言，人类的“自由倾向”并未真正缔造出“自由常态”的事实，尽管在法律上，自由已然通过权利的形式而深入人心，似乎自由已经成为人们生活的常态，并且事实上，自由确实在民治国家内部大体是一种法律上的、应然的生活常态。然而，即便如此，人们还不得不面临所谓“自由

---

[1] 《礼记·礼运第九》，载（宋）陈澔注：《礼记集说》，第 120 页［全书刊于宋元人注：《四书五经（中册）》，中华书局 1985 年版］。

[2] （战国）孟轲：《孟子·滕文公章句上》（上册），载杨伯峻译注：《孟子译注》，中华书局 1960 年版，第 125 页。

[3] ［美］弗朗西斯·福山：《历史的终结及最后之人》，黄胜强等译，中国社会科学出版社 2003 年版，第 239 ~ 282 页。福山该著有多个中译本，除此之外，还有远方出版社 1998 年版本，由“本书翻译组”翻译，译名为《历史的终结与最后一人》；广西师范大学出版社 2014 年版本，由陈高华翻译，译名为《历史的终结与最后的人》等。诸译本各有千秋，可结合参看。

例外”。笔者对“自由例外”是从如下两方面界定的：

其一，一般例外，即人类历史长河中的“自由例外”。在人类发展的历史长河中，尽管“自由倾向”是人的天性之一，但实际的人类历史，不过是那些有条件、有能力书写历史的强者决定的。所以，被结构、装置于秩序和权力体系中的自由（即自由的体制，大体上可表述为民主体制，尽管民主与自由，是两个不能完全通约的概念），在人类漫长的历史中，只是一种偶发事件，而不是常态事实❶。

其二，特殊例外，即“自由常态”中的“自由例外”。“自由例外”的第二种情形，是指在现代国家，特别是实行民治体制的现代国家中，由于在健全的法治保障下，“权利本位”、个体主体性以及个人与社团自由已经成为其国内之常态。但是，这种常态往往经不起自然的（如大瘟疫）和人为（如全面战争）的紧急状态的考验。一旦有紧急状态发生，如军事战争、社会革命、自然灾害、瘟疫肆虐等，就必须以有效有力的政府权力安排社会交往和生活，就不可避免地会导致政府权力之扩张和私人与社团权利之克减。COVID－19 疫情暴发以来，世界各国政府所采取的控制措施，虽然有强有弱，有封国、封城、封社区的强举措，也有只强调居家、保持社交距离、戴口罩、禁止聚集性社交、附期限强制隔离等相对较弱的举措。但无论如何，这些措施就是施密特、罗斯托、阿甘本等思想家所讲的典型的例外状态。进言之，此种例外状态最大的例外，就是本文所谓“自由例外”，以及实际地导致“自由例外”的

---

❶ ［挪］亚当·普里泽沃斯基：《作为冲突偶然结果的民主制度》，谢鹏程译，载［美］埃尔斯特等编：《宪政与民主——理性与社会变迁研究》，潘勤等译，生活·读书·新知三联书店 1997 年版，第 69～93 页。

权力装置——“权力例外”。

显然，以上两种“自由例外”是全然不同的概念。前者是一般性概念，强调迄今为止，在人类历史发展的长河中，和专制相较，自由是例外的；后者则是特殊概念，是指在把自由作为常态的现代民治社会，一旦遭遇紧急（例外）状态，则自由首先表现为“例外”。笔者在另一篇文章中曾以“自由例外”为标题，阐述“自由例外”的治理决断，所取的就是上述第二种含义❶。在本文中，笔者讲的“自由例外”，有时候取其第一种含义，有时候取其第二种含义。具体在何处取第一种或第二种含义，请诸君在阅读中判断。

2. “自由例外”向自由的常态转进

人类的伟大之处在于，只要是符合人类总体要求的，人类总会设法创造条件，使其装置在某种规范结构中，成为导向人类行为的制度装置。自由从例外向常规的转进正是如此。尽管对于一种制度之于自由的成长究竟能起多大作用，自由主义大师阿克顿勋爵给出了一种颇耐人寻味的说辞：一方面，他肯定对自由而言，知识增长和制度建设一样重要；另一方面，他又对制度建设之于自由作用可能存在的虚假性有清醒的怀疑：

……真正的自由的前行就记载于知识的增长之中，并不亚于记载于法律的改进之中。制度的历史常常是骗人和虚幻的历史；因为制度的作用取决于产生制度的观念和维持制度的精神，当内容已不复存在的时候，形式可能还一如既往。❷

---

❶ 谢晖：《论“自由例外”的治理决断——基于 COVID－19 期间“阿甘本命题”的思考之二》，待刊稿。

❷ ［英］阿克顿：《自由的历史》，王天成等译，贵州人民出版社 2001 年版，第 3～4 页。

尽管阿克顿说得不错，甚至在他看来，自由是如此古老，甚至比专制还古老[1]，但自由在人类历史的长河中从例外向常态的制度转进，乃是其摆脱蒙昧、迷信和知识垄断的产物。随着知识以及人们认知的迅速增长，人们能够自主地认识既有权力装置可能存在的种种问题，也能够在知识和认知的引领下，参与到法律和制度的讨论中，从而把自己的意见结构到法律制度中。这样一来，所谓人们服从法律，也就是服从自己参与，并经过自己同意而制定的法律。这正是直接民主制和代议制政府的设想和实践带给人们带来的惊喜，也是这样的制度设计和实践，使得从制度上讲一直处于例外的自由，转进成为一种常态。

诚然，直接民主制可能来自遥远的初民社会。即便在我国古代的传说中，也存在这样一个让人多少有些羡慕的传说时代——特别是部落禅让制的制度模式，凸显着原始民主制的特点[2]。在人类信史上，这种制度在古代社会则仅存在于众所周知的雅典。但与此同时，我们也知道，雅典民主制虽然是直接的，可其一，它只是作为自由民的本邦人和部分男子的民主，奴隶、妇女以及寄居雅典的外邦人不享有此种民主；其二，即便在雅典，这种民主制也仅仅是昙花一现，雅典很快陷入内部混乱，被外部觊觎和吞噬；其三，这种

[1] 阿克顿指出："根据欧洲大陆最著名的女作家的一句名言——自由是古老的，专制才是新的。证实这一名言的正确性，已是最近之史学家的荣耀。希腊英雄时代证实了它，在条顿人的欧洲则表现得更加明显。无论我们将雅利安民族的早期生活追溯到什么地方，我们都能发现一些胚胎，有利的环境和勤劳的文化或许曾将它们培育成自由社会。"（见［英］阿克顿：《自由的历史》，王天成等译，贵州人民出版社 2001 年版，第 7 页。）

[2] 徐旭生：《中国古史的传说时代》，文物出版社 1985 年版，第 20 ~ 36 页。

民主的民粹倾向也尽人皆知，这直接导致伟大的思想家苏格拉底之死❶。正因如此，雅典的直接民主制，以及其后“接管”它的罗马共和制，只能被帝制无情地取代，走向衰亡❷。直接民主制由此被打断，被悬置，并且这一打断和悬置，整整持续了近2000年！

而形成于近代启蒙和革命时代的代议制设想，在一定意义上不但是自由资本发达、人类知识增长、主体意识萌生以及社会力量制衡的产物，也是吸取并反思雅典直接民主制及其缺陷的产物。诚然，直接民主制更能彰显人民参与法律和公共事务的程度，但这种直接参与对于小国寡民的城邦而言，尚可一试，而于地大物博、人口众多的大国而言，则有些勉为其难，因此，以代议制方式推进民主，尽管是迫不得已之举措，但较之“天下之事无大小皆决于上”❸ 的寡头专制，显然不可同日而语。这种独特的制度设计，通过把直接民主和间接民主巧妙结合，有效推进了自由的转进，即把自由装置于民主之中。

虽然民主、自由以及法治并非能够相互通约的概念，但三者之间在更多的时候相互支持。民主借助民众天然的“自由倾向”和自由要求，通过把民众结构在公开的议事程序和议事框架中而保障民众自由的表达；法律和法治则把这种自由表达一般化、普遍化和形

---

❶ ［古希腊］亚里士多德：《雅典政制》，日知等译，商务印书馆1959年版，第4～70页；［古希腊］修昔底德：《伯罗奔尼撒战争史》（上、下卷），谢德风译，商务印书馆1960年版，第1页；［古希腊］柏拉图：《申辩篇》《斐多篇》，王晓朝译，皆载《柏拉图全集》第1卷，第1～32页、第51～133页。［古希腊］色诺芬：《回忆苏格拉底》，吴永泉译，商务印书馆1984年版，第189－196页等。

❷ ［英］爱德华·吉本：《罗马帝国衰亡史》（上、下册），黄宜思等译，商务印书馆1997年版。

❸ （汉）司马迁：《史记·秦始皇本纪》，中华书局1959年版，第258页。

式化，并以每个人的信用（哪怕是面子意识保障下的信用——说话算数）和国家的权力强制做双重保障，成为人们的行为准则。因此，每个个体的“自由倾向”，聚合为民主的议事和表达过程，其结果订定为可操作、形式化、普遍化和有保障基础的法律和法治。这个过程正是操作方式上把“自由倾向”从例外导向常态的技术路径。这一技术路线首先在具有“民主和自由传统”的西方世界奠定，随之通过其殖民扩张、市场布局、自由教化、民主设计推而广之。

但是，自由真正在全球范围内从例外向常态的转进，却不能全然、甚至不能主要归功于西人这种殖民的倾向和行动，而毋宁说是经由市场贸易人们的知识和见识的迅速扩大，以及由知识和见识所激发的民族焦虑、身份认同和主体觉醒。所以，与其说殖民行动开启了自由从例外向常态在全球的转进，不如说它刺激了殖民地国家和民族的自由觉醒，这种自由，既有西方传统意义上的个人自由，也有殖民地国家和民族赋予它的新的意义，即民族自由、国家自由、人民自由和社会自由，等。因此，自由不但在个体自由意义上从例外向常态转进，而且在群体、社会意义上从例外向常态转进。

所以，今天全球范围内所面对的常态化的自由，在制度装置上可谓五花八门。即便再专制的制度和政权，也不会否定自由，并且在宪法和法律上还会规定各种各样的权利——政治权利、民事权利、诉讼权利、言论权利等以保障自由。所以，如果说自由从例外向常态的转进在西方走的是一条文化内生的路的话，那么，在非西方世界，尽管人们的“自由倾向”自古而然、与生俱来，但在自由从例外到常态的转进中，一方面受了西方殖民者及其文化的影响；另一方面也深受西方殖民者、当然也是侵略者的刺激。其中受刺激的一个重要原因，就是在跨国界、跨族群和跨文化交流时，事实上自由从例外到常态的转进任务并未完成。西人在国内、族内、文化内是把自由从例外结构为制度常态，但在国外、族外和文化外，则在骨子里并非如此。此种情形，至今依然存在。这正是最近在美国，黑人高喊“黑人的命也是命”的缘由，也正是在国际上霸权主义、极权政治、大国欺凌随处可见的原因。

正是以上情形，既刺激了被殖民地国家和民族的人民对民族、国家独立自由的追求，也大大地扩展了自由的言说领域——这一词汇从以往的个体自由已然扩展到族群的自由和权利、社群的自由和权利、社团的自由和权利以及财团的自由和权利等。一言以蔽之，昔日以个体主体为自由以及表现形式——权利的主要主体之情形，如今在自由的例外向常态之全球推进中，悄然发生了形变。在一定意义上，国家的、族群的、社会的、人民整体的自由，在重要性上甚至盖过了个体自由。这又反过来影响着向来标榜个体自由和权利的西方世界。其中在近些年来明显出现的国家保护、国家至上、国际对抗等情形都凸显了面对竞争压力的西方国家在一定程度上正在修正传统的个体自由精神，而以国家利益、民族利益矫正个人主义和个人自由。此种情形，能不能称之为自由从例外到常态的一种逆向的转进，是不是意味着从自由例外到自由常态的转进发生了某种内容上的明显变化？对此，还需要我们去认真观察、领会并探究。

3. “自由常态”导致的治理难题

然而，任何事情有利就有弊。自由从例外到常态的转进，毫无疑义地促进了全人类精神样貌的巨大改变，它不仅让西方人获得了尊严，而且在全球化的人员交流和交往中，使全球每个国家的公民，都能大体上获得法律上的尊重和权利保障。只要人们愿意，还能够以主体身份自由地参与（表达）所在国的制度建设，使其不仅是制度设置的被动接受者，而且还是制度设置的参与者。人们对制度的接受不是出于外在的压制，而是出自内在的自觉和自设的“作茧自缚”❶。正因为自由之于人性的健全、人格的壮大、精神的自治、行为的自主、财产的保障……如此重要，才会有“不自由，毋宁死”的慷慨宣告；才有“生命诚可贵，爱情价更高；若为自由故，两者皆可抛”的激越诗篇。但问题也因此而生。

其中最重要的问题是有关自由的治理问题。一般说来，自由在事实上是人的个体性存在（表现在身体外貌、性格性情、思维方式、行为方式等）的必然要求，在法律上则被形式化为权利，因此，从个体性到自由再到权利，具有明显的内相关性❷。这意味着，似乎只要有了法律，有关自由的治理就不存在问题。无论公民个人、其他社会主体或者政府，只要按部就班、循规蹈矩地按照法定的权利享受自由、追求自由、保障自由，就算实现了对自由的治理。但如果这么简单，那就不存在什么问题了。

事实上，这种自由的治理，表面上有法律提纲挈领的权利规范，因之，人们身体力行地按照权利要求行事，即能取得自由效果，因此，理应是一种低成本的治理方式。诚然，在一种完全法治化，人们——公民、法人、政府皆视法律为其基本的行动协议，任何其他因素都不能改变该种协议，即使其他因素强大到能改变协议，那也是一个在协议框架内的协议，因此，我才说它理应是成本最低的治理方式。然而，这只是看到了事情的表象。其实自由治理，照例是成本昂贵、甚至比专制更为昂贵的治理方式——尽管自由治理和专制治理究竟哪个成本更高，或许是人云亦云、从而也需

---

❶ 季卫东：《程序比较论》，载《比较法研究》1993年第1期。

❷ 谢晖：《法律双重价值论》，载《法律科学》1991年第6期。

要进一步深入研究的话题，但绝不能认为自由治理的成本一定就低于其他治理。自由治理之高昂成本，主要体现在如下三个方面。

其一，意见自主与决策困难。自由治理以每个治理参与者的意思自治和行为自主为前提。固然，这是治理参与者主体性的体现，但也唯因如此，它在充分表达参与者自由观点和意见的同时，常常会导致“公说公有理，婆说婆有理”一类的意见相左，以至于决策久拖不决，从而丧失行动的先机。只要实行自由治理，在决策过程中的这种意见相左和久拖不决，就因自由的常态而变成行动的常态。我们知道，有些决策事项，譬如立法，必须长远考虑，考虑成熟了，在求同存异的基础上制定法律，不但必要，而且必须。故而为此观点再分歧、讨论再激烈，皆不为过。但更多的决策事项，是对于当下事务的考量，因此机会往往转瞬即逝，一旦一项决策久拖不决，必然会影响决策效果，在另一视角，则无形中增加自由治理之成本。

这种决策成本的高昂，还在于自由稍加不慎就会导致人们之间互不信任，甚至因此导致社会撕裂。这在那些民主机制尚不成熟的国家和地区不难得见。特别是以党派政治为特征的议会制国家，不时可见不同党派的议员在议会辩论中大打出手，寻常百姓也知晓的“君子动口不动手”，“可以吵架，但不能打架”，却在本来应是高智商、高情商、高素质的议员那里失去其效应，反而引致人们对政治参与的心理阴影和提防，显然，这是自由治理在决策实践中已然显现的重大心理成本——实质上，这是一种信任危机，不仅是人与人之间的信任危机，也是人对制度的信任危机。显然，这是关于自由在日常状态下的治理难题。

其二，自由空间与各行其是。即便决策——无论是以法律形式所表现的决策，还是以政策等其他形式所表现的决策——成功了，是不是意味着关于自由的治理就可以一劳永逸，既能高效地进行治理，也能有序地实现治理？情况依然不是如此简单。因为自由的形式表达——法律权利总是赋予人们的行为以一定空间。在这一空间范围内，所有自由主体完全能够各行其是，不听号令。即凡是私人领域的事都只能由每位主体自己决策，从而实现“风能进、雨能进，国王不能进”。这虽然激发了主体的自主动力和创造动力，也会激发社会的明显活力，但也埋下了如下明显的问题：

我们知道，一个社会越倾向于突出个体，越需要合作。这是因为任何一位个体，无论他以自然人身份存在，还是以法人等团体身份存在，都无法自给自足地满足其全方位的需要。分工社会的基本特点就是突出每位个体，它在彰显个体自由、自治和权利的同时，必须把自由的个体结构装置在社会合作的框架中，否则，个体自由（分工生产）的单面性和心理需要的全方位性之间，会因为合作的脱节而断裂。如果是这样，自由所导致的只能是得不偿失。所以，一个自由极致化的国家，一定同样是一个合作极致化的国家。在另一层意义上，一个真正自由的国家，理应是一个真正具有控制能力和秩序供应的国家。否则，或许只能导致卢梭那句名言所描述的情形——“人是生而自由的，但却无往不在枷锁之中”❶。这里所凸显的，事实上依然是前述信任问题。一个国家及其体制自由和自治充分，但合作不畅，一定是人们之间的信任产生了问题。这显然违背了自由个体受尊重的“本能欲望”❷。对自由民主背景下信任之

---

❶ ［法］卢梭：《社会契约论》，何兆武译，商务印书馆 1980 年版，第 8 页。

❷ 福山曾指出：“通过工作场所与其他人联系在一起，而派生出的满足感来源于人类追求自身价值获得承认的一种本能欲望。”（见［美］弗朗西斯·福山：《信任：社会美德与创造经济繁荣》，彭志华译，海南出版社 2001 年版，第 7 页。）

于“现代化”的作用，福山清醒地指出：

……历史终结时出现的自由民主不完全是“现代化”。民主和资本主义制度正常运作的充分条件，是它们必须与某些现代化之前的文化习俗共存，这些习俗可保证它们正常运转，法律、契约和理性经济为后工业社会的稳定和繁荣提供了必要的基础，但还必须用相互关系、道德义务、对群体的责任以及信任来激活它们。而这些是建立在习俗而不是理性的计算（rational calculation）基础之上的。它们不是现代社会的过时现象，而是现代社会成功的先决条件。❶

其三，例外状态与自由惯性。如果说，上述两种情形是“自治的自由”（日常状态下的自由）所面对的治理难题的话，那么，众所周知，任何一个自由的体制，所面对的绝不仅是自由的常态，它还会不可避免地面临“自由常态中的自由例外”（前文所谓“特殊例外”）。自然，在这里绝不是说自由体制要求自由缺席，而是因为例外状态的存在对日常的自由和权利以国家和秩序的名义采取一种必要的克减和管制。这种自由，就是“管制的自由”（或例外状态下的自由）。在此种状态下，治理面临着另一种权衡和抉择，即在“自由的生命公平”与“公平的生命自由”之间的权衡与抉择。本质上，这是自由优先还是公平优先之抉择❷。

自由的“特殊例外”要求政府主导、治理从严、权利克减、措施果断等，但这种种要求，对于在自由的常态下生活惯了的人们而

---

❶ ［美］弗朗西斯·福山：《信任：社会美德与创造经济繁荣》，彭志华译，海南出版社 2001 年版，第 14 页。

❷ 谢晖：《论“自由例外”的治理决断——基于 COVID－19 期间“阿甘本命题”的思考之二》，载《钱塘法律评论》2021 年卷。

言，一时半会儿很难接受。这无论在何种体制下的国家，都会存在。美国这个世界上重要的自由国度，至今仍为口罩令、社交距离令等的落实而绞尽脑汁，也为“禁驱令”（疫情期间，在规定期限内禁止房东驱逐无钱付房租的租客）期限到来之际，是否再由政府补贴，追加“禁驱令”而伤透脑筋。两党、国会两院以及院府之间皆为此而争得不可开交。可见，在例外状态下，自由常态面临着治理的更大的考验。对此，笔者将在本文第三部分具体展开。

4.“自由常态”下的多焦点治理

所有治理，无论是政府主导的，还是社会主导的，无论是奉行社会主义的，还是奉行自由主义的，无论是自上而下的，还是自下而上的，无论是共和制的，还是君主制的，无论是单一制的，还是联邦制的，无论是国内治理，还是国际治理，也无论是政府治理，还是社会治理……在基本倾向上，都是从分散趋向统一，从多元趋向一元，从散漫趋向有序。因此，这种趋向也适用于“自由常态”下的国家治理。在这个意义上，无论是“自由常态”，还是“自由常态”下的自由例外，之于治理，似乎没多大区别。然而，事实上，其间的区别是巨大的，否则，也就不会有那么多人关注例外状态的治理问题了。

为了下文方便进一步阐述在自由社会中例外状态的治理逻辑，不妨在这里首先阐述“自由常态”下的治理逻辑。首先，治理这个词，就是在自由社会或民治体制下才使用的概念，因此，它不同于统治，也区别于管理[1]。所以，治理概念的划分，就是在自由从例

[1] 谢晖：《论“自由例外”的治理决断——基于 COVID－19 期间“阿甘本命题”的思考之二》，载《钱塘法律评论》2021 年卷。

外转进到常态后，“自由常态”下的两种情形——日常状态治理和例外状态治理的划分。其次，就“自由常态”下的治理而论，一言以蔽之，其呈现为“多焦点治理”。所谓“多焦点治理”，也称多中心治理❶。笔者以为，它既是社会分工的产物，也是在自由社会中人的主体化的产物，更是治理方式和对象日趋复杂的产物。下面分别予以说明。

其一，社会分工与多焦点治理。社会分工乃是一个自从初民社会末期以来就存在的社会现象，如我们熟知的农业与牧（渔猎）业的社会分工、手工业与农业的社会分工等。每次社会分工，都是人类知识增长的产物。农业之于牧（渔猎）业，更象征着知识的进步，表明人类从自然依赖更多地走向知识（社会）依赖；手工业之于农业，也是如此。每次社会分工，也意味着管理手段的不断进化。此种古典的社会分工，自然不能和现代社会分工相提并论，因为它并未导致分工主体的专门化和职业化，因此，即使产生了分工，仍然只存在单一的管理，而不存在多焦点、多中心的治理。

但是，现代社会分工却完全改变了这一切。它所导致的结果，不仅是不同行业的纷纷产生，而且是分工在这些行业的人们越来越专业化、职业化。专业化意味着分工于该专业内部的人们，掌握着其他专业的人所很难精进地掌握的知识，因此，人们能够因为知识的垄断在经济上谋生，不但满足自己的相关生活所需，而且满足对该专业知识知之甚少、甚至不甚了了的人们基于相关知识的产品需要。例如，一位股市分析师，不但满足自己对相关领域掌握之需要，而且满足更多关注股市，但并没有相关知识者对股市现状的了

❶ 有关“多中心治理（道）”，见［美］迈克尔·麦金尼斯主编：《多中心治道与发展》，毛寿龙译，上海三联书店2000年版，第483~531页。

解需求。同理，医生、律师、工程师、设计师、美容师……种种纷繁复杂的知识分工所导致的，就是职业分工，就是“隔行如隔山”。何以在现代社会越来越缺乏百科全书式的大师？其缘由就在于如此复杂、精细的知识分工，以及奠基于知识分工基础上的职业分工，既不可能让一个人穷其一生而精通地掌握，也没有必要让人们耗时费工去掌握。人们只要专精于某一方面，就能够“行行出状元”。至于整个社会的需要，则通过分工主体的合作就大致上能够满足。毕竟人在本质上又是善于合作的动物，而社会的精细分工导致的主体化，更需要这种合作❶。

现代社会分工的精细化、专业化，导致治理的多焦点化，即任何一位号称全能的治理主体，都不可能在知识上无所遗漏地对所有社会分工主体进行无遗漏的治理。反之，在知识和职业分工极其精致的背景下，这些分工主体内部的自我治理愈显重要。他们既掌握治理应有的知识，又了解内部治理的需要，因之，国家治理赋予知识和职业分工者以内部的自治，并在国家治理的宏观规范——法律的制定中，把行业准则作为法律或有法律效力的准则，显然，这对节约政府治理的成本，提高整个社会治理的效率而言，有百利而无一害。因此，在自由常态下，多焦点治理乃是一种得偿所愿的治理。

---

❶ 福山把这种合作称为“互惠”和“为竞争而合作”，这一总结很有意义（见［美］弗朗西斯·福山：《大分裂：人类本性与社会秩序的重建》，刘榜离等译，中国社会科学出版社2002年版，第218～224页）。“互惠”意味着合作者自我不能满足特殊需要时，相互从对方那里满足其需要；“为竞争而合作”意味着合作不是相互被对方销蚀，而是为了更高的自主性以及更高的自由之实现，所以，合作从来是、只能是主体在场、从而自由在场的合作。否则，可能是兼并，而非合作。

其二，人的主体化与多焦点治理。在前资本主义时代的统治和管理中，政府之所以处于绝对至上地位，甚至成为唯一的统治和管理主体，在于人的存在状态在彼时大体上处于普遍的非主体状态。尽管在古希腊和古罗马的个别时期，有自由民存在，从而存在着特殊的、非普遍化的主体，但总体来说，自由民和奴隶的两分，令身份政治是人们生活的基本样态。而在绝大多数专制政体下，从上苍之下，万民之上的帝王，到普通民众，可谓都是非主体化的。即便皇帝，也是上苍（帝）的子民，祖宗的后裔，其所言所行，乃是代上苍立言，尊祖宗行事。因此，人的普遍非人格化和非主体化，容易导致通过神灵和信仰进行统治、管理。

但是，近代以来，前述知识的普及和工商文明、贸易文明的开放，极大地提升和拓展了人们的视野，“人的创世纪”——人的主体化时代已然到来。尽管其初来乍到时，仍存在不少问题，如妇女、种族等的主体身份和地位问题仍未解决，但这些问题，随着女权运动带来的妇女之解放，随着黑人运动的如火如荼，不但在法律形式，而且在交往行为中已在很大程度上得到解决。但不无遗憾的是，这些运动发展到今天，从另一视角催生出了一种身份政治[1]

[1] 也是福山，专门通过《身份》一书，深刻地剖析了在发达资本主义国家，特别是美国所衍生出的新的“身份政治”。福山一方面对“身份政治”的不可避免有清醒认识；另一方面，也剖析欧美身份政治——无论是来自左翼的，还是右翼的，都抱着强烈的批判精神。“身份问题更难调和：你要么承认我，要么不承认。对丧失尊严或被忽视的愤恨往往植根于经济问题，但有关身份的争斗往往会背离那些真正有帮助的政策。因此，通过建立更广的联盟来为再分配而斗争，就变得更加困难：那些同时属于地位较高的身份群体的工人阶级成员（如美国白人）倾向于反对与身份低于他们的人联合，反之亦然。”（见［美］弗朗西斯·福山：《反对身份政治：新部落主义与民主的危机》，苏子滢译，载爱思想网，http：//www. aisixiang. com/data/112052. html，2020 年 8 月 9 日访问。）

（在一定意义上，主体性所突出的就是个体的身份独特性），因此主体的普遍化问题仍存在种种限制，特别是明显的贫富差距及其扩大，有可能隐含着相互承认（信任）缺陷下的主体性埋没。不过即便如此，这种担忧并未改变现实中主体性越来越凸显的事实。这种事实，更进一步促成了人们的个体身份彰显和交往中的相互身份认同。因此，也自然促进了在自由常态下多焦点治理在更大范围内的展开。其突出表现是在政府的“他治”之外，社会治理更多地体现为主体的自治（自己的事情自己做主）和主体间的互治（通过契约之治理）❶。显然，这样的治理与政府独行的他治相较，一定呈现为多焦点治理的面貌。

其三，治理对象和方式的复杂化与多焦点治理。在既往的历史时代，人类所面对的仅仅是客体，人类只生活在人和自然（对象）的主客关系之中，而人的“类”整体性，进一步强化了这种或天人合一，或主客二分的情形。但无论合，或者分，知识生产和水平的严重局限，长期使人类生活在一种简单的主—客结构中。在这样的情形下，社会统治、控制及管理相对要容易得多。但近现代社会，特别是“知识爆炸”以来的信息（数字）社会却完全不同。

在这里，人所面对的对象，尽管在大类上仍然是主—客关系，但无论主体，还是客体，都发生了严重的裂变。这其中最重要的促变因素，是人类所创造的智慧产品——无论技术成果、科学成果、学术成果、艺术成果还是这些成果的再融合、再裂变，都意味着主体和客体的概念在迅速变化。这些成果，既有客体属性，也有主体属性。一个代码、一个姓名、一个昵称，就代指了一个人、一个主

❶ 谢晖：《自治、互治与他治》，载《法意与表达》，法律出版社 2014 年版，第 125～129 页。

体、一个身份，但它们本身，却毫无疑问，是人造的客体。一个机器人，可以比任何自然人都体贴地为人类、为具体的个人服务，但人类却自觉不自觉地因为对机器人的依赖，对数字的依赖而被机器人、被数字所绑架。从而在人造的对象面前，人被奴役、人被机器统治，人被严重异化。这表明，人与机器间出现了主体身份的竞争，也产生了治理身份的竞争——人治理机器（机器是人治理的对象）还是机器治理人（人是机器治理的对象）？凡此种种，皆表征着治理对象、治理主体、治理手段等等日趋复杂化。毫无疑问，这种情形使自由常态中社会的多焦点治理更加明显。

当然，要保持在全局上（一个国家乃至全球）多焦点治理的协调有序，就不可避免地要强调：越是多焦点治理，越要促进多焦点之间的合作与协同。这是对多焦点治理的再治理，它需要一种更高层次的体制结构和权力装置，需要人类更高层次的治理智慧。在自由常态中，它或许未必值得关注，但在自由常态时代，一旦出现"自由例外"（特殊例外），一种有能力协调多焦点治理的更高的体制结构和权力装置的必要性和重要性，就凸显出来。

三、"专制例外"、领袖信任与集权治理

1. 人类的"专制倾向"与"专制例外"

人类不但有"自由倾向"，而且也有"专制倾向"。所谓人类的"专制倾向"，是指人类普遍存在的控制、支配他人、社会和自然的欲望。它是取决于人的社会性存在的一种欲望。并且它与人的"自由倾向"并非截然对立，两者之间具有互生性。这里大体揭示了"专制倾向"的三个维度：本质、缘由和与"自由倾向"的关系。

“专制倾向”的本质是人的控制和支配欲望。人的“专制倾向”，就在于只要有条件，只要缺乏有效的制约力量，人就会把这种支配和控制他人、社会、自然的欲望进行到底。在此种情形下，人们所面对的就是优胜劣汰，或者说“物竞天择、适者生存”的丛林法则。从而人类的竞争法则，与动植物这些生物之间的竞争法则并无二致，如果有的话，仅仅是人类能够更为娴熟、更为精致、也更为高级地运用并实现这种倾向而已。所谓更娴熟、更精致、更高级地运用和实现，是指人类能够通过其智虑，对这些欲望进行有效的制度化处理。这种支配和控制欲望，以及对它的制度化处理，通常表现在如下三个方面：

其一，物质的支配和控制欲望。人们都期望自己能够支配和控制的物质财富多多益善，所以，追求富可敌国的财富，是人们的普遍欲望。即使这种理想状态无法实现，人们也会追求尽量多地拥有可以支配的物质财富。此种欲望在财产的制度安排上，如果朝向“自由倾向”发展，就是普遍的财产所有权制度。如果朝向“专制倾向”发展，就是“普天之下，莫非王土”的王权国有制或上帝拥有一切的教权公有制。

其二，性的支配和控制欲望。性的支配与控制，是人类最本原的支配与控制。尽管在人类蒙昧未开的“乱性时代”，性行为就像福柯描述17世纪初叶西方对性的态度那样：“性活动并不需要如何隐秘；说话并无多大禁忌，干事也无须怎么掩饰；纵然犯禁，却也司空见惯，谁也不以为怪。与19世纪相比，对于粗俗、猥亵、有碍体面的事，禁忌甚为宽松。在那个时代，人们表情直露，言而无愧，公开越轨，男女器官解剖随意示人。演示交合的时候，人们笑语满堂，儿童们也置身于成人之间，心知眼熟。这个时代，是肉体的‘自我展示’的时代。”❶ 然而，与财产的攫取一样，人们对性、进而对异性，尤其男性对女性的疯狂占有、支配和控制欲望，是展现人性支配和控制欲望的最重要的场所。在这种情形下，能者三宫六院，次者妻妾满堂，无能者光棍一条。性和异性的垄断构成古代社会“专制倾向”发挥作用的主要场域。尽管“一夫一妻”的自由婚姻制导致了后人诟病的那种性单调和性的权力结构，但毕竟它是对“专制倾向”的性垄断之自由解构。

其三，权力的支配与控制欲望。诚然，物质和性的支配与控制欲望，在结构意义上无不表现为权力的支配和控制，但当权力从物质和性中分裂出来，成为颇具社会象征性的单独领域的时候，对权力的支配和控制欲望就成为人类“专制倾向”所着意的主要对象，反倒物质和性的支配与控制，附属于权力的支配与控制。这一支配与控制，借由制度的框架，事实上打通了物质领域和精神领域，因此，权力的支配与控制欲望，既指向物质支配和控制，也指向精神支配和控制。一言九鼎、言出法随的权力装置，所展示的正是权力领域的此种“专制倾向”。思想自由，言论开放所展示的则是人的“自由倾向”。

“专制倾向”的缘由。如果说人的“自由倾向”源于其个体性存在的话，那么，人的“专制倾向”就来自其社会性存在。确实，人是个体性的存在，但其个体性存在只有置于社会交往和社会合作中时才是有意义的，才能真正彰显其个体性。在这个意义上讲，人是社会的动物，或者“人是社会关系的总和”，并不是对人的个体性的抹除，反而既是对人之个体性的张扬，也是对其社会性的基本

❶ ［法］福柯：《性史》，张廷深等译，上海科学技术文献出版社 1989 年版，第 3 页。

概括。人的此种社会性，源于个体需求——无论物质需要、精神需要、交往需要——不能自给自足时对社会合作的欲望。在这个意义上，个体性与社会性是人性内部的不无乖张而又密切合作的两种存在。它们是一对冤家，但又亲密无间。或许由于自由主义及自由理念的发达，在人们的观念中，似乎只存留了人的个体性的印象，而对人性中的社会性却赋予种种恶名。这是在观察人性及其自由和专制倾向时值得注意的。

例如，贡斯当曾有名言曰："真实存在为抽象物牺牲；个体的人在大屠杀中成为集体的人的牺牲品"❶，但把"真实存在""个体的人"与"抽象物""集体的人"对立起来的观念，就是值得认真检讨和反思的。事实上，他所表述的不过是人的样貌的两个方面，是同一事物的两个维度。因此，与其说"真实存在为抽象物牺牲"，不如说人的"自由倾向"被其"专制倾向"牺牲；与其说"个体的人在大屠杀中成为集体的人的牺牲品"，不如说人的"自由倾向"在大屠杀中成为人的"专制倾向"的牺牲品。所以，表面看来，这是人类与人类在开战，是人类之间的厮杀，但在实质上，却是人性对人性的开战，是人性内部的自我厮杀。

当然，这不是说人的个体性在价值上的"自由倾向"就天然是好的，是值得肯定的；而其社会性在价值上的"专制倾向"就天然是不好的，甚至坏的，是必须否定的。对此，只要关注秩序与自由之间的内关联性，关注社会性与个体性之间的内关联性，

---

❶ ［英］以赛亚·伯林：《论自由》，胡传胜译，译林出版社 2003 年版，第 3 页。这句话在贡斯当著作的中译本中是这样翻译的："如果……那么，真实的生命就会成为抽象概念的牺牲品，作为个人的人民就要为作为整体的人民而牺牲。"（见［法］邦雅曼·贡斯当：《古代人的自由与现代人的自由》，闫克文等译，商务印书馆 1999 年版，第 269 页、265 ~271 页。）

并进而关注“专制倾向”与“自由倾向”之间的内关联性，就会迎刃而解。

“专制倾向”与“自由倾向”的关系。人是欲望的动物，这是对人的一种中性的评价。当欲望在合乎规范的范围内能够与他人的欲望并存并公平竞争时，此种欲望就是自由。但是当欲望摆脱了规则制约，无法与他人同样的欲望相并存，反而还以自身的欲望压制别人的欲望时，欲望便成为专制。可见，一方面，必须把“专制倾向”和“自由倾向”的关系置诸社会性和个体性的关系之中；另一方面，必须认识和把握所谓“专制倾向”和“自由倾向”两者是能相互转化的。当“自由倾向”作用于社会交往领域，而表现为唯我独尊时，它就与“专制倾向”是一而二、二而一的关系；同理，当“专制倾向”作用于社会领域，遇到同类的“专制倾向”，不得不戛然而止时，它也呈现出与“自由倾向”一而二、二而一的关系。再者，“专制倾向”与“自由倾向”作为人所固有的两种倾向，在制度安排或权力装置上，如果“专制倾向”成为权力装置的主导，则自由便成为例外；反之，如果“自由倾向”成为权力装置之主导，则专制便成为例外。

遗憾的是，在人类漫长的制度进化史上，“专制倾向”及其制度居于主导地位❶。我们知道，在古代社会，除了希腊的个别城邦和罗马的个别时期以外，以巴比伦为代表的古代两河流域，以埃及为代表的古代中东地区，以及古代印度、古代中国、古代波斯等国家或文明实体，其制度类型皆是专制主导的。甚至在当今世界，民

❶ ［挪］亚当·普里泽沃斯基：《作为冲突偶然结果的民主制度》，谢鹏程译，载［美］埃尔斯特等编：《宪政与民主——理性与社会变迁研究》，潘勤等译，生活·读书·新知三联书店 1997 年版，第 69 ~93 页。

主—自由政体的国家在全球范围内就数量而言，也不占据主导地位❶。在有些国家，还反反复复，摇摆不定。从而“专制倾向”的制度建构与“自由倾向”的制度选择之间还处在竞争过程中。

“专制倾向”及其坚挺的制度，导致从人类历史长河视角看，任何“自由倾向”的制度设计和制度实践，在本质是“专制例外”，是人类的“专制倾向”一不留神让“自由倾向”占了上风，并做出精致的制度安排，且将其切实地付诸实践。毫无疑问，这种“专制例外”乃是人类“自由倾向”的胜利，它为通过民主治理国家、治理社会创造了条件，它也使人类的“专制倾向”在制度上退居幕后。这种情形，就是从“专制常态”向“专制例外”之转进。

2. 从“专制常态”向“专制例外”之转进

尽管在人类的历史长河中，制度构造和权力装置主要体现为“专制常态”，但在人类长期的进化和发展过程中，随着知识生产的不断深化和社会分工的不断细化，生产方式、交往（易）方式以及人们的生活方式发生了巨大的变化，这些因素分别在不同视角促成了人的普遍主体化。具体说来，它们对个体主体性普遍化形成的作用分别体现在：

其一，就生产方式而言，生产成为每位主体根据其知识、能力和需要所自主决定之事。这是主体性在个体视角的展示。每位生产者，无论他是物质生产者、精神生产者还是其他社会所需的产品之生产者，一是基于其相关的知识背景——尽管知识水平不高、缺乏

---

❶ ［美］菲利普·李·拉尔夫等：《世界文明史》（上卷），赵丰等译，商务印书馆 1998 年版，第 41 ~803 页。

专业知识者也从事分工生产，但他们一定会按照自己的知识和能力选择其适合的工作岗位，各尽其能，从事生产。这其中，有些生产者完全是个体化的，如人文—社会科学知识的生产者，一般是如此。但更多的生产，是在协作中完成的。协作并不是泯灭每位生产者的主体性，而是根据其知识和能力，恰到好处地把其安排在他的主体性所能发挥用场的地方。所以，对每位社会主体而言，其知识水平、生产技能在生产中支撑着其主体地位。二是拥有相关知识的人，在不同的生产岗位或工作单位，能够自由支配其劳动力以及知识技能。在这种生产方式下，任何人不得以权力或暴力阻止其自主择业、“自由跳槽”、自我安排其劳动去向。显然，这种情形导致自由地支配知识、支配其劳动力，乃是以知识为基础、以分工为特征的生产方式促使人们自由安排其知识和劳动，进而形成主体性，并天然追求自由的前提性因素。

其二，就交往方式而言，交易（知识交易、思想交易、信息交易、物质交易以及知识、思想、信息与物质之间的交易）成为人们交往的基本形式，也是经由这一形式，人的主体性不但在社会系统中得以彰显，而且得以实现——得以彰显是因为主体性只有在人与人的比较中才能真正呈现；得以实现则是因为人的主体性从个体延伸到社会，成为所有人的普遍主体性。这样一来，主体这个词，就不仅停留在个人层面，而且交易所致的社会的主体间，通过权利义务的牵连形成了社会连带关系，进而使主体性从个体延伸到社会，延展到整体。在这里，主体性不是任何个别人的，而是在社会交往的连带关系中人人必须有的。知识基础及分工生产，并不意味着成为主体的人们要置身于“邻国相望，鸡犬之声相闻，民至老死不相往来"❶ 的境地（严格说来，那种境界不但不能彰显人的主体性，反而会埋没人的主体性，而只能彰显某些个人狂放不羁、我行我素、拒绝合作的狂傲，或者离群索居、置身“世外”、与世无争的隐逸），相反，所有作为主体的分工生产者，只有被安排、结合到社会合作的连带框架中时，才能充分展示其主体性——不仅是自我决策、自我决定的权利享有主体，而且是自尽义务、自我担责的义务履行主体。这样一来，主体性就被组织到社会关系体系中了。并且只有在这种体系中，主体性才得以真正彰显。如前所述之所以个体主体必须要被结合在社会连带关系中，乃是由于每个分工主体的生产都是单面的，但每个主体的需要都是全方位的。这决定了没有交易，就不可能全面地满足个体主体之需要，因此，以个体主体性为特征的现代分工生产，倘若不能置于自由交易的社会体系中，就既失去其价值，也失去其使用价值。它只能导向自给自足，并埋没主体性，而不可能导向社会（通过交易）的合作，彰显主体性。可见，奠定在知识基础上的社会分工生产，只有回到通过交易的合作，才使主体性在社会中真正得以彰显和展示。

其三，就生活方式而言，随着知识的增多和分工的发展，人们既在纯粹个人或与个人关联的生活中展示其主体性，也在社会生活中展示其主体性。就前者而言，人的个体主体性集中展示在其消费方式和行为选择中。有些人爱好并选择运动，有些人爱好并选择“静坐”；有些人爱好并选择读书，有些人爱好并选择旅游；有些人爱好并选择交友，有些人爱好并选择独处……究竟爱好什么，选择什么，完全是每个人自己决定的事。即便一个人分属于其家庭、单

---

❶ （春秋）老聃：《老子·第八十章》，载《二十二子》，上海古籍出版社1986年版，第9页。

位，可其所在的家庭和单位虽能够影响，但不能决定其个人爱好和选择。正是这种个人爱好与选择，决定了在生活方式上，每个人在其纯粹的个人生活中，个体主体性的独特样貌。就后者而言，则是由于人的生活方式，不仅体现在纯粹的个体领域，也体现在人际交往与合作领域。即便与纯粹个体相关的生活方式，如婚姻，也是合作生活的领域。以生活方式的典型代表——消费为例，每个人一生的大多数消费，并不是其独自从事的，而是在家庭或社会的合作中完成的。但即便是如此，合作并不影响每个个体生活方式的主体性，因为任何人不能强迫一个人加入到合作的消费活动中。由此可见，奠定在知识基础上的社会分工，在个人生活领域是对个体主体性的促进和支持。

正是知识增长和社会分工所导致的主体性的空前强化，带来一种全新的结果，那便是在人类历史长河中一直居于主导地位、决定地位的“专制常态”，开始逐渐地向“自由常态”转进，从而专制反倒是人类社会的一种例外存在——“专制例外”。可以说，“专制例外”是一种偶发性的存在，它既表现为“专制常态”的例外，也表现为“自由常态”之例外。因此，与前文所谓“自由例外”一样，“专制例外”也可以在两个视角观察：一个视角是在人类历史长河中看，“专制例外”之于“专制常态”的偶发性；另一视角是从“自由常态”的制度结构中看，“专制例外”之于“自由常态”的偶发性。

如果说在人类的历史长河中，“专制倾向”及其制度结构构成常态，而“自由倾向”及其制度结构是一种例外的话，那么，从专制常态向自由常态的历史转进，在另一层意义上，毫无疑问也就是“专制常态”向“专制例外”的历史转进。所以，这只是在人类历史长河中同一转进过程的两种不同表述而已。但如果第一种表述推出了“自由例外”的一般概念（一般例外）的话，那么，第二种表述则推出了“专制例外”的一般概念——在人类历史长河中，专制被自由所取代，出现由专制向自由的转进，乃是一种“例外”。问题是，当自由要求和自由政体在全球范围内被普遍接受并最大限度推行时，专制常态作为一种历史趋势，已经一去不复返了，反而只以例外的形式存在，这或许就是所谓“历史的终结”。当然，这一终结绝不意味着自由以及自由的政体——民主就不受挑战。

“专制例外”的第二个视角，乃是当从“专制常态”到“专制例外”的转进完成之后，即在“自由常态”的政治体制中，出现了以紧急状态或例外状态为代表的所谓“专制例外”情形。在笔者看来，与其说它是“专制例外”，不如说它是自由体制的暂时停顿和休整，进一步说，它是“自由体制”之另一面——一种自由体制，总是由常态和例外构成，面对常态，采取常态治理方式；面对例外，则采取紧急治理方式。只要自由常态的体制不能祛除例外事实的产生，只要战争、骚乱、核泄漏、瘟疫、地震、大海啸等并不因自由体制而远遁人间，那么，自由体制就必须为应对这些不时发生的例外做准备。显然，与其说此种情形下的例外是种“专制例外”，不如说是自由体制的非常态——所以，“专制例外”在这里并不是专制体制下的“专制例外”，而是自由体制下以专制的集权形式进行治理。在此意义上，这里的“专制例外”完全属于前文第二种意义上的“自由例外”，两个看似对立的词汇在转换视角后实现了意义上的一致。但为了与本节论述的整体内容相衔接，并与前节论述的内容相呼应，下文笔者仍将运用“专制例外”这一词汇，同时，本文如下所讲的“专制例外”，不是在人类历史长河的转进中所呈现的“专制例外”（一般例外），而是指在自由体制下所出现的非常态的具有专制倾向的治理模式。

3. “专制例外”、法治与政府（权力）信任

一直以来，福山持续地关注所谓信任问题。在他的主要著作中，信任一词可谓构成其学说的主题词。除了其专门论述信任问题的专著——《信任：社会美德与创造经济繁荣》之外，他在其他著作中也不时论及信任问题❶。而 COVID－19 疫情暴发以来，福山又多次论及在抗击疫情中信任的重要性。本文所谓“福山命题”，就基于其对不同国家抗疫能力与信任关系的论述，在前文中笔者业已引证了其一段较为典型的论述。这里不妨再引用几段福山最近的相关论述：

迄今为止，为什么有些国家在应对危机方面做得比其他国家好，并且有充分的理由认为这些趋势将继续下去？这与政权类型无关。有些民主国家表现良好，而其他民主国家则表现不佳，独裁国家也是如此。决定这场疫情应对成功的因素，包括国家能力、社会信任和领导能力。强有力的国家机器、民众信任且听从政府、高效的领导人，具备这三大要素的国家在抗疫方面的表现令人刮目相看，遏制住了它们遭遇的损失。❷

诚然，信任是民主自由体制下所有国家治理的关键所系（当然，它也应存在于专制政体的国家治理中，不应是缺席的因素），因为民主更容易导致不信任，或者作为制度的民主本身是人们不信

❶ ［美］弗朗西斯·福山：《信任：社会美德与创造经济繁荣》，彭志华译，海南出版社 2001 年版；《大分裂：人类本性与社会秩序的重建》，刘榜离等译，中国社会科学出版社 2002 年版，第 53～312 页；《政治秩序与政治衰败：从工业革命到民主全球化》，毛俊杰译，广西师范大学出版社 2015 年版，第 83～112 页等。

❷ ［美］弗朗西斯·福山：《疫情与政治秩序》，载《外交事务》（*Foreign Affairs*）2020 年 7/8 月号。

任的产物[1]。因此，民主自由政体下的信任，来自于对确定性的信任。这种确定性不是其他，而是法律。所以，在民主自由政体下，无论自由常态下人们日常交往中的信任，还是在“专制例外”登场时人们对特别治理的信任，都是基于对法律的信任和依赖。对此，福山所强调的信任之两个基础，即“首先，公民必须相信他们的政府拥有专业知识、技术知识、能力和公正性，能够做出最佳的判断”；其次，“是对上层的信任，在美国的体系中，这意味着（对）总统（的信任）”[2]，是值得进一步斟酌和推敲的。我们知道，福山对文化传统的关注，似乎胜过了对法律的关注。“除了个别民族的界限外，文化的重要性已经渗透到全球经济和国际秩序的领域。确实，具有讽刺意义的是，冷战结束后，体制的趋同使世界人民越来越意识到曾经使他们分离的文化因素”，因此：

……社团的产生不是以明确的章程和法规为基础，而是以每个成员内在的一套伦理习惯和相应的道德责任为根基。这些规则和习俗为社团成员彼此信任打下了基础，而是否支持群体的利益不是根据狭隘的自身经济利益来决定的。[3]

---

[1] 之所以如此，是因为“如果大多数人拥有不受限制的权力进行政治决策，就表明他们是以牺牲少数人的代价去维护自己的利益，即使在双方没有重要分歧的时候也是如此。”（见［美］约翰·哈特·伊利：《民主与不信任——关于司法审查的理论》，朱中一等译，法律出版社 2003 年版，第 7 页。）应关注的是，“大多数人”和“少数人”在民主体制下，是一个不断变化的概念。曾属于“大多数人”的主体，因时间变化可能属于“少数人”之列；反之亦然。因此，民主社会的不信任不是暂时的，而是与民主共生的。

[2] ［美］弗朗西斯·福山：《决定一个国家对冠状病毒抵抗能力的因素》，载《大西洋月刊》（*The Atlantic*）2020 年 3 月 30 日。

[3] ［美］弗朗西斯·福山：《信任：社会美德与创造繁荣》，彭志华译，海南出版社 2001 年版，第 5 页、10 页。

可以认为，深受乃师亨廷顿的影响，福山具有明显的文化决定的倾向。然而，福山所忽略的是，法律、契约和章程等并不是文化豁免的产物，而是文化在场，甚至渗透的结果。尽管放眼当今世界，似乎各国法律在规范形式上产生越来越明显的“趋同”，后发国家“照猫画虎”地移植发达国家的法律，似乎成为天经地义的现实。但人们没有关注，或关注不够的是，法律的治理绝不仅仅表现为形式化的规范治理，那最多只是法律的静态的治理方案。虽然这一方案是十分重要的，但对于透过法律的治理而言，不是唯一的，甚至不是最重要的。最重要的是法律本身所包含的文化内容、传统以及与法律相关的观念构架、组织构架、行为构架和反馈构架。因为它们共同构成了所谓法律的治理。所以，我们理应关照如下诸方面：

其一，诚然，作为法治的前提，法律规范在当今世界深受来自西方传统的规范方式之影响。无论是奉行判例法模式的国家和地区，还是实行成文法模式的国家和地区，在规范形式上趋同于西方国家的法律，是一种既成的、不容否定的事实。然而，这并不意味着法律规范就脱离了一个国家、一个民族的文化营养。首先，以民族的语言文字来表达外来的法律规范本身，就是在法律规范中文化在场的基本表现。尽管不同民族的语言文字之间具有可翻译性，但当一种规范从一种语言文字变成另一种语言文字后，所呈现的绝非原汁原味，而是继受文字的独特创造。这也是一个独立自主的民族，绝不会轻易地全盘接受外来语言文字同化的缘由。其次，法律的制定过程，无论如何不是议会和议员等立法者对别国法律的照抄照搬活动，即便别国的法律具有明显的规范优势，也不可能照抄照搬，因为这既关乎作为主权者的立法者之尊严和面子问题，也存在继受的法律必须能被本国国民、文化以及社会经济条件所接受的问题。当立法者在立法中不得不考量这些因素的时候，事实上，继受国的文化传统自觉不自觉地渗透到其法律规范中。

其二，重要的是，法律的治理，绝不仅仅是规范本身的静态治理，即并不意味着只要有静态的规范，就能实现所谓的治理。只有把静态的规范带入动态的实践中去的时候，才可能完成法律的治理。而所谓动态的实践，乃是把规范与主体的观念、主体（自然人和法人）的设置、主体的行为方式以及法定的和社会的监督反馈机制紧密结合的产物。尽管无论观念、主体、行为以及监督，在法律的核心部分（强规范部分，如刑事法律和规范权力的法律），是由规范结构其他要素的，但在法律的非核心部分，特别是权利行使方式、自治需要及行为的主动性、日常主体的交往方式等方面，则即便属于法律调整的范畴，但法律的实际规范和结构相当有限，毋宁说在这些领域，主要是由习俗和文化传统所规范和结构的。例如，在餐桌上，究竟选择分餐制，还是选择共餐制？在结婚时，究竟选择登记制，还是选择婚礼制？在育儿中，究竟选择严管教化，还是选择自由放任……凡此种种，显然都在法律的调整范围内。但问题是，规范这些行为的法律，不是强行性规范，而是任意性规范，因此，属于法律的非核心部分。在这样的领域，当事人究竟如何把法律代入其中，大致上是一个直接由文化习惯、甚至个人偏好决定的问题，国家法律之于这些行为，仅在于关照和检视——根据习惯调整的结果与法律调整是否一致，而不在于强迫人们只能如此，不能如彼。

可见，无论从静态的法律规范看，还是从动态的法律实践看，依照法律的治理，都不是文化离场的治理，而必须是、也只能是文化在场的治理。因此，强调文化在现代国家治理中增进人们信任的作用是可以理解，并应当被接受的观点。但把文化和法律、契约、章程等对立起来，并认为不是法律等增进了人们的信任，而是传统和文化的因素增进了人们的信任，那显然是对法律和法治的一种较为表面的看法。在笔者看来，即使在那些法治文化传统并不浓厚，甚至还十分淡薄的国家，治理信任的基础仍然是法律。抛开法律谈论信任，会使这一概念掉到难以琢磨的神秘迷宫，会让信任失去其明晰的依凭。

可见，在所谓“专制例外”时人们对政府和权力的信任，恰恰是基于对法律的信任，而不是抛开法律的信任。或问，那么，何以在法律和法治如此昌明发达的美国，自从 COVID－19 疫情暴发以来，民众对政府缺乏信任？在我看来，这正是以特朗普总统为代表的政府朝令夕改、言出法随，不尊重法治的结果。这是因为政府和权力的不法导致人民的不信任，而不是相反。又或问，何以在中国，疫情期间人们保持了对权力、对领袖的基本信任？在我看来，这恰恰也是在这期间，政府所给出的可预期的、规范化的举措及其成效，给了值得人们信任的规范条件。

4. “专制例外”、集权与效能化治理

在“专制例外”情形下，自由常态中的多焦点治理，理应迅速凝聚为单焦点的集权化或者威权化治理。这是紧急状态对人类公共事业可能带来的严重危害所导致的。既然自由常态的治理方式以及治理状态那么引人入胜、摄人心魂，难道它面对自由常态的例外情形，就束手无策吗？是的。前文的论述已经表明，自由常态下的治理，乃是一种“多焦点治理”。“多焦点治理”之所以是有效益的治理，一是它能够最大限度地激发社会成员在社会交往、社会参与中的自由选择，调动其爱好和潜能，刺激其创造性；二是这种创造性的叠加，一定会呈现出一加一大于二的整体效果。

然而，这说的是在自由常态中。一旦出现例外情形，如果缺乏强有力的集权能力，“多焦点治理”就会导致其一，各行其是，群龙无首，难以迅速有效地形成集权力量，以克服目前面对的危机。在一定意义上，目前美国抗疫所面对的困境，除了福山批判的特朗普及其团队的抗疫态度❶、受信任程度❷等因素之外，不得不说其惯性化的“多焦点治理”——各州的分散治理，各党派和各社会团体的分散、甚至对极化治理，绝对自由主义者对自由的坚守和对抗疫合作的漠视等，都使得既有的“多焦点治理”难以刹车，社会难以应对突如其来的严重危害人民生命健康、社会经济发展的紧急状态。其二，上述情形，恰恰说明了在例外状态下，不改变治理策

---

❶ “新冠病毒危机来袭时，这个国家唯一的不幸在于，它是由现代历史上最不称职、最具分裂性的领导人掌舵，且其治理模式在危机压力之下依旧没有改变。在其任期内的大多数时间里，他都和自己统领的国家处于战争状态。当形势发生变化时，他不能有效应对。他选择对抗和仇视，远比选择国家团结更契合自己的政治利益，于是他就利用疫情挑起了争斗并加深了社会裂纹。美国在疫情期间表现糟糕有很多原因，但最主要的原因是国家的领袖没能成功履行领袖的责任。”［见［美］弗朗西斯·福山：《疫情和政治秩序》，载《外交事务》（*Foreign Affairs*）2020 年 7/8 月号。］“特朗普总统在 1 月、2 月一直试图将疫情的重要性淡化至最低，还声称疫情已经得到控制，病毒会迅速消失。在这一点上，他只是呼应了大批保守派评论员，他们谴责媒体制造恐慌，并坚持认为新冠肺炎病毒并不比流感可怕。即使特朗普在 3 月中旬转而开始严肃对待这种疾病，保守派仍继续攻击像安东尼·福奇这样的公共卫生专家。随着经济的恶化，他们开始主张迅速解除‘居家令’、重返工作岗位。”［见［美］弗朗西斯·福山：《美国政治腐朽的代价》，载《美国利益》（*The American Interest*）第 15 卷第 6 期。］

❷ “特朗普和他的政府引发的强烈不信任，以及他们在支持者中灌输的对政府的不信任，将对政策产生可怕的后果。”［见［美］弗朗西斯·福山：《决定一个国家对冠状病毒抵抗能力的因素》，载《大西洋月刊》（*The Atlantic*）2020 年 3 月30 日。］

略，仍然沉迷于“多焦点治理”的合作困境。尽管在自由常态下，“多焦点治理”能实现良好的合作，但毕竟合作是需要计算时间成本的，而例外状态根本提供不了自由常态下那种悠闲的合作、商谈时间，因此，选择更有效能的集权治理，以克服自由常态下“多焦点治理”的合作不畅或迟延，就是在例外状态下“专制例外”的基本措施。

不过尽管如此，它绝不意味着在集权治理的名义下就可以为所欲为、任意胡来。相反，一种悖乎自由常态的集权治理，更应说明其基本理由、条件和根据，以彰显其合法性。这些理由、条件和根据，可能多种多样，且不同研究者会有不同结论，不过笔者认为，如下四个方面是研究例外状态的“集权化治理”时应坚守的必要选项：

其一，程序正当性要求。例外状态的集权治理，尽管面对紧急事务和紧急状态，但它不是、更不应是阿甘本所谓“悬法”的状态，反而它更应昭示法律的严肃。在笔者看来，与其说它是“悬法”，不如说它是法的“应变”，或者说“变法”。显然，这里的“变法”不是我们熟知的“商鞅变法”“梭伦变法”意义上的“变法”，而是指同一时代的不同时期、不同状态应有不同的法律供应。自由常态有其法律供给，例外状态也有其法律供给。因此，一个正常国家，不但有常态下的成体系的法律，而且应有例外状态下的“紧急状态的法律体系”❶。这种法律即便在平时是备而不用的，也不能在国家统一法律体系中缺席，否则，面对紧急事件，只能或者临时抱佛脚，束手无策，或者各行其是，反而乱上添乱。

❶ 谢晖：《论紧急状态中的国家治理》，载《法律科学》2020年第5期。

或以为，人类所面对的各类紧急事项会千奇百怪，各有不同，如战争、金融灾难、网络灾难、核（其他危险物品）严重泄露、社会暴动、瘟疫、地震、大规模火灾、水灾、海啸等，能用一样的紧急状态法把它们统一地规范其中吗？这一问题是深刻的，但我们知道，所有法律，无论是日常状态下的，还是紧急状态下的，都不是对事实规定性的复写，而是在事实规定性基础上的抽象和形式化、程序化加工。所以，法律就是一套形式化和程序化的规范，它力图尽可能多地将社会事实及其规定性纳入法律调整的范围，但它不可能是一事一议的个别调整，它必须是类事类议、程序统一的一般调整。何谓“类事”？“类事”的范围究竟有多大？对“类事”之间的差异如何处理？如此等等，这些问题尚可继续讨论，但无论如何，“类事类议”是一般调整在实体上的基本原则。而在程序上，如果说日常状态的法律需要正当程序的话，那么紧急状态的法律绝非程序排除，反之，它要求更简洁、更有效、更有力，也更有预期性的程序。忽略程序的正当性，则例外状态下的治理就缺乏程序合法性要素。

其二，目的的正当性。紧急状态下的集权治理行为，直接目的是应对紧急、复杂和困难的局面，但其最终目的指向绝不是对自由民主体制或日常状态的取代，而是尽量地、更好地保存和维护自由民主体制或日常状态，不至于因为紧急事件的存在和肆虐而带来大规模的人道灾难，导致在更大范围内影响、威胁人们的生命健康和行为自由。所以，尽管人们，特别是那些被称为“时代人”的“不合时宜”的学者们[1]，对在紧急状态下政府所采取的措施持有强烈的

---

[1] ［意］阿甘本：《何谓同时代人?》，载《裸体》，黄晓武译，北京大学出版社 2017 年版，第 18 ~35 页。

反思、批判和否定态度，但只要紧急状态中国家管理的例外是以牺牲一定的小法益（如社交距离带来的人际疏离）而保全人类（公民）的大法益（如生命之健康和安全），那么，它就具有目的正当性。

以 COVID－19 疫情期间的抗议对策为例，尽管在国际上，特别是在美国，人们对中国所采取的封城举措多有批评，并且在疫情之初，我国也不乏对之进行深刻且激烈的批评者。但和目前美国640 万人感染、19 万人（截至 2020 年 9 月 7 日）罹难的灾难性后果相较，毕竟这种严厉的管制举措，保全了更多人的生命，在更宽阔的视角保障了生命的安全和自由，且一旦瘟疫威胁大体解除，这种紧急状态治理很快恢复到常态。武汉、北京、大连等地所采取的不同类型的紧急措施，既有效防控了疫情更大规模的传染，也尽最大努力保障了包括绝大多数患者在内的人民的生命健康和安全，还力所能及地在疫情结束后尽快恢复经济，把疫情所致之危害降到最低限度。两相比较，回过头来看，中国政府所采取的治理措施，虽然是例外的，但是有效的，且其出发点和目的是正当的。试想，无论经济体量、人口体量还是国土体量如此大的国家，一旦疫情控制不住，把今天美国的感染数和罹难数搁在中国，世人又会以什么样的眼光和词汇来评价政府呢？

其三，措施的有效性。例外状态的集权治理，自然不是病急乱投医，更不是刻意歪曲事实，掩盖紧急状态之真相。反之，它必须强调治理措施的有效性。这一概念，如今被人们用“精准”这个词汇来表达。笔者借用这个词汇说明治理措施的有效性。所谓“精准”，诚如医生给病人治病，必须找到病因，以便对症施药，也诚如法官裁判案件，必须对案件事实（证据）有详尽、准确的了解，以便“以事实为根据，以法律为准绳”裁判案件。紧急状态的国家治理，所面临的首先是治理者要对紧急事实精准掌握——尽管所谓精准掌握在很多紧急状态下是一件相当困难的事，一如 COVID－19 疫情暴发初期，无论科学家还是决策者都对该病毒茫然不知，只能根据既有经验采取预防和治理措施一样。但只要较为清楚地掌握了疫情的真相，就必须精准施策，精准治理。

在本质上，所谓治理措施的精准，必须体现在知识参与上，体现在对科学的尊重上，以科学的判断来决定施策的方法。在这个意义上，集权性的“专制例外”，必须杜绝寡头独断，而强调集体参与、知识参与。之所以在此强调知识参与，而不是强调科学参与，是因为一方面，知识参与已然包含了科学参与；另一方面，科学参与不能涵盖所有知识之参与。特别对于精准施策的决策而言，仅有科学知识还很不够，还需要法律知识、管理知识、心理知识、社会知识、经济知识，等等。

其四，事后的可恢复性。这是指只要例外状态过去，实行紧急状态的条件不再具备，相关权力主体应依法及时地宣布结束紧急状态或集权管制，并“还权于民”，恢复自由的常态。这也意味着，即便集权治理，也反对任何权力主体以紧急状态为名，把紧急状态的集权管理和“专制例外”视为常态。一旦如此，则意味着集权治理走向了专制集权的不归路。这不但是民治国家的体制所不允许的，即便在现代的专制或集权国家，也不允许把紧急状态下的集权治理变成日常管理中的集权。那样，不但社会主体吃不消，纵使政府也难以接受——毕竟紧急状态不仅是政府权力的集中和扩大，而且也是其义务和责任的特别付出。

总之，事后的恢复意味着紧急状态中集权治理的任务业已完成；如果尚不能恢复，则相反，意味着紧急状态中集权治理的任务仍在继续。根据实践，事后的恢复大体有两种，一种是宣布时的约定，如宣布实施三个月的紧急状态，那就意味着从宣布之日起三个月后，紧急状态及集权治理自动结束，自由的常态自动恢复，如果其中有变，必须根据程序予以说明或重新确定。另一种是见机行事，根据紧急状态事实发展的实际情况，随机性地恢复自由常态。两种情形，自法治要求而言，第一种更为严谨；自治理效果而言，或许后一种更为有效。事实是否如此，还有待继续研究。当然，一场紧急状态，也可能会引致一个国家的重要变革。但如果变革的结果是自由的常态一去不返，集权的治理成为常态，则无论如何，不但是自由民主体制所不能接受的，哪怕集权专制体制也不能接受。

四、紧急状态、信任与国家治理

1. 紧急状态中政府和社会的相互信任

可以说，信任是任何时代的人们要相互合作或相互保持社会联系时的必要条件。即便在古代社会里，信任都是人们从个体的人进入社会，并成为社会人时的基本前提。所以，在中国古典传统中，仁义礼智信这“五常”，归根结底落脚到一个“信”字，人“无信不立”，国亦“无信不立”，是故商鞅在所推进的波澜壮阔的改革中以奇特的方式——“南门徙木”取信于民[❶]。可见，对于政府而言，取信于民乃是其为政之关键。后世的契约制度以及签名、印章、中人等制度的存在，正是透过制度机制以保障契约能够保有信用，得以遵守。而在西方，气贯长虹的苏格拉底之死，其隐喻就在于一位公民如何保有对法律、从而对依据法律之裁判者的起码尊重

❶ （汉）司马迁：《史记·商君列传》，中华书局1959年版，第2231页。

和信任；而彪炳史册的罗马法，更是把诚信作为一项人们进行交往，特别是民事交往的基本原则，从而诚实信用成为贯通古今、横跨中外的民法（尤其合同法）之“帝王条款”[1]。但问题是，信任和信用是否是一回事？

自上述论述可以发现，信任和信用诚然不是意思同一的概念。信任或者不信任，从分析的立场看，来自他者，是他者对自己或对第三者的一种立场、态度和行为。如果他者在立场、态度和行为上相信自己或其他第三者，那么，信任得以产生，否则，就不存在信任。但信用却或者来自自己（信用的修养和行为），或者来自自己对他者的评价。尽管两者有如此的不同，但并不意味着信任和信用没有关联。一般的情形是：一方面，信用是信任的基础。背约弃信者，是不可能获得他者信任的。将心比心，如果自己面对的他者毫无信用可言，“自己”也不可能形成对他者的信任。另一方面，信任是对一个人守信、讲信用的心理态度和行为尊重。在这个意义上，信用是内在的，而信任是对内在信用的外在应和与报偿。

这样看来，信任并非单向的，而是互向的。福山在谈到信任时，给人的感觉总是在讲人民单向度地对政府信任，而不是人民和政府之间双向的信任。例如，他多次强调：

> 民主国家授权政府紧急处置权，应对迅速变化的威胁。但是，授权意愿及其有效行使则取决于一件事情，那就是信任：政府会英明而有效地行使这些权力。[2]

---

[1] 郑强：《合同法诚实信用原则研究（帝王条款的法理阐释）》，法律出版社2001年版，第4～156页。

[2] ［美］弗朗西斯·福山：《决定一个国家对冠状病毒抵抗能力的因素》，载《大西洋月刊》（*The Atlantic*）2020年3月30日。

国家能力是关键。这一切都取决于国家对公共卫生和紧急情况做出反应的能力，但这同样也依赖于人民对其国家、领导人及领袖才智的信任。❶

我认为信任的恰当形式应该是基于对于运营管理政府的人了解，对他们在做什么有信心——基于专业知识、教育、完成事情的能力。如果政府做到这些，公众就会信任。❷

或许福山的言论只是要强调人民对政府的信任在紧急状态的治理中多么重要，因为毕竟作为紧急治理，事实上是由政府出面主导的。但这绝不意味着在国家治理中信任是单向度的。如果真有这种单向度的信任，那么，一方面，其所讲的并非民主社会的信任，而毋宁是专制社会的信任。这种信任，与其说是信任，不如说是忠诚。信任乃是一种在大致上平等的主体之间发生的事体，而忠诚则不是，它更多地发生在不平等的、具有上下隶属关系的主体之间——尽管也有例外，如夫妻之间的忠诚义务。但一到这时，忠诚与信任之间就没有实质性区别。另一方面，如果在民治社会出现这种单向度的信任，那一定是政府与民众之间信息不对称的产物。所以，真正的信任，必须来自双方，是相互的、双向的。

这也能从一个反面视角得到印证，即目前美国的抗疫困局，一方面，明显体现为选民对政府的抗疫举措的不信任，这既表现在选

---

❶ ［美］弗朗西斯·福山：《各国抗疫成效大不相同》，载 https：//www.lepoint.fr/postillon/francis－fukuyama－nous－allons－revenir－a－un－liberalisme－des－annees－1950－1960－09－04－2020－2370809_3961.php，2020 年 8 月 12 日访问。

❷ ［美］弗朗西斯·福山：《危险远远多于机遇》，载《经济观察报》，https：//mp.weixin.qq.com/s/Wz8KMCS1qHeWcYxzQpWOjw，2020 年 5 月 8 日访问。

民在民调中对政府抗疫不力的认知和态度上❶，也表现在以特朗普为首的政治领袖们的自我感觉上❷。另一方面，也明显体现在白宫对选民、科学以及科学家的不信任上。这在有关的报道中可谓俯拾皆是。它表明，信任这个问题，即使在紧急状态下，绝非出乎民众对政府单向度的情感认同、理性认知和行为服从，而必须是政府和民众双向度的情感认同、理性认知和相向而行。

这也意味着紧急状态下以政府为主导的治理，绝不是纯粹的政府和社会其他主体间的命令和服从行为，即便命令与服从在其中的作用是关键的，也需要确定政府与民众的双向信任。这对于紧急状态中的国家治理而言尤为重要，这是因为在紧急状态中，民众对自身，以及相互之间的信任缺乏信心，因此，社会因为协作而致的团结可能性大为下降，连带导致的结果是社会通过自治与合作的力量抵抗风险的能力也自然下降。尤其像 COVID －19 疫情之类与传染病相关的紧急状态，民众之间本来就有强烈的提防和互不信任心理（尽管这种不信任不属于道德不信任，但人们在交往中是否戴口罩、是否保持社交距离等可以衍生为道德信任）。在这种情形下，如果社会主体与政府之间无以达成治理方面的信任，就必然意味着克服

---

❶ “美联社－NORC 公共事务研究中心的最新民调显示，只有 32% 的美国人赞同特朗普政府在新冠病毒暴发后实施的应对措施，与 3 月发布的相同调查内容相比，这项支持率下降了 12 个百分点。”（见《特朗普民调再创新低：仅 32% 美国人赞同其抗疫措施》，载中国青年网 https：//m. youth. cn/qwtx/xxl/202007/t20200728_12427797. htm，2020 年 8 月 8 日访问。）

❷ 在一次于白宫举行的疫情简报会上，特朗普有些伤感、但又憨态可掬地质疑道：“在对于疫情的防控与处理上，他，安东尼·福奇为什么比我的支持率高?”“难道你们不支持我是因为我的性格原因，我是一个很有个性的人，你们不喜欢也有可能。”（见冷兵器研究所：《特朗普吃“醋”：65% 的信任福奇不信任我，是因为我的个性?》，载 https：//new. qq. com/omn/20200729/20200729A0MYP200. html，2020 年 8 月 10 日访问。）

紧急状态将遥遥无期，紧急状态所带给人们的是更大的威胁和损失。所以，政府与其他社会主体之间的相互信任，之于紧急状态的国家治理而言，远甚于日常状态下主体间的相互信任。

相互信任要求，一方面，政府信任公民及其他社会主体。这种信任建立在政府对公民和其他社会主体能够遵循法律及政府在紧急状态下的政令之预判基础上。当然，仅有预判是不行的，因为任何一个国家的政府对其国民和其他社会主体的守法能力、服从政令的道德自觉性都会有自己的判断，但有些预判准确，有些预判却与事实大相径庭。所以，这种预判还需要政府的自信及切实有效的方案和手段予以呈现。例如，政府的动员能力强、协调水平高、治理效果佳，则客观上会导致公民和其他社会主体的接受，这又会进一步激发政府对公民和其他社会主体的信任。否则，即便政府对公民守法从令的素质判断再高，在实践中也会完全走样，最终影响政府对公民与其他社会主体之信任。

另一方面，公民和其他社会主体对政府的信任，既建立在政府是否守法这一根本判断上，也建立在实践中政府所发布的命令、推行的举措、协调的水平、治理的后果能否以及是否客观上给每位主体带来了利益。前者是一种依法所进行的信任预判，后者则与政府在治理行为中是否尊重科学和知识息息相关。倘若封城封国、隔离令、口罩令、居家令、社交禁止令、社交距离令等在客观上切实有效地阻止了疫情的传播，并且政府也能真正体现出对这些有效措施的执行力，加之这些措施的执行，给公民和其他社会主体切实带来了利益，那么，公民及其他社会主体便不再有不信任政府的理由。最近黑龙江、北京、大连和新疆等地局部疫情发生后，当地政府所采取的精准处理措施，已然使公民和其他社会主体产生了信任政府的预判，人们见面时，虽对疫情的传播不无担忧，但不时能听到这样的说法：相信政府是有办法的。这种预判和信任，显然建立在对先前政府通过同类方式进行治理，并取得成效的经验基础上。

2. 紧急状态中信任的成因与类型

紧接着需要探讨的是，在紧急状态中，人们相互信任的成因是什么？这又是与紧急状态中的信任类型息息相关的话题。故在此笔者将从紧急状态中政府与社会相互信任的成因视角，对这种信任予以分类。需说明的是，这里讲的相互信任的成因及其分类，不仅存在于紧急状态中，在日常状态中也照例存在。只是因为前述紧急状态中政府和公民之间的信任尤为重要，因此，也能更为典型地展示其间信任的成因，以帮助我们将其类型化。我们可以大体上把信任的成因归类为利益性信任、文化性信任和制度性信任三个方面。但这三个方面又不是互不相关、各自独立的。相反，它们之间存在着深度的相互影响、甚至相互渗透。对此，笔者将会在后文中简要论及。这里先就信任的成因及类型加以阐述：

（1）紧急状态中的利益性信任。所谓利益性信任，是指主体在相互合作中，相信对方的行为能够给自己以利益上的供给、保障和满足。这里所讲的利益，既包括财产利益，也包括精神利益。

前者如在 COVID－19 疫情所带来的紧急状态中，尽管疫情导致了严重的失业、企业经营困难及公民无力消费等经济上的困顿，但政府通过财政拨款的方式对失业者予以必要的救济；通过财政补偿的方式，对无家可归的租房者予以保护，颁布“禁逐令”；对经营困难的企业予以财政支持，特别是通过政策以减免税收等举措，使得公民和其他社会主体产生直接利得，导生公民和其他社会主体对政府的信任。当然，在这一过程中，政府也能够通过对公民和其他社会主体申请救济的掌握与观察，甄别并预判公民和其他社会主体的可信任程度。

后者则是指紧急状态的治理，给主体所带来的安全感、安定感，尤其是生命、健康等方面的安全和安定感。显然，这种安全、安定感本身是一种重要的精神利益。或以为在此次大疫情中，来自各国政府的所有紧急状态举措，如强制隔离、居家、戴口罩、保持社交距离、核酸检查，等等，明显是对主体行为自由和精神自主的一种政府控制，怎么能说是精神利益之保障呢？这种提问只看到了一面，而没有关注另一面：这些政令总体上建立在大法益和小法益的衡量基础上。相对于这些自由和自主的限制，每个人的生命安全，以及整个社会所有主体的生命健康是更大的法益。经由这些举措，如果能够带来对疫情的控制，自然也就营造了一种整体的安全和由此产生的精神利益（特别是自由利益）。

当然，利益性信任也不是单向的公民和其他社会主体对政府的信任。与此同时，公民和其他主体对政府举措的服从、遵循、配合以及参与，不但能够导致政府对公民和其他社会主体的信任，而且在此基础上建立政府的自信。在此意义上，政府在紧急状态的治理中对社会的信任，也具有利益的考量。这种利益从根本上说就是维系政府之社会控制能力和水平的“统治”❶ 利益。当政府按照对公

---

❶ 笔者在《COVID－19，“自由例外”的治理决断——基于“阿甘本命题”的思考之二》（待刊稿）一文中，把统治、管理和治理三个概念做了区分。不过这并不意味着治理与统治、管理就是井水不犯河水。除了笔者在该文中已论及的三者之一般关联（其目的都是缔造人类交往的秩序等）外，还有在三者之间，存在着从前至后的某种“遗传”性。这表明：以管理取代统治，并不是不存在统治，也不是不再需要统治。同理，以治理取代管理，并非抛弃统治与管理，并非不再需要统治与管理，只是把统治和管理的内容安排或结构在治理体系中而已。

民和社会其他主体信任的预估、把握而制定治理措施时，政府在公民及其他社会主体的信任中获得诸如政权稳定、选举连任、社会赞扬、政策把握、资源占有等一系列物质上或精神上的利益。因此，利益性信任从事实上讲是双向的。

（2）紧急状态中的文化性信任。文化性信任，源自政府与人民关系的传统。一般来说，不同的民族和国家，有着完全不同的文化。这种文化传统，往往不会因为制度的相同而即刻改变。例如，尽管在制度上，新加坡、韩国、日本、法国、德国、英国和美国等都实行民主自由的资本主义制度，但在文化传统上，这些国家迄今为止，并未因为制度相近、甚至相同而使既往的差距明显缩小，反而会呈现出如下特点：

一方面，既往的差距依然存在，特别是以语言文字为代表的文化之最坚固、最有本族群或本国特色的部分，不但被各国坚决地保存下来，而且还每每从宪法和法律的保护中获得权威。一个国家语言和文字被本民族主动取缔的情形，要么是缘于外在力量的强行干预，要么是缘于摆脱了长期以来的文化殖民。在本民族的语言文字有效运用的情形下，主动放弃它而另起炉灶的情形，在近代以来未尝有闻。语言文字作为文化最重要的载体，它不仅是符号，而且还是使用它的人们之思维方式、交往工具、道德精神和民族性格的体现。亦即一个国家和民族之思维方式、交往工具、道德精神和民族性格的养成，常常依靠其语言文字的使用。这正是不同的国家尽管在制度上接近，但在文化上未必一定同步接近的缘由。如日本与美国在制度上接近，但在文化上或许与中国、韩国更有可沟通之处。

另一方面，由于文化因素，不同民族的人民在理解同一制度时，总会打上其文化的印记和思维取向。如法定的婚仪规定，在西方世界，普遍理解的是在牧师主持下的教堂婚仪。但在中国台湾地区，一般人首先想到的不会是在教堂举办婚礼仪式，而是举办中国传统的婚礼仪式。在同样的企业制度下，西方世界所经营的结果是形成专业型公司，而在东亚，直到目前为止，尽管企业的发展也越来越专业化，但家族化的趋势更胜于专业化趋势。所以，并不是说制度一趋同，文化就跟进趋同，不少时候，相同的制度（规范）还会因文化而在实施中完全变异。这在有关法律移植问题的研究中不难得见。

文化的这种独特性，决定了在社会面临的关键点上，政府和人民间的信任情形。福山在论及 COVID－19 疫情期间各国抗疫的不同表现时正确地说道："我不认为政体的类型与应对疫情的治理效果之间有任何联系。""我们不要忘了中国悠久的集权历史，这一传统在日、韩等一些邻国身上都有不同程度的体现。但是，这种模式无法被亚洲以外的国家复制借鉴，如在拉丁美洲，这种强大政府的传统并不存在。"❶ 福山所说的以中国为代表的东亚传统，就是强大的政府凝聚力所导致的人们对政府的信任，以及在这种结构中，自信的政府对人民同样信任——至少，在东亚，政府有关应对紧急状态的预判，不会因为民众自由意志的过于分散、"离群"而陷于失真，导致局面难以收拾。这种情形，通过此次全球性大疫情中各国紧急状态所面临的完全不同的境况以及对政府应对之公民反应，不难真切地体察。

---

❶ ［美］弗朗西斯·福山：《各国抗疫成效大不相同》，载 https：//www.lepoint.fr/postillon/francis－fukuyama－nous－allons－revenir－a－un－liberalisme－des－annees－1950－1960－09－04－2020－2370809_3961.php，2020 年 8 月 12 日访问。

（3）紧急状态中的制度性信任。一般说来，制度是架通物质（利益）和文化（精神）的桥梁，或者说，就是把人们生活交往中可通约的物质事实和文化事实，通过共同的、普遍的和一般的规范予以形式化、规范化和稳定化。在此意义上，制度是人们交往中物质利益或文化精神可通约化的结果。在这个意义上，作为纯粹形式和规范的制度，没有自身独立的内容。制度的内容，不过是经济（物质利益）和文化（精神利益）的高度提炼、高度整合和高度形式化，换言之，制度就是可通约化的经济（物质利益）和文化（精神利益）。

前文已经论及，在国家治理中主体间的信任框架，其基本前提是所有主体对法律的尊重和信守。一个不太尊重制度、遵守法律的国家或民族，如果主体间存在信任，那信任生成的主导因素一定不是制度，而毋宁说是具有制度效应（一般行为规范和指向）的习惯，即文化。

诚如前述，紧急状态中如上三种信任成因以及信任类型，既不是各自完全独立、“老死不相往来”的，也不是完全相互渗透、“你中有我，我中有你”的。事实上，三者有时具有明显的相互渗透性（在三者共同存在的时候），但有时即使没有其他原因的存在，而只有其中一种或两种原因，也会导致信任关系的形成。这正是在抗击 COVID－19 疫情的实践中，有些国家的官民对法律和制度基本不信任，也不愿刻意去遵守法律和制度，但通过利益协作、借助文化自觉，最终能够导致官民之间产生信任关系的缘由。

3. 紧急状态中信任的要素与结构

信任的要素及结构是深入理解信任问题的重要方面。那么，信任的要素是什么？对此，笔者将尝试从内在要素——信任心理、外在要素——信任行为和社会要素——信任合作三个方面予以阐释。我们知道，信任在实质上是人们对他人的一种心理认知以及建立在这种认知基础上的态度，这种内在的心理态度一定会表现为其外在的行为，进而，如果需要和信任对象合作，就进一步展现为信任合作行为。

信任的内在要素——信任心理，乃是一个人对信任对象（主体，下同）的心理反应。它在心理上可呈现为完全相反的两个方向，即不信任（怀疑）心理和信任心理。前者意味着在一个人的心理结构中，对信任对象保持怀疑和排斥的态度。因之，这种心理不可能催发出其和对象合作的愿望，同时，对对象（他者）的所作所为无论在态度上，还是在行为上，既看不惯，也不予合作。一言以蔽之，它只能导致一个主体对另一个主体的不信任。而后者则表明在一个人的心理结构中，对对象保持欣赏、接受的态度。其进一步导致的，是该主体对对象的行为善意，有必要的话，还乐于和对象展开进一步的合作。毫无疑问，这种内在的信任心理，乃是整个社会信任的基本出发点，它蕴含着社会合作的强大动力。一旦人们对信任对象充满了对抗、怀疑或不信任，哪怕对象做得再好，也不入人们法眼，甚至人们还会在相反的立场上揣度其所作所为。之于人民对政府的信任，一旦出现此种情形，就会陷入所谓“塔西佗陷阱”❶——即使你做得再好，人们或熟视无睹，或嗤之以鼻。

信任的外在要素——信任行为，是指一个人对另一个人，或者人们之间相互产生信任，无论如何会通过其行动的善意表现出来。

---

❶ “……一旦皇帝成了人们憎恨的对象，他做的好事和坏事就同样会引起人们对他的厌恶。”（见［古罗马］塔西佗：《塔西佗历史》，王以铸等译，商务印书馆 1981 年版，第 7 页。）

反之，一个人对另一个人，或者人们之间不能相互信任，其行为表现则或者漠然处之，或者予以排斥。一位著名的老学者，曾请教一位著名的青年学者，他请教时所用的语言结构还主要停留在法有没有阶级性这一类在法学界久已“过时”的话题上。年轻学者听罢，不但未予回答，反而冷漠地离开。老人很是伤心，问我：是不是我的问题得罪×××了？而根据笔者平时对两位学者的了解，完全可以判断青年学者对老学者这一类的话题根本就不信任，甚至对那一代学者的问题都不信任。当然，如果一个人对另一个人，或者人们之间充分信任，那无论如何也会在行为——言谈举止中表现出此种信任来。俗话说：“人逢知己千杯少，话不投机半句多。”所讲的正是这个道理。信任的外在要素往往只体现在一个主体对另一个主体，或者主体相互间的个人行为上。这种行为并不以相互合作为目的，因此，尚不构成主体之间的合作。如两个主体在交谈时，提到第三个主体，异口同声地赞扬：那小伙办事很靠谱。显然，这句赞词表达的是两个主体对第三个主体之信任，但其并没有与第三个主体合作的意图，更没有合作的行为。

信任的社会要素——信任合作，是信任要素中最重要的一个。因为任何信任，只有在社会交往的比较和作用中才真正有意义。信任如果仅仅停留在内在的信任心理和外在的（个人）信任行为上，而不产生更重要的社会合作意义上的信任，那就基本上未呈现出其应有价值。如果说一般社会合作意义上的信任在信任要素中至关重要的话，那么，在紧急状态中，就是指社会主体之间，特别是政府与公民及其他社会主体之间必须进行紧密的信任合作。在下文中，笔者把这种合作称为团结型合作（结构）。信任合作在日常交往中如此重要，乃是因为信任的存在让人们对合作及其结果有更为稳定的认识和预期。如果说人们以法律为根据所进行的合作预判乃是一种外在的预判标准的话，那么，以信任为标准所做的合作预判乃是一种内在的预判标准。只有这样两个标准相互作用、相互保障，相辅相成，人们在社会交往中的合作才是真正有效的。之于紧急状态的治理，这一点尤为重要。例如，美国虽然有发达的足令美国人自豪的法律和法治体系，但在最近 COVID－19 疫情的治理中，人们依据法律的预判大致失灵，其缘由就是缺少了一种预判机制——内在的信任预判。

在有关信任的如上三个要素基础上，笔者将进一步展开有关信任结构的论述。所谓信任结构，与上述信任要素虽有关系，但其关联并非至关重要。它主要是一种行为结构。按照这一标准，笔者将信任结构一分为三，即弥散型信任结构（自治型信任结构）、合作型信任结构（互治型信任结构）和团结型信任结构（他治型信任结构）三类。分述如下：

所谓弥散型信任结构（自治），乃是指虽然人们之间存在信任的心理和行为，但这种心理和行为皆保持在个体的心理和行为状态。弥散这个词业已表明，人们的信任结构是点状的，或者最多是线状的，而不是网状的。如此一来，弥散型的信任结构，似乎与真正的社会信任之间没什么关联，更与紧急状态中亟须特别信任的要求之间没什么关联。毫无疑问，这种结论不仅是偏颇的，而且是错误的。尽管被结构在网状的社会交往体系中的信任更有实践意义，或者它本身就表现为一种社会性的实践结构，但这绝不意味着弥散型的信任结构不重要。相反，它是其他两种信任结构得以缔造的前提和基础。这一前提和基础不存，则对其他类型的信任结构而言，“皮之不存，毛将焉附”。

在本质上，弥散型信任结构体现为社会治理的自治状态，也就是社会主体各自管好自己的事务，所谓“各人自扫门前雪”即是。自治看上去和信任无关，但事实上它关乎人们对法律和对他人的基本预判。因为自治如果没有可靠的法律保障，没有人性的基本端正，那么，就必然会被强有力的他者所摧毁。自治预示的是一种消极自由。按照伯林的说法，所谓消极自由，就是我行我素，不被干涉的自由：

我们一般说，就没有人或人的群体干涉我的活动而言，我是自由的。在这个意义上，政治自由简单地说，就是一个人能够不被别人阻碍地行动的领域。❶

所谓合作型信任结构（互治），也可以称之为契约型信任结构，它是指社会交往主体在弥散型信任结构基础上，基于相互的利益需要，以法律为前提，以契约为根据所生成的具有权利义务内容的信任结构。或以为，当一种信任结构被设置了诸如弥散型信任保障、法律保障、契约保障等一系列的前提时，那还是一种信任结构吗？毕竟信任建立在内心对对方的肯定基础上，它在很大程度上是一种主观化的概念。但笔者在这里要强调的是，弥散型信任这一前提，实质上就是对信任主观性的肯定。而法律和契约这些设置，使得信任有了更可靠的规范保障。特别是契约，在现实生活中，人们究竟要寻求什么人、什么契约进行合作不是随意的举措，而是经过认真地对包括对方的信誉（商誉）在内的一系列事实进行考量的结果。在这个意义上，合作型信任结构所表达的是伯林意义上的积极自

❶［英］以赛亚·伯林：《论自由》，胡传胜译，译林出版社2003年版，第189页。

由——“成为某人自己的主人的自由”❶——信任、交往与合作，乃是以此为前提的理性权衡的结果。

合作型信任结构在社会治理中的重要角色是实现社会主体之间的互治。所谓互治，即主体和主体之间的相互治理。相互治理的基本根据是在社会分工背景下，人与人以物为中介力量的紧密依赖。诚如前文所言，社会分工导致人们的生产是单面且过剩的，但每个分工主体的需要是全方位且不足的。以单面的、过剩的生产满足全方位的、不足的需要，唯有经过分工主体之间的产品交换。所以互治就是以契约为基础，以权利义务为内容的主体之间在利益上的相互满足和相互制约。它是人类信任结构中最常见、从而也最重要的一种。特别是在自由民主政体的常态下，这种信任结构尤为重要。

所谓团结型信任结构（他治），则是指在遇到紧急状态时，一切社会主体都要按照法律，紧紧地围绕在一个取得法定权威地位的主体周围。人们的行为举止皆需服从这个权威所发布的指令，只要其指令是依法发出的。否则，就会受到自我良心、社会舆论、国家法律的谴责、牵制和制裁。这样一来，似乎团结型信任主要靠种种外在力量得以落实。诚然，团结型信任既表现政府、公民及其他社会主体间的信任关系，也表现政府在应对紧急事务时的领导能力是否强大，对策举措是否得当，能否获得公民及其他主体的确信。因此，上述外在保障力量就举足轻重。在紧急状态下，政府如果不能以果决的政令、举措、协调而取得社会秩序的稳定，保障人民生命财产之安全，在政府和人民间就无法形成团结型信任结构，也就难以抵御来自外界的（人为的或自然的）紧急状态。这在

❶ ［英］以赛亚·伯林：《论自由》，胡传胜译，译林出版社2003年版，第200页。

对抗 COVID－19 大流行中，世界各国的人民对其政府的不同信任状态中不难得见。

团结型信任结构从本质上讲是一种他治，即来自社会交往主体之外的第三者——权力主体的治理。尽管当我们将社会契约这个概念引入而考量相关的问题时，也完全可以说公民和其他社会主体之所以接受国家权力的协调和治理，完全来自自由主体的自我决断——对自己的权利和自由向政府让渡。然而，事实是社会在遇到紧急状态时需要这种强有力的权力决断。倘若离开权力决断，任何公民和其他社会主体之安全、甚至生命都难以保障，所以，与其说它是自由的让渡，从而具有积极自由的特征，不如说其本质就是权力之依法决断，是权力以他者的强制力量帮助人们实现自由——无论消极自由还是积极自由。

4. 紧急状态中的信任冲突及消（缓）解

任何在社会、民族和国家意义上的信任都不是日常生活中简单社会结构中的信任，而是复杂社会结构中的信任。紧急状态中的信任，就更是如此。因为紧急状态是一个国家乃至全球（如此次 COVID－19 的全球大流行）之社会关系、社会问题以及社会矛盾冲突的典型状态和典型表现，因此，紧急状态中的治理也是典型治理。这导致紧急状态中的信任很难千篇一律，遵循一样的信任方向和信任准则——日常状态下的信任即是如此，何况在矛盾丛生、冲突激烈的紧急状态下？所以，在紧急状态下，即使一个国家的政府具有极强的动员、协调和治理能力，信任冲突问题也难以避免。这是因为：

第一，信任须以人们不同利益的满足为前提，但是，无论在日常状态中，还是紧急状态下，人们利益的满足却是再伟大的政府也不能面面俱到、悉予兑现的。且不说不同的社会主体各有完全不同、甚至常常是相反的利益需要（如对到期付不起租金的租客而言，“禁逐令”满足了其利益需要，但是对租户而言，却严重损害了其财产的处置自由），仅就每一个主体而言，其在同一时空中的利益需要也往往是完全矛盾的，其基本公式是人们“既想……又想……”（如在严重疫情期间，一个人既想保障生命健康，又想和朋友们近距离、大规模聚会）或“既不想……又不想……”（同样，在大疫情期间一个人既不想戴口罩，又不想被传染）。如此对立乖张的利益需要，对政府的利益供给取向而言，显然是无以同时满足的。而只要不能同时满足不同的利益需要，那么，紧急状态中的信任冲突、甚至信任危机就会自然产生。

第二，信任须以人们不同的价值取向得到满足为前提，然而，价值取向问题却是一个典型的“公说公有理，婆说婆有理”的事体。它自身就蕴含着明显的分裂倾向。现实生活中的人际分裂，常常体现在价值取向上。因为价值取向往往关涉人之为人的根本所在——它是最能彰显人的意志自由的领域，所以，人们也对它格外珍惜。而人们越是珍惜它，就越容易因为价值主张的各不相同而分道扬镳。例如，在此次疫情中，究竟要以自由优先安排紧急状态之治理，还是要以安全优先安排紧急状态之治理，就在学者之间、不同政府之间以及普通民众之间产生了完全对立的倾向。“封城封国”与“群体免疫”，安全优先与自由优先，线上授课与当面教学……这些完全不同的政策举措背后体现的是相反的价值主张。一种不存在冲突的信任状态，要求在紧急状态中政府对如上完全不同的价值追求予以同等的满足，但这样的满足，即使上帝临场也无能为力。而一旦得不到这样的满足，那么，信任的冲突和紧张就自然而然地产生了。

第三，信任须以对社会不同主体的公平保护为前提。这意味着在紧急状态中，即便政府不可能做到对人们不同利益需要和价值追求的全方位满足，但至少要在不同的利益和价值需要之间保持一种大致的平衡。这种平衡对于民主自由的日常状态而言并无不可，特别是通过定期的选举活动，一个政府是否会获得民众的支持，全然在定期的选举中得以呈现。在这其中，人们会发现，选民的爱好憎恶并不是永远如此的，它会随着时间、空间以及主体经验和感悟的变化而变化。正是这种变化，使得持不同政治见解、价值主张、利益需要的政治势力会因选民的需要而轮流执政。与此同时，社会主体不同的利益需要和价值主张在这种政治的动态的长时效冲和中得以展示和平衡，并进而实现动态中的公平。但是，在紧急状态中却不能如此这般。因为紧急状态一旦宣布，就要求即时有效，就需要人们遵循统一政令、统一协调和统一调度。显然，紧急状态容不得日常状态下的按部就班、不紧不慢，拖拖拉拉。它需要追求治理效率，它不可能让社会利益和价值面面俱到地得以保障，它必须以牺牲一定的小法益为代价来保护大法益，因此，尽管所有的紧急状态及其举措就长远来看一定会追求公平、保障公平，但紧急状态的种种举措，也不可避免地会牺牲一些公平。这致使凡在政府于紧急状态下的治理行为中，没能尽力追求公平的时候，必然会产生信任的冲突。在西方国家时不时展开的民意调查及其结果之所以每每大相径庭，原因就在于此。

剖析紧急状态中信任的冲突及其缘由，并不意味着就能一劳永逸地消解这些冲突，可以说，这只是一种梦想和幻象。因为只要人类面对紧急状态，就有相关的信任冲突；在紧急状态中解决了这方面的信任冲突，总会出现其他方面的信任冲突。所谓“按下葫芦浮起瓢”，用在这里可谓恰如其分。但是，这绝不意味着面对紧急状态中的信任冲突，尤其当信任冲突严重影响紧急状态的治理效果时，政府和社会对此听之任之，反之，寻求恰当的解决或缓解信任冲突的有效方法，尽量解除或缓解这种冲突是在紧急状态的国家治理中必须认真对待的问题。只有这样，紧急状态的国家治理才能事半功倍，否则，只能事倍功半。那么，究竟如何解决或缓解紧急状态治理中的信任冲突？笔者以为，应坚守如下几点：

其一，合法原则。如前所述，无论在日常状态下，还是在紧急状态下，国家治理中的信任根据是社会主体严格遵循法律而行使权力、履行责任；享受权利，落实义务。法律是主体间信赖的根据，人们因为法律信赖而相互信任。法律的目的，就是通过对人们信赖利益的保护而增进、强化人们之间的交往预期、安全和可信。所以，法律乃是社会信任的规范前提。如果大家都不遵循法律，就意味着社会信任的前提不再具备，意味着法律本身出现信任危机。无论人们对法律的信任是直接遵循法律，还是直接遵循政府依法发出的政令，都意味着人们信任法律。坚持合法原则，就是以法律为根据和标准解决信任冲突问题：在紧急状态中，政府须对于合法的利益及价值要求，总体上予以保障；反之，对于非法的利益及价值要求，必须坚决予以排除。这种严格的法律恪守，既是一个信仰问题——因为法律是社会和国家达成的神圣契约[1]；也是一个习惯问题——只有当人们把依法解决社会冲突，包括依法解决信任冲突作为日常的行为准绳时，在紧急状态治理中，坚持以合法原则解决信

---

[1] 谢晖：《法律信仰的理念与基础》，法律出版社 2019 年版，第 33 ~ 44 页。

任冲突，才能信手拈来，得心应手。当然，这里存在一个紧急状态下合法原则的法律本身是否存在和是否完善的问题。此问题将另当别论，这里不予赘述。

其二，法益衡量原则。法益这个概念，虽然在刑法学中运用较多❶，但同时它也是一个重要的法理概念，它可以涵盖到所有法律领域。故有宪法法益、民法法益、刑法法益、诉讼法法益、行政法法益、国际法法益等。一般而言，法益就是受法律保护的利益。法律保护的利益有大有小，但它们都是合法的。所以，法益衡量原则乃是在合法原则内部生长出来的一条针对信任冲突的处置原则。在紧急状态中，倘若两种或多种法益主张都是合法的，但它们之间又是相互冲突的，那么，权力主体在治理中只能选择其一而不能面面俱到。这时势必会出现信任冲突。解决它的方式只能是按照紧急状态中的紧急事实，牺牲小法益以保全大法益。例如，在由严重传染病引发的紧急状态中，保持社交距离和要求亲情聚会，都是法益，但前者是应急需要，后者是日常需要，故后者只能为前者让位。政府在治理时也只能以牺牲亲情聚会的法益来保障社交距离的法益，因为亲情满足的法益小于生命（健康）保障的法益。

其三，公正优先原则。我们知道，效率（自由）与公平（平等）从来是一项难以抉择的重大权衡❷。但这种权衡的困难，主要是指在日常状态中。在紧急状态中，一切自由的效率追求只有被安排、装置到公平的框架中时才具有正当性。所以，对政府而言，在紧急状态的治理中只有坚守公正优先，其所获得的信任才能最大

---

❶ 张明楷：《法益初论》，中国政法大学出版社2000年版，第158页。

❷ ［美］奥肯：《平等与效率——重大的权衡》，王忠民等译，四川人民出版社1988年版，第1页。

化，政府与公民及其他社会主体之间的信任关系也才能最大化。公正优先意味着在紧急状态中，一方面，政府的一切举措都要透明地展示给所有治理主体，所以，透明性是紧急状态治理中公正优先原则的先导。另一方面，政府的一切紧急举措之于符合条件的所有人，而不能有所例外。一旦“例外”发生，紧急状态中公正优先的常态就被打破，并危及紧急状态的治理效果。再者，公正还体现为对在紧急状态中明显失当的政府行为，应具有矫正性。所以，矫正是制约政府恣意的基本方式，也在反面促进紧急状态治理中面对信任冲突时能按照公正优先的原则予以处置。

其四，合目的性原则。所谓合目的性原则，顾名思义，是紧急状态治理中对信任冲突的处置要符合紧急状态的目的，即恢复日常状态。所以，紧急状态本身从来、也永远不会成为目的。它的目的就是尽快结束紧急状态，从而恢复日常状态，使人与人之间的承认紧张（信任缺席）恢复到平时那种人与人之间的相互承认（信任恢复）❶。这种对日常状态之恢复，在另一层意义上就是恢复人的自由状态。所以，实施紧急状态的目的，也可以表述为经由严格强制治理，以恢复日常状态中人们相互承认、相互信任、自由交往的状态。因此，口罩令的实施，是为了尽量恢复不戴口罩的自由状态；社交距离令的实施，是为了实现更亲密的交往；居家令的实施，是为了实现人们自由地外出旅行；隔离令的实施，是为了尽早取消隔离……既然紧急状态治理的目的是恢复日常状态，恢复人们的自由交往，那么，当在紧急状态中出现的信任冲突需要解决时，理应围绕着紧急状态的合目的性原则进行处置。凡是合乎紧急状态

❶ 人类交往的合理状态就是相互承认状态。见［德］费希特：《自然法权基础》，谢地坤等译，商务印书馆2004年版，第42~54页。

治理之目的的信任内容应优先对待，与之冲突的信任内容则设法矫正之。

坚守如上的处理原则未必一定能够消解紧急状态治理中的信任冲突和信任危机，但至少能够缓解这种冲突和危机。尤其是当政府自身可能深陷信任冲突和信任危机的旋涡时，其必须根据上述原则从旋涡中尽快脱离开，否则，信任冲突和危机不但难以缓解，而且会更加扩大。可以说目前的美国政府正在导演着一场信任冲突和危机不断扩大的故事。

五、余论：紧急状态中信任缺席，治理能否缺席

与日常状态相比，紧急状态总是呈现出社会矛盾丛生、焦点问题不断的样态。因之，以政府治理为核心的国家治理稍加不慎，处理不当，就会导致整个社会信任的丧失和缺席。如前所述，目前美国的民调中，赞同特朗普政府抗疫举措的人只有32% 。这虽然不能说人民对政府抗疫举措的信任是缺席的，但任由这种情形发展，信任缺席也许只是时间问题。

那么，在紧急状态中对政府的信任缺席是不是表明政府治理也因之缺席，从而任由国家瘫痪，社会沦陷？回答当然是否定的。但在这否定的回答之后，究竟如何在信任缺席状态下，政府还能进行良好的治理？这确实是一个重大的难题。观察发现，越是在民治体制下，这一难题越难以解决，从而所导致的社会危害程度也越高；而在专制体制下，这种情况相对要好些。即便人民对政府的举措普遍不满意，政府也可以利用压制型体制、强大的政府财力、垄断的意识形态工具以及对普通民众的善举，很快改变这种不信任，实现从不信任到信任的迅速逆转。这种比较，是否意味着对改变人民之

于政府的信任缺席方面，专制政府比民治政府要更容易些？进言之，专制政府所导致的是不是真正的信任？它究竟是无可奈何的服从（接受），还是心悦诚服的信任（参与）？

与上述问题相关，进一步的问题是：如果说在信任缺席状态下，专制政府通过空前的财力、强有力的手腕和无休止的说教所导致的人民的接受就是人民对政府的一种信任，那么，这种信任和民治社会中人民对政府的信任能否等量齐观？这两种信任在以政府为主应对紧急状态、进行国家治理中的作用能否相提并论？如果在信任缺席状态下政府以此种极端方式所导致的结果只是人民之接受，在本质上不是信任，而是无可奈何的服从，那么，是否意味着在紧急状态下，只要政府强有力的手腕到位，在治理中就未必一定需要信任这一要素，而只需要无条件地服从即可？笔者注意到福山在一些零碎的观点中，对此所表现出来的一种矛盾心态。他在谈到中国的抗疫及强有力的政府在紧急状态中之必要时，多次指出：

中国模式是非西方模式中最成功的一个……

我不认为中国模式可以轻易被输出到那些并没有中国文化传统的国家。这与中国的悠久传统与任人唯贤、选贤任能的官僚机制以及自律的政府形式有关，现在的中国政府就是其中的一种形式。在没有儒家文化基础的国家很难复制这样的模式。❶

一个普遍的误解是，自由民主国家必然要有软弱的政府，因为它们必须尊重人民的选择和法律程序。现代政府都有强大的行政部门，因为如果没有这样的行政部门，没有哪个社会能够生存。它们

---

❶ ［美］弗朗西斯·福山：《危险远远多于机遇》，载《经济观察报》，https：//mp. weixin. qq. com/s/Wz8KMCS1qHeWcYxzQpWOjw，2020 年 5 月 8 日访问。

需要一个强大有效的现代政府，必要时可以集中并部署力量，保护社会、维护公共秩序、提供重要的公共服务。

在这个意义上可以得到以下结论：在紧急状态中，人民对政府即便信任缺席，政府主导的强有力的国家治理不能缺席，从而人民对政府为主导的服从不能缺席。故与其强调紧急状态中人民对以政府为主的国家治理之信任，不如强调该情形下人民的服从。当然，这种服从如果是建立在信任基础上的心悦诚服，那岂不更好？这种情形，或许在阿甘本们看来是合法性的缺席："在今天世上的任何一个地方，都找不到一种合法的权力；甚至最强有力者也对自身的不合法性深信不疑。"❶

——写于 2020 年 11 月 28 日

❶［意］吉奥乔·阿甘本：《论友爱》，刘耀辉等译，北京大学出版社 2017 年版，第 58 页。

例外状态，令尊于法

——世界各国应对新冠肺炎疫情“令”的法哲学省思

一、弁言

2020年，将注定以罕见的灾年形象记载于人类史册——它不仅是一个人类历史链条中的时间概念，而且是一个冲决了人类百余年无大疫情的相对祥和历史的事件概念。这一事件，不仅让“骄傲自大的现代人”重新审视并认知自然界与人类独特的关系，而且对未来人类关系，特别是国际关系和世界秩序的影响，尽管是有限的，但可能是前所未有的。例如，约瑟夫·奈就设想了“后疫情时代”[1]地缘政治的五种可能，即“自由秩序全球化的终结”“威权

[1] 疫情还在大规模肆虐，但不少学者已经开始了对“后疫情时代”的设想和探索。搜索这个词，相关的论述可谓汗牛充栋——政治、经济、外交、国际关系、法律，乃至学术交流等领域，皆借助这个词汇挥洒论证。特别是该词汇经由政界运用之后，更容易推波助澜，被推广为一个有独特性的普通词汇。那么，这个时代究竟所指为何？论者却每每语焉不详。所见的，只有个别人原则性的观点：“总体上看，国际社会已从前疫情时代（before corona，B. C.），开始进入后疫情时代（after corona，A. C.）。它意味着人类历史的重大转型，标志着人类生活的新的选择。”（见韩大元：《后疫情时代，重塑社会正义》，载《中国法律评论》2020年第5期，第43~56页。）不过在疫情将来结束后，是否真的会像这些学人或政治家所说的那样，出现一个所谓的“后疫情时代”，还需要认真观察、深入研究。

主义的挑战”“崛起国主导世界秩序”“绿色国际议程”，以及“老生常谈”的其他问题❶。甚至连罗马教皇方济各，都通过颁布长达70页的“通谕”——《众位弟兄》向世人强调，后疫情时代要避免“进一步陷入狂热的消费主义和新形式的自我保护”，并重申其一以贯之的主张：

必须制定积极的经济政策，以“促进有利于生产力多样性和商业创造力的经济”，使就业机会得以创造，而不是减少。❷

对这一“通谕”，有学者评价道：

如此古老的主题如今被如此紧迫地提出，是因为方济各教皇担心人们会漠视这样一种观点，即我们都应该对所有人负责，所有人彼此相关，所有人都有权分享为了所有人的利益而被给予的东西。❸

不过，疫情的肆无忌惮，不意味着人类的束手就擒。反之，作为能够理性反思的动物，人类越是面对灾难和苦难，其反思和应对的能力也越强。到目前为止，人类对疫情的反制，主要体现在两个方面：其一，寻求通过科学的途径克服疫情的肆虐，这其中既包括通过疫苗的开发和运用，争取人类普遍产生对该病毒的抗体和免疫力，也包括寻求有效的药物以治疗罹患者。其二，通过社会的治理以减缓、并最终阻止病毒的传播。尽管其前提仍然是遵循科学原

---

❶ [美] 约瑟夫·奈：《后疫情时代地缘政治的五种可能》，载 https://mp.weixin.qq.com/s/9iSBl3mFGal6FRf9gww2_g，2021年1月28日访问。

❷ 陆依斐：《罗马教皇：新冠疫情证明资本主义失败了》，载 https://xw.qq.com/cmsid/20201005A08CS300?f=newdc，2020年10月5日访问。

❸ 这是杜伦大学天主教社会思想家安娜·罗兰兹（Anna Rowlands）的评价。见陆依斐：《罗马教皇：新冠疫情证明资本主义失败了》，载 https://xw.qq.com/cmsid/20201005A08CS300?f=newdc，2020年10月5日访问。

则，如通过居家、戴口罩、减少社交并保持社交距离等防范措施可以有效阻止病毒传播等，但其究竟如何普遍展开，却必须落实到对社会的治理方式上来。前者并非本文题旨所涉及的话题，后者则与本文的论题息息相关。

众所周知，自从疫情发生并蔓延到全球以来，几乎所有的国家和政权，都以这样或那样的方式投入抗疫中去。无论积极应对的中国、韩国等国家，还是相对消极应对的美国、瑞典等国家，其间的差异，主要不是在于应对还是不应对，而是应对疫情的基本方式，或者应对这一公共卫生紧急状态的模式。因此所导致的一个国家内部的政策分歧或纷争，不同国家之间的政策分歧与纷争等，已经成为疫情发生、蔓延以来明显的“时代特征”或独特“景致”。这种激烈的对抗和论争，可以说是自从“冷战”结束以来，不曾有过的国际景象，大概也是人类历史上极其罕见的独特景象——特别是由于互联网的迅速传播能力，由于便捷的交通所带来的人、财、物的大规模的、迅速的流动，更进一步加剧了这种冲突景象。在这种景象的背后，一方面，由西方世界所书写的规范模式和秩序构造在多极化的全球格局下从日渐式微走向迅速式微。这种式微，不仅体现在非西方国家对西方之外的价值之强调和坚守，也体现在西方世界自身开始出现违背其价值的情形❶。另一方面，作为多极世界中的成员，不少国家不再坚持以接受者，而是以参与者的身份展开国际游戏、博弈，以建立协同的国际秩序，从而使全球合作更能符合世

❶ 这种情形，延宕到2021年1月6日，因特朗普支持者冲入美国国会而被推向顶峰。虽然很有可能，这不过是美国民主发展史上的一朵浪花，但在如此紧要关头，其对美国民主制度的负面影响是显而易见的，其对美国、乃至全球未来走向的影响，也是特别值得关注的。笔者不认为这是一次能够从根本上改变美国民主命运的事件，但它一定是能使人们从另一个方向对民主予以全新思考的事件。

界潮流，虏获世人心意——尽管在这种多极化的全球秩序体系中，大国、强国明显具有话语优先性，甚至拥有话语霸权。国际上的这种多元化和对抗情绪，映射到各个国家，也存在如何对待抗疫的理念和政策冲突。

但无论在国际上，还是在国内，无论人们如何对待抗疫的政策举措，在实践层面都呈现出一种明显的事实，那就是在此次公共卫生危机的治理中，世界各国政府及政府内部持有治理理念的施政者和政治家，都不约而同地把“令”作为疫情防控的优先选择。即便在那些“强法治国家”，一时之间，令的权威在表面上风头强劲，在治理中的作用似乎无出其右，甚至好像在取代或至少在掩盖着法的权威，出现某种“令尊于法”的现象❶，形成“以令治疫”的治道。这提出了一系列值得人们研究的问题，如，此种“令尊于法”的情形是如何表现的？它为何能实现“以令治疫”的结果？令与法之间在表面上的冲突缘由究竟何在，应如何协调？学术界又是如何看待此种“令尊于法”“以令治疫”的治道的？在例外状态下，“令尊于法”的缘由是什么？例外状态中令的本质——其基本法益是什么？如此等等。下文笔者将主要围绕以上问题中的主要内容予以探讨。

---

❶ 众所周知，在汉语世界，令与法有时是可以等量齐观的。如管子所谓“令尊于君”（《管子·法法》）的令，亦可谓之法。有时令是法律体系中的一部分，是重要的法律渊源和法律表现形式。如“律令格式”中的令。有学者指出：“中国历代皇朝将不直接规定刑罚的、制度性的法律称为‘令’……‘令’为‘领’的本字，原指人的脖颈，派生出‘引导’‘带领’‘指挥’等字义。这种法律具有正面引导的意义，具体要求人们应该如何去做，或者不怎么做。”（见郭建：《五刑六典——刑罚与法制》，长春出版社 2004 年版，第 33 页。）后种令，因常常出自皇帝之口，故每每具有超迈于法律（刑法）之上的效力。故与本文所讨论的话题在实效视角看多少有些关联。

二、疫情期间无所不在的令及其特征

在应对和控制21世纪空前，近百年来也十分罕见的COVID－19疫情的过程中，“令”这种简单易行、快速有效、突出强制的规范方式，几乎被所有国家广泛采用。一时间，“口罩令”“居家令”“隔离令”“社交距离令”“禁足令”等之前人们很少听说的具有强制服从、单向指令、纯粹义务、简洁明了、缺乏规范的逻辑要素特征，但又明显具有极强实效的规范方式，不胫而走，各国当局者争相仿效。那么，如何理解令？究竟是它的何种内在特征使其能够在例外状态中发挥更大的、甚或在表面看，超越法律的作用？

1. 什么是令：内涵与外延

所谓令，即命令，指令，或指向。在汉字构词中，它涉及发令者和从令者两个“主体”，即发令者的命令要被从令者不折不扣地执行、实施❶。因此，它不具有两个“主体”之间的交互性。换言之，在“令”的词语结构以及由此而及之效力结构中，发令者和从令者之间，乃是命令和服从关系。如果用现代法律和法学的语言表达，则所谓令，是依法拥有发令（命令）权的主体对从令者所发布的具有即时性、强制性和特别针对性的规范。可见，对它最简单的展开是：

其一，令的发布主体（发令者）。令是有权主体依法发布的，即便古代的令，也不是帝王们的言出法随，而须遵循现实的必要和

---

❶ https：//baike. baidu. com/item/% E4% BB% A4/1050681？ fr ＝aladdin，2021年1月20日访问。

既定的规矩。现代社会的令是分层的，不论是来自国家元首、政府首脑的令，还是来自地方首长的令，都需遵循既有的法定权限、条件和程序。越权的、不具备条件的以及程序不合法的令，皆属无效。

能够发布令的主体，在国家层面，是国家元首和政府首脑。因此，即便由议会集体制定的法律，其颁行和实施，一般要由国家元首下达；即便政府（国务院）集体制定的行政法规、重大政策，也需要政府首脑（总理）发布[1]。因此，主体法定，乃是令发布的前提。

其二，令的接受主体（从令者）。令不仅有发布者，而且有从令者——接受命令、实施命令者。在此意义上，令尽管具有明显的单向性——命令和服从的特征，但它又是一个关系性概念。只有发令者及其命令，没有从令者及其接受、遵守和实施，那么令便是一纸具文、无关紧要。只有令自发令者传导到从令者，并自从令者反复不断地落实为根据令所从事的行为实践和社会秩序时，它才从应然的规范价值状态，迈向实然的实践价值状态。所以，在关注令时，不仅要关注其效力走向的单向性，而且要关注只有在关系中，这种单向性才从应然流向实然，从规范导向规范之实践。

但与此同时，也须强调，令虽然被置于关系体系中，但它不是典型的关系性概念。典型的关系性概念如合同、谈判、对话、社会

[1] 国家元首和政府首脑既有一元制，即国家元首和政府首脑合二为一，最典型的如美国，总统既是国家元首，又是政府首脑。也有二元制，即国家元首与政府首脑各自相对独立。

契约等，能够充分彰显所谓“主体间性”[1]，而令这一范畴，尽管离不开发令者和从令者的关系性，甚至在一定意义上还存在着互动和照应，但其较少呈现此种“主体间性”。特别是例外状态下所颁布的令，更具有强烈的单向性，因此，从令者不打折扣地服从并实施，就是其基本特征和要求。显然，它主要呈现的不是“主体间性”，而是命令—服从性。如果说服从也是从令者的一种自愿，不妨说这里也呈现着一种“主体间性”。此外，从令者对令在实施中存在的问题可予以反馈，这也能照见某种“主体间性”。基于此，可谓在令这一范畴中，发令者和从令者之间，存在着一种“弱主体间性”。这之于日常状态中的令，还是例外状态中的令，都是一样。

其三，令的分类。根据不同发布背景，可把其二分为日常状态中的令和例外状态中的令。

前者是指对人们日常生活中权威性规范文本的国家或地方宣布。最常见的有国家宪法、法律、重大决定的宣布以及政府法规、部门规章和地方性法规的发布。这种令，其直接指向一个国家或一个地方（部门）一部具体的法律、法规、规章的普遍效力，令的效

---

[1] 主体间性，又被翻译为主体通性、交互主体性。它虽然是一个被不同学者在不同视角论述的概念，如有些人在方法论意义上论述这一概念，有些人则在本体论意义上论述该概念（见陈建涛：《论主体间性》，载《人文杂志》1993年第4期；郭湛：《论主体间性或交互主体性》，载《中国人民大学学报》2001年第3期），但总体而言，正如主体间性理论的集大成者哈贝马斯所言：“任何人都不能脱离开其他人同他共同具有的相同性（Identifikation）来建立他自己的同一性（Identitat）。这些相同性当然是其他人在相互作用参与者的行动中所认定的相同性，不是在观察者的陈述观点中所认定的相同性……作为实践的自我，他是在交往行为的实施过程中表现自己的。在交往行为中，交往者必须认识到自己同其他人的区别，总要得到其他人的承认。因此，维护各自固有的同一性的基础，不是自身的相同性，而是主体相互间都承认的自我相同性。”（见［德］尤尔根·哈贝马斯：《重建历史唯物主义》，郭官义译，社会科学文献出版社2000年版，第17页。）

力仅仅针对这些规范的生效和实施，令本身不具有直接实施的效力。人们既不能根据令直接从事民事、行政或国事行为，也不能据之以解决纠纷。所以，令是其所针对的规范性文件的效力来源依据（无论即时生效还是附时限或条件生效），而令本身也只相对于其所针对的规范性文件有效，之于人们的日常交往、管理等行为，它最多只产生间接效力，而不产生直接效力。

后者则指在例外状态中，对人们交往行为的权利做出直接有效的规范性的令。即令不但指向某类规范的有效性，而且其本身作为规范直接调整社会关系和人们的交往行为。这种令，显然与前种不同。它对从令者而言是直接有效的，而前者是间接有效的。它在发令者和从令者之间形成弱主体间性的关系，而前者尽管也存在这种关系，但由于主体的交往行为直接所接受的，不是令，而是令所宣布、指向的规范，规范本身的权利义务共存，决定了交往主体根据规范作为时的双向性、权利义务性以及强烈的主体间性。与此同时，对从令者而言，它具有明显的单面的义务性，从而发令者具有单面的权力强制性。这些也与前者全然不同。它在主旨上是禁止的、义务的；而前者则呈现出完全不同的自主、权利的特征。

其四，令的效力。可以说，由于令的分类不同，其效力也不同，总体而言，可据之概括为两类。

第一种是间接对从令者有效。这种令，如前所述，它只对其所颁布的规范性文件产生直接效力，因此，这里的从令者也只能在弱的意义上谈论，甚至更多是一种比喻的修辞意义上的概念。当然，在从令者中，对政府及公务员、法院及法官等公权主体（从令者）而言，令还是多少有一定的直接效力；而对公民、企业等私权主体而言，令基本上不存在直接效力，因为人们的日常交往，根据的是令所指向的法律、法规、规章等规范性文件，而不是令本身。可见，此时的令对人们一般只具有间接效力。这种效力的令，即日常状态中的令。

第二种是直接对从令者有效。这种令，其前提是令本身是一套规范体系。所谓规范体系，也许只有几个字，如“口罩令”“社交距离令”等，仅仅要求人们在公共场合必须戴口罩，保持社交距离；也许是面对例外状态的系统性规范，其中涉及多条禁令。但无论如何，这种令作为规范，对从令者产生直接效力。从令者有义务服从之，无权利背离之。背离的后果，就是公权主体的直接介入、强制和矫正。

2. 例外状态中的令：COVID－19 疫情期间的主要表现

根据前述对令的分类以及本文的题旨，可以推知本文所要讨论的令，自然不是日常状态中的令（当然，这不是说在后续的行文及比较研究中不会涉及日常状态中的令），而是例外状态中的令。这种令，尽管必须遵循相关的紧急状态法，似乎只是对紧急状态法的实践化，但由于它直接给从令者——令所管辖范围内的所有主体都制定普遍适用的规范，因此，它不纯粹是实施行为，也是人们交往行为的直接规范，是主体真正的法律。如果依循现实主义法学的那种思路，令是实际的法律，而紧急状态法一类的法，不过是纸面的、理想的法律❶。

---

❶ 在现实主义法学看来，“法律即法院实际将做什么的预测，而非其他什么神圣物”［Oliver Wendell Holmes, *The Path of the Law*, in 10 *Harvard Law Review* (1897)］，因此，提出了一种只对当下事实有效的实用的、现实的法律观。除此之外的一切法律，皆是理想的。见马聪：《霍姆斯现实主义法学思想研究》，人民出版社 2009 年版，第 56～127 页。

在COVID－19大流行的庚子之年，地域不分国内国际，种族不分黑或白或黄，人们普遍深切地感受着来自令的约束。它以最简洁的语言规定了无数主体的行为方式、交往范围和社交标准。这种情形，我们在古老的记载中曾经领略。如在楚汉争霸，刘邦初入关中、亟待重建秩序时，就于公元前206年，以令的方式颁布了也许是史上最简洁的法律——“与父老约法三章耳：杀人者死，伤人及盗抵罪。”虽云“约法三章”，其实则是作令三章，是单向度的令，而不是双向度的“约”。但恰恰是这三章之法及其严格的落实，使得天下大乱的局势迅速地、当然也是初步地得以稳定❶。也为后来萧何等制定“九章律”赢得了充分的时间并提供了一系列有利条件。但是，发生在庚子之年，具有普世通用性质的令，却是在“二战”以来，天下承平已久的局势下，在世界各国大体都有较为完善的日常法律体系之背景下产生的。它不仅为及时平息疫情带来的恐慌与混乱提供了强有力的阀门，而且使那些执行有力的国家有效控制了病毒的肆虐；但与此同时，它也将日常状态中至高无上的法律置于权威面临挑战的尴尬境地。以此期间最常见的几种令——“口罩令”“居家令”“隔离令”“社交距离令”为例，不难发现：

“口罩令”就是要求人们在公共场合，依照正确、科学的佩戴方式，从而防止人们经呼吸及飞沫途径感染病毒。它既有力切断了病毒携带者的感染途径，也使得健康的人感染病毒的风险降低。显然，这是一种以强制的“封口（鼻）”为代价，换取不感染他人与防止被他人感染这样两种道德合法性（目的）的有力举措。就是这

---

❶ 这种简单的令，毕竟只是权宜之计。“面对各种复杂的事务，绝非权宜之计的三章之法所可以调整的。”（张晋藩：《中华法制文明的演进》，中国政法大学出版社1999年版，第152页。）

种简单得有些粗野的“口罩令”，引致了两种完全不同的道德取向——究竟要自由地呼吸并直面死亡风险，还是要不适地呼吸而保障生存？

而所谓“居家令”和“隔离令”，同“口罩令”一样简单，只是其隔离部位不仅限于口鼻，而且及于整个身体；隔离的工具不再是口罩，而是由房子、院子组成的家或居处。居家隔离或者政府公共服务体系安排的隔离，使可能的或者已知的病毒携带者，把病毒局限于家里或居处，也使未携带病毒者，把病毒阻挡在家（或居处）外，以牺牲人们的部分自由，换取健康生存的道德合法性。自然，也是这样的限制导致不少在日常状态下自由惯了的人，如百虫噬身般不适应，也引致不少学者对其合法性的质疑和批判。

其他诸如“社交限制令”（限制聚会的场所和人数）、“社交距离令”等，都照例以最简洁的命令强制人们遵循令中规定的有关社交的种种限制。对携带病毒者而言，以切断病毒传播的途径，减少病毒传播的机会；对未感染者而言，躲避病毒传播的“射程”，降低感染病毒的风险。凡此种种，皆是从不同视角、不同场合阻却病毒传播的基本方式，也是必须执行的命令。因为人们不执行或违反的代价，将不仅是长远自由的丧失，甚至可能连基本健康和生命都无法保障。在规范效力上，一旦违反此种命令，就必然招致来自公权力的强制执行——尽管与既有的日常状态的法律相较，这简直是对它的公然背反。

3. 例外状态中的令之基本特征

透过对例外状态（COVID－19 疫情期间）林林总总的令的简要分析，不难发现，一方面，它对平时以保障自由为核心价值的法律构成显而易见的挑战，它的价值重心从既往的自由导向当下的秩序。另一方面，也不难得见通过这种简单的举措，令作为规范的基本特征以及其发挥作用的基本缘由。其基本特征，可以概述如下：

其一，简单性。它是指令的内容和实施手段，和日常状态下法的内容和实施手段相较，明显具有简单粗略的特征。有时几个字就是一条令，但这条令还需无数从令者的心理接受和行为服从，特别在行为上，一旦暌违之，则必然面临比平时更有效的惩罚。何以如此简单？因为令收紧了公民自主发挥作用的空间，即限制了公民自主的空间，扩大了权力控制的力度。既如此，也就必然意味着主体能动性、自主性从中难以彰显，从而收缩了社会交往的活动性。

其二，强制性。尽管强制性是所有法律治理（无论日常状态的法律，还是例外状态的法律）之一般特征，但日常状态下法律的强制性，相对于人们对法律权利的自觉运用和法律义务的自觉遵守而言，处于从属地位[1]。这种情形可谓“弱强制性”。可例外状态中的令却不然，它呈现为明显的“强强制性”。这意味着对从令者而言，面对已然发布的令，只有服从的义务，没有拒绝的权利，甚至常常连辩驳的权利亦不具备，真可谓“理解了也得服从，不理解也得服从”，可见其强制之力度。当然，我们还应关注到如下事实：从去年疫情初发，各地为了防止人们串门走动采取硬核的防疫措施如堵路、断路等，到今年相对“温和”的防疫措施，如只是提倡减少跨省市流动、拒绝层层设置核酸检测关卡等可以看出，当

---

[1] 这大概正是人们感觉法律之“强制力观念在弱化”的缘由。（见刘星：《法律“强制力”观念的弱化——当代西方法理学的本体论变革》，载《环球法律评论》1995 年第 3 期。）

例外状态长时间存在乃至于成为一种“新常态”时，紧急状态下的令也具有向常态下的令转化的特征，其表现为令更加温和，更加人性化，更加符合法治政府的运作逻辑。因此，在长时间的紧急状态下，令在和从令者相互磨合的过程中，具有逐渐规范化、温和化的特征。

其三，单向性。它是指发令者把其一方意志加诸所有从令者。固然，所有令都明显具有单向性，但例外状态中的令，就更形如此。这种令跨越了日常状态下令经由法律的缓冲机制，导致按照令的规范，它的运行不经由人们的利弊权衡，也不经由权利义务共在的法律之缓冲，而径直地作用于人们的交往行为。这表明，令剥夺、限缩或克减了人们根据权利应有的自由选择空间，因此，其单向性特征就愈益明显。此种情形，在另一方面，则赋予权力主体以更大的决策空间❶。

其四，义务性。可以说，例外状态中令的基本规范性质，就是对从令者的义务，当然，发令者一旦发出该令，也意味着其作茧自缚地投入该义务中。正是这种义务性特征，决定了令的“强强制

❶ 当然，这并不意味着在例外状态中，从令者就彻底丧失了对令的参与资格。事实上，服从本身是一种参与方式，但这种参与性尚不止于此。针对一些地方宣布其进入“紧急状态”，及返乡人员必须提供核酸检测证明等，人们有权站在基本法治的立场而追问：紧急状态，究竟谁才有权发布？谁有权规定“返乡核酸证明”？新华社、《人民日报》和中央电视台，亦对此现象予以严厉批评（见《返乡政策遭层层加码，三大央媒均发声要求纠偏》，载澎湃新闻官方账号 2021 年 1 月 31 日），《人民日报》发表三篇评论予以批评（见张近山：《既不“层层加码”，又要面面俱到》，载人民网，2021 年 1 月 30 日；《别把符合条件返乡的游子挡在家门外》，载“人民日报微博”2021 年 1 月 31 日；沈慎：《“层层加码”的懒政可休矣》，载《人民日报》2021 年 2 月 1 日）。以上例举，都是从令者主动地，而非被动地参与令的方式。

性”得以实现。作为对从令者的义务，例外状态的令，既有导向性的义务，如从中风险地区到低风险地区必须出示核酸检查阴性结论，跨域通行必须出示健康码等，但更多的，则属于禁止性义务，前述所举例证皆是。这一特征，更强化了令的强制性。

其五，规范不完全性。在法学理论上，我们知道，一种规范的逻辑构成，大体说来，需要三个要素，即条件预设、行为导向和处置措施❶。但例外状态中的令往往并不完全具备这些规范逻辑的构成要素。条件预设，每每作为一种公知的事实，但在文字规范中被隐藏了，同样，其处置措施也在令的规范中被隐藏，或接续在其他法律中。在令中，人们所能见到的平常法律规范具备的所谓逻辑要素，则只剩下行为导向了。故例外状态中的令，其规范的逻辑要素在形式上是不完整的❷。正是这种不完整，为强化其实效提供了条件。

其六，应时（事）性。例外状态中的令，自然只适用于例外状态。在现代国家的法律体系中，一般针对例外状态，皆有相关“紧急状态法”，以规定紧急状态的发布主体、发布程序、实施（时空）范围、实施内容、生（失）效时间等。因此，其只能适用于特定的时间、空间和事实，而不能跨越时空，脱离事实。一旦跨越相关的时空和事实，即意味着令的失效。所以，严格按照时间、空

---

❶ 在我国通行的法理学上，法律规范的要素曾有假定、处理、制裁的“旧三要素说”、行为模式和行为后果的“两要素说”以及行为模式、条件假设（假定）和后果归结的“新三要素说”。相关综述和评论，见谢晖等：《法理学》，高等教育出版社2005年版，第100～106页。

❷ 当然，这种情形，不是绝对的。譬如“从中、高风险地区到其他地区，必须出示近7天内的核酸检测阴性报告”这一规定，就指出了其条件预设和行为导向。

间和事实三个向度的规定而为，是例外状态之令的又一特征。

正是例外状态中令的如上特征，决定了其明显的实效性和实用性。在此种状态下，对舒缓或解决例外状态中的主要问题能够起到实际效用就是最合理的。人们不再考虑或者不需要更多去考虑它可能对其权利带来的侵犯，只要有利于控制并克服当下的危机即可。所以，当例外状态出现时，当局者对这种简单、粗略、又实用的规范，趋之若鹜、争相仿效。而那些无视这些实用性，恣意妄为的当局者，皆因此给人民带来巨大创伤，自己也因此背负巨大包袱。此次 COVID –19 疫情肆虐全球以来，各国虽然都或强或弱地投入抗击疫情的斗争中，但其处理方案，每有不同。寻常所见的基本不同，就在于对令及其实用性的态度。凡是严格其令，无论封城（国）令、口罩令、禁足令、隔离令、社交令、距离令的地方，控制效果之好出人意料；凡是对令听之任之、满不在乎的地方，疫情肆虐、生民遭殃，国家的社会、经济、政治秩序遭遇严重挑战和损害。这种种情形，十足证明在例外状态下，令的独特效力。然而，例外状态的令，毕竟是特殊时期的一种特殊处置措施，如果不附加条件地站在日常状态之法律立场，令甚至是对法治秩序、权利追求和自由价值的恣意破坏。因之，关注例外状态中令与法的违和与协调，就自有必要。

三、例外状态中令与法的违和与协调

广义而言，令是法的一种表现形式。如前所述，在古代中国的法律形式中，就有律、令（诏）、格、式、例等表现形式，令是其中独特的表现形式之一。因其每每直接出于皇帝，而不像律那样，总要假手别人的加工，因此，就更显其重要。在西方国家，也存在类似令的法律表现形式。最典型的当数英国国王署名签发的书面“令状”，它是普通法上的一种重要制度❶，旨在命令从令者按照令状的要求做或不做（禁止）相关行为。尽管在司法中，令状的内容常常是空白的（空白令状），需要法官根据案情对令状内容进行填充。但即便是这样，令状也具有直接效力。法院一旦签发令状，即使国王不在场，亦如国王亲临在场❷。但狭义而言，令就是令，法就是法。令是根据情势和法律所做出的临时性举措，因此，与法明显不同。不但如此，如果立基于日常状态的法来看，令与法之间存在明显的违和。当然，换个角度，从例外状态视角看，令与法之间又存在明显内通。要述如下：

1. 令与人性倾向自由违和

人类史上的所有法律，归根结底，都是因人并为人而制定的。因人而定，意味着法律需要因应人性。但人性又是复杂的，最基本的情形是，人既有个体自处、自我决断的自由要求，也有追求安全、寻求合作的秩序要求。本来，这是一个事物的两个方面，理应在立法上兼顾。但或出于一个国家人们生活的整体背景等客观因素，或出于立法者的主观价值倾向，事实上，法律能够兼顾人的个体性与社会性（人性），权利与义务（规范）、自由与秩序（价值）者，还是凤毛麟角❸。那么，法律究竟因应人性的哪个方面？这是由于时代、条件和文化的不同而有所偏重的。在人类个体尚普遍无

---

❶ 屈文生：《普通法令状制度研究》，商务印书馆 2011 年版，第 63 ~ 334 页。

❷ ［英］威廉·布莱克斯通：《普通法释义》（第一卷），游云庭等译，上海人民出版社 2006 年版，第 98 ~99 页。

❸ 相关论述见谢晖：《法律信仰的理念与基础》，法律出版社 2019 年版，第 136 ~150 页。

力应对对象世界之欺凌时，法律也倾向于义务的强加，即通过义务的覆盖，以实现义务中的权利，保障秩序内的自由。总体上，这是一种“共与美美”的法律秩序体系。但是，当人类个体在很大程度上已经有应对来自自然与社会危害的能力时，法律更倾向于对个体自由和自治的保障，只要这种自由和自治能够导向人们之间良善的合作，就能够实现那种“美美与共”❶ 的良好秩序。

近代以来人类的法律，正好建立在此种“各美其美，美人之美，美美与共”的交往基础之上。因此，权利本位，自由至上，成为人们最普遍的规范和价值诉求。何以如此？因为以社会分工为基础的自由市场经济为人们提供了自由、自治与合作的可能。分工使得人们的生产是单面的，或者说是专业化的。追求面面俱到的企业或经济，反倒会遏制社会的合作、经济的竞争，从而降低经济发展的活力、动力和效率；进而使分工生产产出更多的剩余产品。这为交换与合作提供了客观基础。但分工也给生产者带来了巨大的问题，因为任何一个生产者，其需求是全方位的。这样，单面的生产

---

❶ 我们知道，“美美与共，天下大同”，乃是费孝通先生对中华民族共同体建构的一种理想境界的描述。“费孝通老先生在80寿辰聚会上，曾经意味深长地讲了一句16字箴言：‘各美其美，美人之美，美美与共，天下大同’。”这一描述，因其高度的概括力，故被不同学界，乃至社会各界的人们所惯用。“共与美美”则是笔者受费孝通先生的启发而提出的。两者表明了两种不同的秩序观、秩序体系和共同体建构。“美美与共”的秩序观、秩序体系及交往共同体，是主体间自治、自主、自由地合作的产物；而“共与美美”的秩序观、秩序体系及交往共同体，却是强者恩赐弱者、权力恩赐“百姓”的产物（慈禧太后“量中华之物力，结与国之欢心”，可谓典型）。虽云皆为共同体，但两者却有云泥之别。不加甄别地一味强调什么“秩序观”“秩序体系”和“共同体”，其结果可能播下龙种，收获跳蚤。现时代所需要的秩序观、秩序体系以及秩序共同体，是“美美与共”的那种，而不是“共与美美”的那种——尽管例外状态的令，所呈现的秩序体系，常常是“共与美美”的。

和全方位的需求之间，必须通过合作与交换才有可能。此种情形，为个体主体的合作提供了主观条件。正是此种情形，导致近现代社会关系本身的权利性质、自由性质以及建立在权利和自由基础之上的合作性质。马克思恩格斯所强调的“每个人的自由发展是一切人的自由发展的条件”，即理想社会乃是“自由人的联合体”❶ 之主张，对此恰到好处地予以阐明。

这种情形，可谓之近代以来人类社会关系的“法的规定性”。例外状态中的令，首先与这种规定性具有明显的违和、失调。“口罩令”及其实施，虽能阻挡或减轻病毒传播，但相当多的人在病毒尚未威胁到自身，而只是威胁到部分社会主体的时候，总是心存侥幸，更愿意不戴口罩而自由地呼吸新鲜空气；“居家令”使得人的行为自由局限于斗方之间、咫尺之地，人类固有的那种来自意志深处的自由追求和意向，被严格地桎梏在家庭内部。其他种种例外状态中的令，莫不如此。这也是意大利政府下令对伦巴第大区实行封禁之际，大批伦巴第大区的民众，纷纷驾车外逃的重要缘由所在❷。所以，例外状态中的令，首先是和近现代社会日常状态下，

---

❶ “代替那存在着阶级和阶级对立的资产阶级旧社会的，将是这样一个联合体，在那里，每个人的自由发展是一切人的自由发展的条件。”（见《马克思恩格斯选集》，人民出版社 1972 年版，第 273 页。）

❷ 当然，类似情形，在国外不仅发生于意大利的伦巴第封城令发布之际，在其他地方，但凡政府决定或准备决定封城，决定或准备决定实施紧急状态时，不少民众就闻风而动，四散而逃。（见银魅：《意大利媒体提前泄露封城消息，几万人仓皇出逃》，载 https：//www. sohu. com/a/378661785_405849，2021 年 1 月 20 日访问；奇迹中国：《变异病毒在英国失控！伦敦封城上演“大逃离”》，载 https：//new. qq. com/omn/20210106/20210106A02QFO00. html，2021 年 1 月 20 日访问；等等。）寻求自由也罢，寻求避险（难）也罢，至少都能证明令与人们追求自由理想的不睦、违和与失调。

人们本应享有的以自由为核心价值的社会事实及其“法的规定性”相违和的。

2. 令与日常状态中法的违和

近现代日常状态的社会事实及其“法的规定性”，在交往行为规范上的基本表达，就是近现代社会中日常状态下的法律。例外状态的令，常常表现为与日常状态的法所规定的内容完全不同、甚至相反的情形。这种情形，即令与日常状态之法的违和。只要一种社会关系被法律所调整或结构，那么，令对社会关系之规定性的违和就会理所当然地表现为其对相关法律的违和。如果说，例外状态的令对人自由倾向的违和是基于近现代以来人类社会关系特征之考量的话，那么，这种令对法律的违和则是对前述社会关系被结构在法律规范体系中时，对人们自由倾向的规范表达——权利主导的违和。

近现代以来日常状态的法，由于对相关社会关系之因应，突出地体现为权利保障的法。对此，有人称之为权利本位的法——尽管这种法归根结底要靠义务的强制保障来具体落实❶。诚然，近、现

---

❶ 对我国有关权利本位问题争论的总结，见程燎原、王人博：《赢得神圣——权利及其救济通论》，山东人民出版社 1993 年版，第 286 ~302 页。值得一提的是，有关法的本位问题，尽管在我国已经是一个讨论许久，且成果卓著的话题，但这一话题并没有结束。有学者从价值目标和实施手段这个视角讨论权利本位，认为权利是义务的目的，义务是权利的手段，故要权利本位。可一方面，俗云“工欲善其事，必先利其器”；另一方面，它在逻辑上必然意味着义务末（下）位。但笔者相信，任谁都不能承认在法律中义务末位这样的结论。所以，权利本位的论述基点不是权利与义务间何者是目的，何者是手段，而是从人性及其相关的社会关系出发，看人们在特定时代社会关系中的倾向性追求究竟是什么，以及法律应当对这种倾向性追求如何因应。更多因应人性中自由倾向的法律，乃是权利本位的法律；相应地，更多地因应人性中秩序倾向的法律，乃是义务本位的法律。

代以来的法律，在规范上优先突出对人们权利的保护，特别是当弱者权利碰到强者压制，尤其是来自权力的压制时，必须优先保障权利。因此，正如有学者所言，权利本位乃是一个针对权力的概念，而不是针对义务的概念❶。即在权利权力关系中，权利本位，权力末位。这种对权利的强调乃是一场真正的革命性变革。从此，人的平等、人的主体地位等，不仅是理念或人们的行动追求，而且是经由法律规范所调整和塑造的事实。它强化了、甚至定型化了人性中的自由倾向❷，也锚定了权力产生和存在的基本理由——不为保障人们自由与权利而设的法律及权力，不具有合法性，反而人们可以运用抵抗权对其进行抵抗。即具有强制性的权力只要存在道德不合理，不能保障权利和自由，就会导致公民的不信任，导致权力对民意的违拂，也意味着公民可以抵抗这种权利的萌生❸。

如此被人珍重的自由倾向和权利规范，在面对例外的令时，却遭遇到明显的不睦、违和。在一定意义上，实现例外状态中令的目的，就是要经过限缩、克减日常状态下法对权利和自由的伸扬。从

---

❶ “在权力与权利的关系中，权力是权利派生的，权利是权力的目的，权力如果不能使权利得以实现或成为权利的障碍时，权力就要受到改造。法治社会就是权利通过法律来控制、防范、强制和使用权力的社会。这种权利对权力关系的法律，其价值体现是权利本位，权力处于对权利的服从和尊奉地位上。”（见徐显明：《社会转型后的法律体系重构》，载《文史哲》2000 年第 5 期。）

❷ 与此同时，人们也深切地关注到义务问题，指出并强调义务之于人类，更为重要，因此，与人类权利宣言针锋相对，国际行动理事会提出并实际起草所谓“世界人类责任宣言”。（中文版载 https：//wenku. baidu. com/view/4ccb97197f21af45b307e87101f69e314332faaf. html，2021 年 1 月 25 日访问。）但正如笔者前述，在权利与义务之间比较本位与末位，常常出力不讨好，其实践效果反而会顾此失彼，陷入那种“人类一思考，上帝就发笑”的怪圈中。同一钱币的正反两面，究竟谁本谁末，不但无多大意义，而且过于强调它，还会损及钱币本身。

❸ 周力：《论抵抗权》，法律出版社 2012 年版，第 171 ~199 页。

而在例外状态下，自由并不像日常状态下那样高于一切了。所以，在例外状态中充分关注人类安全、国家安全、社会安全、个体安全的前提下，如何限制权力恣肆、任性，并尽量减少、降低权力借例外状态而对权利的克减、压制、甚至侵夺，是诸多学者所关注的重要话题❶。但学者们的关注归关注，在社会实践的事实层面，并未完全按照学者们所设想的理想状态而实施。例外状态的令，无论在国内，还是国外，事实上似乎都凌驾于日常状态的法律之上，都在通过不断地克减、甚至侵夺公民和其他社会主体的权利，以满足控制危险事实的需要。

尽管例外状态的令与日常状态的人性倾向及其相关社会事实相较，也与日常状态的法律相较，具有明显的违和，甚至是对日常状态社会关系和法律调整的反动，但与此同时，它却与另种状态——紧急状态的社会事实和法律规定相协调、相吻合。

3. 令与紧急状态事实规定性的协调

何谓紧急状态？对此，我曾在另文中予以专门阐释，强调在外延上，这一状态可三分为事实层面的、规范（静态）层面的和法治（治理，动态）层面的❷。据此，在内涵上可以将其界定为：它是

---

❶ 例如，韩大元：《生命权与其他权利的冲突及其平衡》，载《人权》2020年第3期；常健：《疫情防控中的人权保障》，载《学术界》2020年第2期；常健、王雪：《疫情下生命权保障的冲突及其解决路径》，载《南开学报》2020年第4期；汪习根、王文静：《疫情防控中的人权冲突及其整合之道》，载《人权》2020年第3期；贾玉娇：《新冠肺炎疫情大考下的中国人权实践及世界意义》，载《人权》2020年第3期；赵树坤、伍科霖：《精准治理视角下的依法防控与人权保障：基于抗击2019新型冠状病毒引发的思考》，《南开学报》2020年第4期；刘长秋：《论紧急状态下公民健康权的克减及其限度》，载《法律适用》2020年第9期等。

❷ 谢晖：《论紧急状态中的国家治理》，载《法律科学》2020年第5期。

指当严重危害社会公共安全和人民生命财产安全的事实发生时，由有权主体依法决定和宣布以非常规程序、措施和机制，并迅速强制执行，来应对此种重大社会公共危机的命令和举措。可见，紧急状态意味着它是对日常状态的反动，因此，例外状态的令与日常状态的社会关系及其法律制度产生违和，理所当然。同时，这一定义也意味着：

其一，紧急状态的事实基础是存在现实、紧迫的严重危害公共安全和人民生命、财产安全的事实和危机。它既不能是既往的事实和危机，也不能是未来的或者预测的事实和危机，而是业已发生或者根据预测，迫在眉睫、必然发生的事实和危机。这些事实，既可能是自然事实，如地震、台风、水患、疫情等，也可能是社会事实，如社会骚乱、国内外战争、难民危机、金融与经济危机等。人类既可能身处美好的和平、日常状态，可尽情地享受蓝天白云、花香鸟语、沙滩海浪、日月星辰……但与此同时，人类也时常会面临各种各样的整体性风险。所以，居安思危，未雨绸缪是人类必须有的应对其生存状态的基本态度。

其二，能够决定和宣布紧急状态的机构，必须是法定的有权机构，而不是任何机构都可以。在我国，全国或省级全局性的紧急状态决定和宣布权，分别由全国人民代表大会常务委员会和国家主席。我国《宪法》第 67 条第 21 款规定，全国人民代表大会常务委员会“决定全国或者个别省、自治区、直辖市进入紧急状态”；第 80 条规定：“中华人民共和国主席根据全国人民代表大会的决定和全国人民代表大会常务委员会的决定……宣布进入紧急状态……”。省级局部地方的紧急状态决定和发布权，由国务院行使。《宪法》第 89 条第 16 款规定：国务院“依照法律规定决定省、自治区、直辖市的范围内部分地区进入紧急状态。”

其三，它在前述事实根据基础上，必须合法发布，而不能任意地、任性地发布。这就要求一个国家必须建立与日常状态相对应的一套紧急状态规范体系。对此，笔者将在后文论及，此不赘述。

其四，紧急状态中国家治理的基本措施是非常规，或者反常规的。如果日常状态是常态，那么，例外状态就是非常态。面对此种非常态的事实，在应对手段上如果依然遵循四平八稳的常态标准，其结果必然南辕北辙，得不偿失。这在 COVID－19 肆虐的 2020 年，有些国家不切实际地寻求自然的群体免疫，结果导致大量公民因之罹难的悲伤事实中不难发现，反而那些采取严格控制措施，看上去其举措明显有些“专断”的国家，最大限度地保障了公民生命财产和经济发展的安全。这其中的经验教训，不得不令人深思。

毫无疑问，例外状态的令之于日常状态而言，是一种反其道而行之。但这种情形的决定因素不在令本身，而在于令所面对的社会的或自然的事实基础。如果令违背这一事实基础，人类面对的，只能是无尽的来自自然的或者社会的惩罚。反之，如果令遵循这一事实基础，并以人的整体需要为标准，按照有利于保护人民生命、财产安全的要求而为，则对全体公民而言所获取的是完全不同的效果。它不但直接地、最大限度地保护了公民的生命健康和财产安全，而且间接地、长远地保障了人们更多的自由。这诚可谓退一步、进两步。

所以，例外状态的令对日常状态的违和，恰恰是对例外状态的应和。它表明，令适应了人类应对例外状态的基本要求，从而能够更好、更快地恢复日常状态——毕竟例外状态并非人类的需要所在，但只有经由对紧急状态的消除，才能达致人们需要的日常状态，从而例外状态的令，乃是祛除例外状态，实现日常状态的基本通道。故此可以做出结论：例外状态的令，乃是与控制并克服例外状态中严重威胁人类的社会的或自然的事实之要求相呼应、相协调的。

4. 令与紧急状态法的协调

有紧急状态，就有应对紧急状态的规范。一个国家只有应对常规事实的规范，而不具备应对紧急状态的规范，那显然是国家尚不成熟的表现。在一定意义上，处理紧急状态的表现比应对日常状态的表现更能凸显一个国家的治理能力。因为日常状态是按部就班的。只有紧急状态，才能体现一个国家、一个民族和一种机制面对危险而应对之魄力及能力。所以阿甘本强调："例外状态是治理的典范。"❶ 对一个政权而言，胜任日常状态的管理，一般不在话下；但胜任危机、紧急和例外状态下的管理，则颇具考验。它既需要人民有从令如流、人心所向的聚合力，更需要政府有言必行、行必果，身先士卒，率民而行的动员力、号召力。

而紧急状态法，则是在日常状态时国家未雨绸缪的有备无患之举。紧急状态法乃是国家应对紧急状态的基本法，其地位与日常状态下的民法、刑法、程序法等一样重要。之所以如此，是因为尽管紧急状态并不像日常状态那样常见，但根据人类经验和社会—自然发展规律，紧急状态是不可避免的。它与日常状态一起，构成人类生活的一体两面。相对而言，日常状态是阳面，阳光明媚，春生夏长；而例外状态是阴面，暗流涌动，瘴疠恣肆。所以，一个国家能自如应对日常状态这一阳面，并不是什么"真本事"，而能得心应

❶ ［意］吉奥乔·阿甘本：《例外状态：〈神圣人〉二之一》，薛熙平译，西北大学出版社 2015 年版，第 1～44 页。

手地应对例外状态这一阴面，才真正预示着人民和管理者的水平。正因如此，国家理应像对待日常状态、甚至较之对待日常状态远甚而对待例外状态。这正是即便一个国家久处日常状态，也绝不能忽视紧急状态，也不能忽视预见性地制定、关注紧急状态法的缘由。否则，一旦紧急状态来临，再临阵磨枪，遇紧应急，最多只能亡羊补牢，而无益于防患未然，应对已然。

当然，这不是说在紧急状态下，日常状态的法律就不再适用，而只是暂时将之搁置起来。在阿甘本看来，这种情形叫作“悬法”❶。其实，完全可以从两个视角看待“悬法”这一现象：在例外状态下的“悬法”所悬置的是日常状态法；而在日常状态下，也存在着“悬法”，它所悬置的就是紧急状态法。因此，“悬法”是一种动态结构。并非只有日常状态的体验才有资格称紧急状态中的举措是“悬法”，紧急状态的体验也可以称日常状态在“悬法”。在此意义上，日常状态法和紧急状态法乃是一阳一阴，相须而用。古人曰：“文武之道，一张一弛”；又云：“刑罚世轻世重”，“乱世用重典，治世以宽仁”等，说的都是这个意思。所以，仅仅把“悬法”理解为例外状态对日常状态法律之悬置，显然是有失偏颇的。

以上笔者的阐述，旨在说明这样的道理：例外状态的令，尽管在很大程度上与日常状态下的法是违和的、冲突的、甚至对立的（当然，如前所述，从长远看，它是实现或者恢复日常状态法律秩序的必要通道），但由于它本身并不是直接根据日常状态的法律所发布或下达的，而是根据紧急状态的法律所发布和安排的，因此，它并不直接受日常状态的法律所节制，也不直接对日常状态的法律

---

❶ 张一兵：《遭遇阿甘本：赤裸生命的例外悬临》，南京大学出版社 2019 年版，第 229 ~234 页。

负责。只要例外状态的令，其宗旨、宣布主体、权限、程序和其他法律根据、事实背景、应对手法等都符合紧急状态法的一般要求，那么，宣布主体就可以采取创造性的举措，以应对、抗拒紧急事因对公民、社会、国家、民族、甚至人类可能带来的灾难。从这个意义上看，令与日常状态的法律的冲突，乃是必然的。

但是，另一方面，令却契合了紧急状态法，契合了紧急状态法的法益要求。在一定意义上，令就是把紧急状态法的规定从应然状态实然化的表现形式。虽然从一个侧面看，它凌驾于法之上，呈现出令尊于法的景象，但显然，这只是人们固执地坚守日常状态法的规定、理念、原则和规则而得出的结论。倘若换一个角度，以紧急状态法为标准，则令是对相关法律的贯彻和执行，是恪守和贯彻紧急状态法的实践形式，因此，令不存在尊于法的问题，它不过是依紧急状态法行事而已。可见，例外状态的令，没有义务必须遵循日常状态的法，从而无须表现为令从于法（日常状态法）；但它有义务遵循紧急状态法，从而必须令从于法❶。

四、有关“令”与法的学术论争

究竟如何看待例外状态的令？这在全球性抗击 COVID－19 疫情背景下，不仅在学术界，而且也在整个国际社会引起了巨大、尖锐、激烈的争论。但相对而言，其他社会各界的争论，更多地基于某种情感的宣泄、政策的权衡或利益的考量，且并不寻求其主张的逻辑基础和事实根据。但学术界的论争却以寻求令背后的是非及其

---

❶ 自然，这要求一国乃至国际社会必须制定严谨、有效的紧急状态法。否则，在紧急状态法缺席的情形下，例外状态的令，就只能如人们见到的那样，各个地方各行其是、各出“昏招”。其相互冲突有如乱麻，也完全在情理之中。

判断标准为己任，因此具有典型性。下文笔者将主要探讨学术界有关例外状态中令的相关争论。

1. 何以争论：场景及其价值观的倒错与坚守

省察防范 COVID－19 疫情中的种种争论，不难得知，在政策举措上，最重要的争论是究竟要实行积极的防疫政策（如封国封城等）还是消极的防疫政策（如群体免疫等）。无论哪种政策，背后都存在其基本的科学和事实根据。但在笔者看来，在这种争论的背后，其实还牵扯着事实和科学之外的另一种争论——它是立场性的，或者价值观上的争论。

科学与价值观之间从来不是等值的，尽管信仰科学、追求科学也代表了一种价值观，但它仅仅是一种价值观。在此之外，价值观却林林总总，不一而足。如此一来，则不难发现，有关例外状态中令的不少争论，具有论者各自认为合理的科学因素和依据，如赞同严格限令者，强调戴口罩、隔离、社交距离、居家等举措，对于防止疫情扩散、有效控制疫情的明显的积极意义；而强调宽松禁令，实现群体免疫者，则在免疫学立场上，提供了一种适应疫情的思路——让病毒和感冒病毒那样与人类共生，只要它在这一过程中，不会大规模地危害人类的生命和其他安全❶。

---

❶ 2020 年 3 月，一位英国科学家最早提出克服 COVID－19 传染的妙招，即群体免疫。但接近一年了，全球却更大规模地笼罩在新冠疫情的恐惧中。故此，在全球新冠感染者达到 4000 万例时，新华社发文斥责“群体免疫论”的“不科学”“不道德”。（见新华社：《“群体免疫论”不科学也不道德》，载“新华社官方账号”2020 年 10 月 21 日）。而那些决心搞“群体免疫”的国家，也陷入道高一尺，魔高一丈的窘境中。（见《瑞典承认群体免疫失败，都是病毒传播模型惹的祸?》，载《新京报》2020 年 12 月 17 日；《国家群体免疫，病毒竞争上岗》，载“新浪财经官方账号”2020 年 12 月 27 日；《美媒：美国群体免疫之路仍漫长》，载“新华社官方账号”2021 年 1 月 28 日。）

但更深层的考量，则是究竟要在疫情期间严肃管控，严格秩序，严格限制人们的自由而阻断病毒的传播给人们带来的危害，还是要像往常一样，放开自由，让人们即使面对风险，面对危机，也能如常地自由行动，我行我素，而或者拒绝宣布例外状态的令，或者坚决不受来自例外状态的令之约束？

如果是前者，则意味着人们对例外状态这种场景之坚守，其基本价值考量，建立在承认紧急状态对人类具有严重危害，并通过个人权利的克减和政府权力的加强（同时，也是政府责任的相应增大[1]），在发令者与从令者的合作型秩序中，减轻、甚至克服例外状态给人们可能或已经带来的危害。显然，这种情形，是人们顺应紧急状态之场景，而应对紧急状态危害之举措。

如果是后者，则意味着人们对例外状态之场景和事实的漠视，意味着把例外状态当作日常状态看待了（这就是场景认知的倒错），也意味着紧急状态法所特别关注的特殊例外状态[2]，在人们的态度上被代入日常化。这导致了一种典型的场景认知和认同的倒错：把

[1] 这是由于权力和责任（职权和职责）两者是一体两面的关系，其消长相互呈现为正比例关系（详细论述见谢晖：《法学范畴的矛盾辨思》，法律出版社2017年版，第195~246页）。

[2] 之所以称为“特殊例外状态”，是因为日常状态的法律也关注例外（“一般例外状态”），也为例外提供着救济空间和手段。甚至在一定意义上，日常状态的法律就是为各种各样的例外所准备的，从而为例外的依法解决（司法）而准备的。这正是在近现代国家中，司法格外尊荣的原因所在。但众所周知，日常状态的法律所面对的例外，只具有个别意义，是主要发生在两个主体（最多也只是不特定的数个主体针对同一的侵害而引起的集团诉讼）之间的纠纷（所有纠纷都是法律和谐要求的例外）。这与紧急状态法所应对的例外状态——对法律管辖内的部分或全体人民的生命、财产安全可能带来危害的例外不能同日而语。前者是司法例外，具有个别的典型性；后者是政治例外，具有普遍的典型性。前者理应被法哲学特别关注，后者则理应被法政哲学（或政治哲学）特别关注。

COVID－19 这类"特殊例外状态"，轻飘飘地当成如感冒般正常的"一般例外状态"了；更有甚者，宁愿奉行鸵鸟政策，对严重的疫情视而不见，或者在某种"反智"立场上，矢口否认疫情的存在，把其当作一种意识形态化的宣教❶。由这种"民意"引致的放任自流，在类似 COVID－19 疫情这样严重的"特殊例外状态"下，对政府责任伦理提出更严厉的拷问❷：

当影响全民的重大风险即将必然发生或者已经来临时，政府所肩负的责任伦理，究竟是要未雨绸缪，积极应对，还是消极观望，甚至不计后果，任其蔓延？显然，后一种态度，是政府或失误地，或有意地把例外状态当成日常状态，因此，其举措常常颟顸无知，令人匪夷所思（即便这种举措有时候还能得到公民的诸多认同或默许）。最典型者要数疫情期间特朗普政府的应对策略：明显无视死亡，怠忽疫情，极不愿正视积极抗疫，甚至总统每每以榜样示范的姿态，不但自己漠视疫情，而且麻痹公众。他在公共场所迟迟不愿戴口罩，并对之进行意识形态攻讦；他拒绝与世界卫生组织的合作，并坚决"退群"；他否定疫情的严重情势，甚至引导氓众，否

❶ 一种极端的反智则是在西方盛行的"阴谋论"，如听信起源于美国的"5G 基站传播新冠"论，而在英国，人们焚烧由中国公司建的 5G 基站。（见《听信 5G 基站传播新冠病毒的谣言，外国网友放火烧了基站》，载 https：//baijiahao. baidu. com/s？id ＝1663929868036131472&wfr ＝spider&for ＝pc，2021 年 1 月 21 日访问。）同样起源于美国的"中国产口罩内藏天线，控制人脑"论，导致民众纷纷扔口罩。（见《口罩内藏"5G 天线"，能控制人导致脑癌？一群民众连夜扔口罩》，载 http：//fuyunii. com/89565. html，2021 年 1 月 21 日访问。）

❷ 当然，与此同时也存在着对公民责任伦理的拷问：在紧急状态来临时，究竟服从例外状态的令，还是拒绝？究竟以自我权利的克减以既保护自我，也为他人与社会援之责任，还是坚守权利，一毛不拔？究竟保护身体健康和生命安全以图更长远的自由，还是以自由的一时之快，损害身体健康、威胁生命安全？显然，这些问题，既然是人们价值观的选择，就一定意味着不同责任伦理的认知和归结。

定疫情的存在；他把疫情意识形态化，反诬别人把疫情意识形态化……其结果全世界人民都有目共睹，美国共有2700万COVID－19罹患者、46万COVID－19罹难者，几可谓是美国史上最严重的人道灾难！毫无疑问，这也为特朗普在竞选连任中败选埋下了伏笔。可见，政府的消极观望、任COVID－19蔓延，是政府责任伦理沦丧的表现；反之，才是其坚守责任伦理的体现。

总之，面对20世纪以来最严重的在全球蔓延的疫情，以及类似的例外状态及其应对机制——令，之所以总是会产生种种针尖对麦芒的争论，其缘由一是对待例外状态的不同理解：究竟以日常状态的心态对待之，还是把它严格地与日常状态相区别？前者是事实认知的倒错，后者则是事实认知之常态；二是在此事实面前，如何对待自治（自由）与管制（强制秩序，以区别于平权的合作秩序）这两种管理手段及其价值？倘更看重前者，则采取的是日常状态下自由优先的价值观；倘更看重后者，则采取的是紧急状态下安全优先的价值观。那么，在面对抗击COVID－19疫情时各国纷纷宣布的令时，学术界又是如何争论的呢？

2. 如何争论：哲学的“外部争论”和法学的“内部争论”

2020年3月底，一篇网文《因为疫情，欧洲哲学家们吵翻了！》[1] 甫一发表就在国内学术界引起较大反响。在该文中，作者简略地介绍了意大利哲学家阿甘本针对意大利封城封国之举所发表的哲学反思：《由无端的紧急状态带来的例外状态》。在该文中，阿甘本不但称政府的举措是“无端的紧急状态”，而且攻讦这些举措“疯狂、不合理且毫无依据”，因为政府法令根据的“模糊且不确

---

[1] 王悦：《因为疫情，欧洲哲学家们吵翻了！》，载微信公众号“南风窗”2020年3月31日。

定”，所以只能导致一个悬置法律的例外状态，并且使人们以自由为代价而换取所谓安全成为习惯。

面对这种对意大利政府举措（令）的激烈批评，在学术界赞成者有之，反对者居多。前者如罗贝托·埃斯波西托，他著有多篇文章，策应阿甘本，批评将政治推向例外状态的紧急法令，会破坏民主国的权力平衡。后者如阿甘本的老朋友让-吕克·南希，他以《病毒性例外》为题，批评阿甘本反思的方向性错误。他认为，应当反思的是病毒扩散的全球化，而不是政府无可奈何的应对。塞吉奥·本维努托，更是于2020年3月5日发表《欢迎来隔离》的文章，批评阿甘本不切实际。此后，来自东方印度的哲学家沙吉·莫汉与迪维亚·德维迪合著《被遗弃者的共同体：回应阿甘本与南希》一文，以发生在印度的事实为基础，批评阿甘本想象中的、相对于其“例外状态”的“普通状态”。而保罗·弗洛雷斯·达凯斯在其《哲学与病毒：阿甘本的幻觉》一文中，甚至坦言阿甘本提供了一种“糟糕的哲学”，断言这是“阿甘本的失败”❶。

---

❶ 如上叙述皆见王悦：《因为疫情，欧洲哲学家们吵翻了！》，载微信公众号“南风窗”2020年3月31日。应稍加说明的是：这种争论，其后从欧洲传遍全球。其中美国学术名宿乔姆斯基、福山，德国学术名宿哈贝马斯等都参与了讨论或者发表了见解。我国学者、特别是一些哲学学者，针对国际上的学术讨论，也积极寻求加入其中予以讨论，其中有些讨论还很深入。但遗憾的是在国内学者之间，并没有形成有效的争论。笔者针对乔姆斯基、哈贝马斯、阿甘本以及福山等西方学者在讨论中所提出的关键命题，也进行过较为系统的理论反思和辩驳，并在写作过程中对相关讨论多有介绍，发表了《COVID-19，“想要”与“能要”的治理权衡——基于“乔姆斯基命题”的思考》，载《浙江社会科学》2020年第9期；《COVID-19，透过“唯一知”“知无涯”看治理原则——基于“哈贝马斯命题”的思考》，载《学术界》2020年第7期；《COVID-19、信任与国家治理——基于“福山命题”的探讨》，载《学术界》2020年第12期；《论“例外生存”的治理决断——基于新冠疫情期间“阿甘本命题”的思考之一》，载《法治社会》2021年第2期；《论“自由例外”的治理决断——基于COVID-19期间“阿甘本命题”的思考之二》，载《钱塘法律评论》2021年卷。故这里不再详述。

从以上叙述不难发现，这种激烈而尖锐的争论，主要发生在哲学界。而反倒在法学界，无论是国外，还是国内，类似这种针尖对麦芒的学术争论似乎并未出现。何以如此？这大概与法学的性质息息相关。对于法学家而言，无论日常状态，还是紧急状态，只要奉行法治，便都应被纳入法律体系中解决，这是一种常识。日常状态有其对应的法律和法治，紧急状态照例有其对应的法律和法治。所以，紧急状态的事实一旦出现，运用相关法律进行调整和处置，天经地义，无须争论。在实质上，所谓紧急状态导致的例外，并不是"悬法"，而是对日常状态所悬置的紧急状态法的启用，因此，与其说它是"悬法"，不如说是在"启法"。无论如何，令是一种用法的方式，而不是什么"悬法"的手段。

但这并不意味着法学界没有争论，只是法学界的争论大多是"根据法律"的"内部争论"或"规范性争论"——这与前述哲学界以及其他学术界基于价值合理性的"外部争论"或"事实性争论"在取向上完全不同。外部争论在实质上都取向于价值唯一性（人的本质的自由），只是对如何实现自由的看法不同。要么强调只有日常（常规）状态才有自由（阿甘本），要么强调在紧急状态中，相关命令的发布本身并不意味着限制自由，而是对自由的保障。所谓自由，就是"在特定情况下做必须做的事情"[1]。法学界的"内部争论"则并不纠缠于抽象的自由或不自由，而是基于规范标准，强调如何才能运用令的强制措施，更好地保障公民权利和自由，哪怕在紧急状态中，紧急权的行使根据、原则、程序、目标等均应合法，即均应被关在笼子里，不能因为紧急状态，就让权力像

---

[1] ［意］洛可·隆奇：《病毒的美德》，见王悦：《因为疫情，欧洲哲学家们吵翻了！》，载微信公众号"南风窗"2020年3月31日。

脱笼猛兽，导致其不但无以保障公民在紧急状态中的权利和自由，反倒比紧急状态的事实更加严重地威胁、危害、侵犯公民权利和自由。

可见，“内部争论”与“外部争论”明显不同。从以上的阐述可见，上述争论，特别是其中的“外部争论”，其症结在于所持的标准不同。反对令者，所持的基本准则是“日常状态准则”；赞同或拥护令者，所持的基本准则是“例外状态准则”。那么，如何看待衡量例外状态令的这两种不同准则?

3. 对日常状态准则之批评

所谓“日常状态准则”，即以日常状态的法律规范标准和价值取向，要求紧急状态下的社会治理与国家治理的举措。如前所述，反对在紧急状态下运用令及其强制性、通过扩大权力、克减权利来管理社会的学术主张，看似以“日常状态准则”，坚守了一种高尚的价值或者道德，但在事实上，这种观点不顾情由地过分扩大了其所主张的价值：一方面，总是以日常状态的价值标准衡量例外状态；另一方面，把日常状态的价值追求——主体的自由追求单面化，省略了与这种价值追求息息相关的其他价值和其他因素。

把日常状态的自由准则普适化，其出发点无可非议，无论如何，对人类而言，自由多一点总比其少一点要好。即便在例外状态下，自由已然是个无须争论的好东西。但是，任何自由如果离开实现它的条件，那就是自由的浪漫，甚至是自由的不切实际。在日常状态下，自由虽然需要政府的力量予以确保，但一般来说，它主要靠每个个体自身捍卫权利与自由的能力、自主性来实现。即便政府力量不在身边，每个主体都能够依法通过运用、维护、捍卫、争取权利而实现其自由。因此，日常状态下自由的实现，每个个体是真正主导者，政府权力只是辅助者。此时，政府权力遵循“风能进、雨能进、国王不能进”的古老格言，乃是自由理念的天经地义、理所当然。除非基于法定权力需要或者个体的请求，否则，政府在自由面前只能是消极的，政府过于嘘寒问暖，自由便不复存在；公民才是自由真正的积极主体❶，公民过于逆来顺受，自由亦不复存在。

可在紧急状态下，情况却完全变了。这时并非不要自由，而是发生了自由面向的改变——从消极自由到积极自由。所有紧急状态，意味着分散的个体力量无法克服面对的实际威胁，而必须借助集体力量予以克服。在人类发展史上，最强有力的集体聚合力就是政府，如今还有政府间或非政府间的国际组织。因此，政府经由令的动员力和强制性，充分发挥人们之间的聚合力量，是人们面对自然的和社会的威胁时必要的、也是必须实施的举措。政府在此时观望徘徊，无所作为，那是其真正的失职；公民在此时反抗政府（除非政府不作为或乱作为），抗拒法令，那是真正的暴民。反而在政府根据令的权力授予积极有为时；在公民根据令的限制措施，放长眼光，自我克减权利和自由时，更有利于克服危机、恢复秩序和重回自由。可见，在此时，只有强调令并服从令，才既有当下有限的自由，长远来看也能恢复日常自由，因之，从令既是自由实现的手段，也是一种实质的自由。

类似 COVID -19 疫情这样的公共卫生危机，与人类所面对的

---

❶ ［英］以赛亚·柏林：《两种自由概念》，陈晓林译，载刘军宁编：《市场逻辑与国家观念》（《公共论丛（第 1 辑）》，生活·读书·新知三联书店 1995 年版，第 200 ~214 页。

所有来自自然的威胁一样，乃是人与自然之间的“战争”[1]。只要是战争，就是残酷的。私人之间即便存在你死我活的争执，也能够靠私人自己解决，但当人类整体，或当一个国家、一个民族、一个地区面临人与自然间“你死我活”的战争时，任何个体的一己力量都无济于事，政府出面采取强制措施则理所当然。这正如人类面对惨无人道的战争时必须服从战时法令一样。不能遵循相关法令，无外乎自我慷慨赴死——尽管这种赴死，无论对个体，还是对社会，都是毫无价值的。一言以蔽之，在紧急状态下，自由的实践状态主要是保障，而不是实际享有。且只有保障得当，才可能实际享有。因之，政府是自由的主导者，而公民是自由的辅助者。如果不能从这一视角予以理解，则只能把紧急状态误作日常状态，从而以去年的皇历，看今年的日子，其守株待兔、刻舟求剑，自令人捧腹；其南辕北辙、负薪救火，亦不难预期。

在这种观念和举措下，只会使崇高的自由变成自由的鲁莽。这之于自由持之以恒，或图之久远的实施而言，百害而无一利。因为不论在日常状态，还是在例外状态，自由的实践绝非像自由的定义那样简单，它需要一系列条件来保障。特别在紧急状态中，即便人们像往常一样循规蹈矩，病毒及其他危险的威胁，还是会“自由地”缠绕人们，道高一尺，魔高一丈。因此，如果人们不遵循更为严格、强制的规范，就只能如前所说，自由赴死——为病毒等危险

---

[1] 科学家张文宏针对人类之于 COVID－19 疫情这场战争的情势，做出如下判断：“从世界疫情来看，新型冠状病毒已经稳稳地占领了地球，成为地球上的常驻病毒，通过一年的传播，病毒在不断变异，我们看到病毒传播得更快了，但是没有看到病毒的毒力出现大幅度的降低。这表明我们不得不做好持久战的准备。”（见张文宏：《新冠病毒已经稳稳占领了地球》，载微信公众号“不能不知道 A”2021 年 1 月 25 日。）

事实做无谓的牺牲。这其实也预示着：在反对、否定例外状态中的令时，反对者预设了一种无须条件，就能自动实现的自由，从而将自由过分理想化，反倒导致在失却条件保障时，所谓自由，实质上成为不自由。

4. *对紧急状态准则的辩护*

所谓“紧急状态准则”，是指面对一个地区、一个国家、一个民族，甚至全人类都具有严重危害的社会事态或自然事实时，以区别于日常状态的法律规范——紧急状态法为根据，从事社会治理和国家治理。在论述以上争鸣的原因时，笔者强调赞同政府通过强有力的令，在紧急状态下扩大政府权限（责任），严格管理措施，克减公民权利，官民共克时艰，以期尽快恢复日常状态，保障公民更长远的自由这种观点时，指出对紧急状态这种基本事实的承认，乃是坚持这一论点的根据。笔者赞同这种观点，故在前述批评“日常状态准则”（其实，通过笔者前文对期望在紧急状态下运用日常状态准则的倒错、颟顸之批评，已经间接地表明了笔者对此时理应运用紧急状态准则来治理的赞同和辩护）的基础上，继续为面对紧急状态，必须通过紧急状态准则来治理予以辩护。

针对不同对象、不同问题、不同情形，给出不同的对策或解决方案，这是人们处事的基本常识。尽管在法治社会，司法总是寻求对近似事物的类似处理——所谓“类（同）案同判”，但即便如此，人们仍然会面临种种选择的难题。所以，最讲究类（同）案同判的英美判例法国家，在强调遵循先例这条基本原则之外，同时也强调“先例识别”。即当存在很多类似的先例（类案裁判结果）时，要从中识别、选择与当下案件最适切的先例，以作为当下案件裁判的依据。更何况面对日常状态与紧急状态这两种完全不同、甚至走向截然相反的社会事实时，如何能万变不离其宗地依循日常状态的法律以处理非常状态的事实？所以，遇到紧急状态而依循紧急状态的法律进行管理，接受（参与）管理，正是具体问题具体分析、具体解决这一原理的实际运用。一个国家之所以制定紧急状态法，正在于紧急状态与日常状态一样，是人类不可避免的事实。但与此同时，它也是与日常状态完全有别的一类事实。在这个意义上，紧急状态法之于紧急状态的事实而言，具有日常性❶。

紧急状态中的令之所以必须简单、明晰、强有力，在于只有通过这种方式，才能更有效地应对并克服危机。就近而言，有助于确保社会在紧急状态下依然能有序运转，而不至于因危机而导致法律失效、社会失序；人民流离失所、政府亡命天涯。就远而言，只有服从事物规定性，才真正有自由可言。自由不是与事物规定性的对抗，而是对事物规定性的听命、服从。当紧急状态（以 COVID－19 疫情为例）的事实规定性要求人们戴口罩、保持社交距离、疫情肆虐时居家隔离、杜绝人群聚集，以减缓、阻断疫情的传播时，遵循这些规定显然才是每个人必须遵守的义务，也是每个人实现其安全和自由的方式。在此意义上，紧急状态中的从令行为，既是人们的一项必尽义务，也是其一项应有权利。在这里，权利与义务、自由与安全统一在同一行为中。不难设想，在紧急状态中如果从上至下，对相关法令置若罔闻，会是什么结果。前文多次列举的特朗普政权及其领导下的民众，那种对待疫情及抗疫的草率态度所致的

❶ 谢晖：《论紧急状态中的法律调整》，载《法律科学》2020 年第 5 期。

糟糕结局，可谓殷鉴[1]。

当然，这并不意味着进入紧急状态就可以罔顾公民依法享有的基本权利（我们知道，基本权利通常规定在紧急状态法律和日常状态法律的上位法——宪法中）。但实际情况是，罔顾公民权利的现象在各国采取强制措施应对 COVID－19 疫情的过程中，都曾不同程度地存在。政府在通过令为民做好事时，应当实事求是、甄别分类、有条不紊、万无一失地保障公民权利，确把好事做好。但在应急状态下出现的侵犯公民权利的事件，与以紧急状态准则看待令，毕竟是两码事：它不但不否定紧急状态下令的必要性，而且更提醒人们必须关注令的严肃性——例如，究竟由谁发布令？发布什么样的令？如何发布能让从令者接受的令？如何保障令的实施？如何使令在内容、条件、程序上遵循紧急状态法的要求，而不会产生上有命令，下必甚之的情形？如此等等。否则，令本身除了缺乏严肃性之外，其实际效力，也很令人怀疑。

五、结语：作为例外状态之紧急法益的“令”

简言之，法益是法律上规定和保护的利益。这种利益，可以由主体按照法律实体和程序的规定而自主地享有、实现（自我保护）；也可以在主体不能时（如残障人无亲、婴幼儿失怙、合同当事人间

[1] 福山最近撰文，剖析了“特朗普时代的美国政治如何加速衰退”（见［美］福山：《特朗普时代的美国政治如何加速衰退?》，原刊美国外交事务网站，中文版载微信公众号“IPP 评论”2021 年 1 月 25 日）。但在笔者看来，与其接受福山的剖析，不如换个视角思考：如果不是这场突如其来，有些旷日持久，且特朗普政府应对不孚负望的 COVID－19 疫情，兴许在不少人笔下，特朗普还成功地阻挡了美国政治衰退的进程呢！如果这个分析不错，则足见偶然性对世界的影响，以及对人们评价一位政治家的影响。

无力自我解纷等)，由政府或依据法定职权（如社会保障法的一些规定)，或根据当事人依法请求（如诉讼法的规定)，出面予以保障❶。既然法益属于法律上的利益，就意味着事实上还存在着法律外的利益。这似乎与现代法治的要求并不一致。现代法治的一个宏大目标，就是企图把所有利益关系都兼收并蓄地纳入法律可调整的范围，从而保障利益法定，法外不存在利益。即便像赠与关系这种明显具有私人性的利益，也受法律的保护；即便人们内心的心理活动也在思想自由、言论自由的名义下受法律的保护性调整；当然，如果一种利益公开违法，则必然受到法律的制裁性调整❷。然而，利益的世界是法律所枚举不尽的。再完备的法律，难以兼容并包地调整纷纷扰扰的利益，因此仍存在法律调整不及的利益。但法益概念只强调法律上的利益。

由于法律既有日常状态下的，也有紧急状态下的，故法益也可两分为日常法益和紧急法益。所谓紧急法益，是指由紧急状态法所规定和保护的利益。在紧急状态中，由于令更能真实地表现和表达紧急状态法的实践情形，因此，其也更能突出展示紧急状态法的法益。所以，这种法益就是通过令所规定和保护的——虽然令在实体

---

❶ 目前我国有关法益的研究，更多见诸刑法学界的讨论。在学理上，对法益这个概念究竟是刑法上的专有概念，还是一般法上的概念等问题，尚存诸多争议。(见张明楷：《法益初论》，中国政法大学出版社 2000 年版，第 158 ~160 页。) 迄今为止，这一概念并未被铺开为所有法学学科所关注的内容，也没有在一般法理学视角对之予以深入论证——尽管张明楷已尽量把其置于法理视角予以阐述。

❷ 当然，其不受法律上的强制性（指令与制裁）调整。笔者曾提出两对四维法律调整论：针对法律权利的放任性调整和奖励性调整；针对义务规范的指令性调整和制裁性调整。(见谢晖：《论法律调整与社会治理创新》，载《西北大学学报》2013 年第 1 期。)

和程序上必须合乎国家紧急状态法，但由于紧急状态本身的紧急、例外、危害大、牵扯广泛等特征，也突出地表现为其在实施过程中的一系列特征。这导致令作为例外状态的紧急法益，实施中明显地呈现出如下“优先”选择性（特征）：

救急优先。它所针对的是日常法益的程序优先。它彰显了令所代表的法益之紧急性。说令所代表的紧急法益具有紧急性，似乎有点多余，因为在紧急法益这个词汇中已经呈现出该特征。但笔者认为只有将其单列出来，才能顺理成章地针对这种法益，以救急优先的原则，展开紧急救急——哪怕在紧急救济中，程序上存有明显瑕疵。

政治优先。它所针对的是日常法益的司法优先。在紧急状态下，有关法益的纠纷尽管也可以走司法的途径，但由于司法程序的拖沓，很难适应紧急状况，因此，相关纠纷大都采取“一揽子”的政治性解决方案。与此同时，在紧急状态下，一旦相关问题解决不好，将直接导致重大的政治影响，而不像日常状态的司法法益那样，尽管有时也会产生政治性影响，导向政治性法益，但一般而言，其影响是个别性的。这就引出了紧急法益的另一个特征。

整体（公共）优先。它所针对的是日常法益的个别（体）优先。紧急法益每每事涉全局，大到整个人类利益，中到国家或民族安全，小到地方整体利益，微到每个公民利益。所以，当面临现实的紧急法益时，必须依法由政府出面，在其职权范围内进行处理，以强有力地保障好公民生命和财产安全。这明显不同于日常状态下的个别法益。尽管在学术理论上，所有法益都是抽象的、整体性的。但在日常状态下，此种理论上的整体法益要在实践中落实到每个具体的法益主体身上，且每个主体法益的实际享有千差万别——

这又完全不同于紧急法益的整体性及其表现在具体主体身上时的千篇一律。整体优先也意味着在紧急状态中的公共优先，从而也引发令对个别（体）优先的必要限制，以便为迅速恢复个别（体）优先创造条件。

实质优先。它所针对的是日常法益的形式优先。令的紧急法益及其维护，虽也强调遵循紧急状态法所规定的程序，但这些程序都必须无条件地服从对紧急状态的实质性应对。因此，在这里实质理性优先于形式理性，实质正义优先于程序正义。而我们知道，在日常状态下，现代法律的基本理念是形式优先于实质，程序正义优先于实体正义。即便英美判例法通过独特的法律技术，巧妙地把形式正义与实质正义结合起来，但其仍然是在坚持正当程序原则，而不是坚持实质正义原则前提下这样做的；其仍贯彻的是形式正义标准，而不是实质正义标准。这种情形，显然在紧急状态下是难以保障的。紧急状态下一旦抓不住合适机会，而耽搁于程序或形式的严谨性上，则所导致的实质性危害，将是无可弥补的灾难性的。

安全优先。它所针对的是日常法益的自由优先。所有紧急状态，无论因社会原因导致的战争、金融（经济）危机、社会骚乱、恐怖袭击，还是因自然原因导致的地震、水灾、火灾、疫灾等，都不例外地给芸芸众生以安全（生命的、身体的或经济的）威胁。因此，紧急状态下的令，其目的就是要尽量消除或减轻灾难带给人们的安全威胁。安全优先在紧急状态下是天经地义的。这与日常法益一般强调自由优先明显不同——尽管自由优先一定是安全的自由优先。安全优先还意味着在紧急状态中，生命尊严权、财产权、平等权等现实性的人权，要高于人格尊严权、自由权、言论权等理想中的人权。只有前者优先，才有后者更加长远的优先。因此，恪守安全优先，就是为恢复自由优先而谋划。

强制（权力）优先。它所针对的是日常法益的自主（权利）优先。在紧急状态下，既然要用千篇一律，且与日常状态下可供人们更多地自由选择的法截然不同的令来统一人们的交往行为，那么，面对需求各异的形形色色的个体，只有具备借助权力的明显强制性的令，才能立竿见影地发挥应有的规范效力。所以，强调令的强制优先，不是否定从令者积极地配合令而行动，其实，从令者积极配合令而行动的事实，本身就体现着自由权利的限缩。显然，这和在日常状态中人们面对法律，更多的是依据权利自主选择其行为的情形，形成鲜明对比。强制优先也意味着在紧急状态中，从令者的服从义务要优先于自主权利。因为这是通向自由，并进而恢复自主优先的日常状态、也恢复日常法益之必由之路。

以上笔者对紧急状态中的令所表达的法益实现之特征的探讨，是想进一步说明其作为紧急状态独特法益的价值。一方面，这种法益与日常状态的法益形成对照，是政府在面对例外情形时，依据紧急状态法，通过简洁、明快、有效的令，对常规法律所规定的法益之矫正、更改，以既适应紧急状态中人们交往秩序建构的特殊需要，也满足在紧急状态下，能于整体上相对平均地保障人们低限度的权利和自由。所以，尽管这是一种例外的法益，但面对紧急状态，又是必需的。

另一方面，紧急状态虽然与日常状态一样，是人类生活和交往一体所展现的两面，但毕竟同日常法律所规定与要求的生活相较，所有紧急状态，皆是日常生活的例外，从而构成例外生活；与此同时，无论从政府视角看，还是从公民视角看，紧急状态及其秩序控制，不是人们所乐见的。反之，如何尽快走出、尽快摆脱紧急状态，从紧急状态法益恢复到日常状态法益，是身处紧急状态中的人们的普遍追求。这也意味着令所代表的紧急法益，只是为了恢复日常法益的一种权宜性手段，其目的是更好地恢复日常法益。

正是这种情形，导致令所代表的紧急法益，只是临时性的，而不是永久性的。紧急状态消失，令所承载的法益也必然消失❶。当然，临时性的时间长短，有些是刚性的、确定的，即在令中事先有宣告的。只要事先宣告的结束日期一到，令的法益也失效（要延长之，必须再发新令）。而有些是弹性的、不确定的，所以，令的法益之长短，全然取决于威胁公众的紧急事态客观存续的时间长短。总而言之，令所代表的法益，其目的不是固化这种法益，而是尽早祛除紧急法益，并为尽快恢复日常法益创造条件。

上述情形也自然意味着当令的法益根据令的约定（附时间约定、附条件约定）而完成，或者虽未有这种约定，但令所适用的社会事件、自然事实不复存在而告完成后，令所承载的法益状态自动地或通过另外的令而专门地废止。这种情形，意味着人们的交往生活，从令的紧急法益恢复到之前的日常法益。例如，居家令的期限一到，意味着接受强制居家，不再是公民的义务；封城令一旦解除，意味着行止局限于城内，不再是公民的义务；宵禁令一旦解除，也意味着不准夜间特定时段出行，不再是公民的义务……这些

❶ 但这并不意味着令的法律根据——紧急状态法所承载的法益也因之消失。一个国家的紧急状态法，是其面对所有紧急状态时可反复适用的，因此，其法益在不同的紧急状态中也可反复呈现，被不同的紧急状态令所遵循。即便某一具体的紧急状态结束了，社会恢复了日常状态的法定秩序，紧急状态法的法益仍存在，只是它暂时处于休眠期而已。一旦紧急状态再现，就需要人们再去激活它。但令却不同。针对不同紧急状态的令，只能适用于特定的紧急状态，甚至只能适用于该紧急状态的特殊阶段。紧急状态的令所规定的时段一结束，其所代表的紧急状态的法益也告结束。

代表紧急法益的令之解除，实质上是解除了令在紧急状态下强加给公民的义务，恢复了公民日常状态的相关行为自由。如果紧急事项已经消除，或者所附期限与条件已到来，权力主体仍然固执地以紧急状态行事，迟迟不废除令的限制，还权于民，则毫无疑问，这是发令者的违法行为，在法律上必须对之科以责任。

上文的论述表明：在例外状态中"令尊于法"的说法，只是人们站在日常状态法视角的一种误解。如果站在紧急状态法的视角看，即便在紧急状态出现时，令确实往往具有雷厉风行、畅通无阻、至高无上的某些"架势"，但在实质上，它仍是紧急状态法的具体实施手段和展开措施。

——写于 2021 年 2 月 5 日